李湖光——著

女真崛起
与宋金辽战争

战天下

中国出版集团　现代出版社

图书在版编目（CIP）数据

战天下：女真崛起与宋金辽战争 / 李湖光著. -- 北京：现代出版社，2024.7
ISBN 978-7-5231-0892-5

Ⅰ.①战… Ⅱ.①李… Ⅲ.①宋辽金元战争—通俗读物 Ⅳ.①K244.05-49

中国国家版本馆CIP数据核字(2024)第106888号

战天下：女真崛起与宋金辽战争

作　　者　　李湖光　著

出 版 人　　乔先彪
责任编辑　　姚冬霞
责任印制　　贾子珍
出版发行　　现代出版社
地　　址　　北京市安定门外安华里504号
邮政编码　　100011
电　　话　　(010) 64267325
传　　真　　(010) 64245264
网　　址　　www.1980xd.com
印　　刷　　北京飞帆印刷有限公司
开　　本　　710mm×1000mm　1/16
印　　张　　21.25
字　　数　　312千字
版　　次　　2024年7月第1版　2024年7月第1次印刷
书　　号　　ISBN 978-7-5231-0892-5
定　　价　　58.00元

目　录

楔子

燕云诸州

每一个时代，都有英雄。在中国古代历史中，若论有姓有名的英雄人物，简直如繁星璀璨，足以垂范千秋。其中，宋代边患严重，故抵御外侮的武将不胜枚举。"杨家将"与"岳家军"，在后世无数文艺作品里，是光芒四射的主角，脍炙人口。这些文艺作品包括评话、通俗演义小说以及戏剧，在民间广泛传播，形成了深远的影响，甚至能与正史一较高下。

在通俗演义小说盛行的明代，叙说"杨家将"故事的，就有熊大木的《两宋志传》和秦淮墨客纪振伦的《杨家府世代忠勇通俗演义》。而讲述"岳家军"故事的，则有邹元标的《岳武穆精忠传》、于华玉的《岳武穆尽忠报国传》等，蔚然可观。到了清代以及近现代，类似的书籍更是汗牛充栋。

如此，分别与"杨家将""岳家军"为敌的契丹人、女真人，也随之为人知晓。事实上，契丹人和女真人亦互为敌手，打了一场时间长达十一年的仗，从"白山黑水"（长白山和黑龙江）之地，一直打到大漠南北。这一段风起云涌的历史，就发生在宋朝第八位皇帝宋徽宗主政时期，而中原最终难以置身事外，导致社稷丘墟、苍生涂炭。

与女真人相比，契丹人与宋朝打交道的时间要早得多。契丹部落源于活动在辽河流域及以北地区的东胡部落联盟。东胡部落联盟成员之一鲜卑部落，在晋建元二年（344）二月发生的战乱中分裂，其中一个氏族逐渐形成了契丹部落，在"松漠"地区过着狩猎和游牧的生活。

"松漠"的地理范围广阔，东起辽河流域，西至浑善达克沙地，西南抵达燕山山脉，南至努鲁儿虎山脉，北到大兴安岭山脉。此地自然植被比较丰富，生态环境相对良好，利于契丹诸部发展壮大。

到了7世纪初，隋、唐之际，营州（今辽宁省朝阳市一带）以北的契丹大贺氏强盛起来，慢慢发展为八部，成为唐朝的附庸。

然而，契丹叛服不定。在动荡的岁月中，遥辇氏取代大贺氏，确立了汗国的统治形式。10世纪初，迭剌部贵族耶律阿保机在激烈的权力斗争中脱颖而出，于唐天祐四年（907）正月初正式即契丹可汗位。九年后，他又将汗号改为皇帝，确立世袭皇权的制度，史称辽太祖。

907年（唐天祐四年），已经四分五裂、内战不休的唐朝灭亡，开始了五代十国的混乱，这无疑是契丹人染指中原的良机。耶律阿保机于同年四月招抚了割据平州的刺史刘守奇，一年后又收降了沧州节度使刘守文，势力发展至燕山一带，为经略中原铺好了路。由此，契丹军队相继和多个中原政权展开持久的争霸，在南犯的过程中，占领了代北（泛指今山西省代县以北地区）、河北的不少州县，史称"自代北至河曲逾阴山，尽有其地"。

在此前后，契丹军已多次出兵，对毗邻的黑车子室韦、乌丸、奚、阻卜、乌古、突厥、吐浑、党项、沙陀诸部动武，开疆扩土，进一步壮大实力。

925年（后唐同光三年，契丹天赞四年），耶律阿保机亲征辽东渤海，逼其国王大讠禋投降，为南下中原解除后顾之忧。

具有历史转折意义的大事，发生于936年（后唐清泰三年，契丹天显十一年），控制北方的后唐政权祸起萧墙，其大将石敬瑭在晋阳叛变，向契丹称臣，乞求救援，约定事成之日，割让燕云诸州为酬。耶律阿保机的继承人耶律德光（史称辽太宗）发兵数万人支援石敬瑭，相继在汾水（今汾河）、晋安寨（今山西省太原市晋祠南）获捷，并攻陷洛阳、河阳等处，迫使后唐废帝李从珂自焚而死。果然，石敬瑭如约割地，每岁向契丹政权缴纳银、绢各三十万两、匹，愿做"儿皇帝"，在耶律德光的扶持下成为后晋的开国君主。

后晋总共把十六个州献给契丹，这就是历史上著名的"燕云十六州"，又称"幽云十六州"或"幽蓟十六州"，具体指燕（幽州，今北京市）、蓟（今天津市蓟州区）、瀛（今河北省河间市）、莫（今河北省任丘市以北）、涿（今河北省涿州市）、檀（今北京市密云区）、顺（今北京市顺义区）、新（今河北省涿鹿县）、妫（今河北省怀来县东南）、儒（今北京市延庆区）、武（今河北省张家口市宣化区）、云（今山西省大同市）、寰（今山西省朔州市东）、朔（今山西省朔州市）、应（今山西省应县）、蔚（今河北省蔚县）等州。从此，中原藩篱尽失，门户洞开。契丹人控制了燕、云诸州，就控制了横亘于河北与塞外草原之间的燕山山脉，可以轻而易举地越过长城雄关，长驱直入一马平川的中原腹地。

燕 云 十 六 州

辽

榆州

武州
儒州
檀州
蓟州
平州
营州
新州 妫州
顺州
滦州
云内州
丰州
云州
幽州
蔚州
涿州
应州
朔州　寰州
易州
代州
莫州
宋
岚州
瀛州
定州
沧州
忻州
镇州
深州

渤
海

后晋与契丹的良好关系没保持多久便发生了变故，石敬瑭之侄石重贵继位，不甘心做臣属，招致耶律德光武力讨伐。经过两三年的厮杀，后晋失败，首都东京（今河南省开封市）于946年（后晋开运三年，契丹会同九年）的年底沦陷，石重贵被俘。

耶律德光于次年进入东京，改国号为"辽"，乐观地宣布，从现在开始实行"不修甲兵，不市战马"以及"轻赋省役"之策，从此"天下太平"。然而，事实刚好相反，中原烽烟四起，经久不息。各地百姓不满契丹兵马的欺压与剽掠，纷纷自发组织抵抗。

947年（辽大同元年）春，耶律德光鉴于政局不稳，率部北返，途经栾城（今河北省石家庄市栾城区）时病逝。

辽军撤出河东、河南，中原其他割据势力乘虚而入，后汉、后周相继称雄一时。不过，契丹仍然控制燕云十六州，随时可以卷土重来，逐鹿中原。中原的有识之士对此洞若观火，岂会甘愿受制于人，为了扭转战略劣势，一直图谋收复燕、云失地，对辽国的国运造成了深远的影响。

主动出兵北伐的中原政权，是五代末的后周。后周显德六年（959）四月，周世宗柴荣率数万名步骑自沧州北上，在短短一个多月内，迅速夺取益津、瓦桥（今河北省雄县）两关，以及莫州、瀛州等处。就在准备直取燕地，与辽军主力决战之际，周世宗突患重病，不得不停止行动。不久，这位壮志未酬的君主病逝，收复失地的计划再也难以完成。

柴荣死后，时任殿前都点检的赵匡胤掌握了兵权，于960年（后周显德七年，辽应历十年）在陈桥驿（今河南省开封市东北）发动政变，然后回师开封府，迫使年幼的后周恭帝退位，成为新一代君主。

之后，赵匡胤在一批文臣武将的辅佐之下，用了十六年相继灭掉荆南、武平、后蜀、南汉、南唐、吴越等割据政权，从黄河南北一路打到长江流域，控制荆南、巴蜀与江南，兵锋直指岭南，统一了中国大部分地区，基本结束了五代的混乱局面。功垂竹帛的赵匡胤成为宋朝的开国皇帝，史称宋太祖。

宋太祖对燕、云诸州被契丹人占据之事耿耿于怀，但直接起兵讨伐强大的辽国，他又无必胜把握，便盘算着以和平的方法处理这一棘手问题。

宋太祖坐像 ｜ 宋 ｜ 佚名 ｜ 台北故宫博物院藏

史载，宋太祖平定诸国之后，将诸国库藏的财富集中储存在一个叫作"封桩库"的仓库里，同时把每年节省出来的财政资金也储存其中，为将来经略燕云做准备。宋太祖向近臣这样说，自从石敬瑭割让燕云诸郡，"八州之民久陷夷虏"，朕为此产生怜悯之心，等到"封桩库"内存足五百万缗（每缗相当于一千钱），就用来赎回失地。若契丹拒绝交还，就转而动武，用这笔钱财招募将士，"以图攻取"。他又扬言，契丹精兵不过十万人，朕以二十万匹绢购买一个契丹人的首级，只不过花费二百万匹绢，就尽灭契丹精兵。因而，他对收复失地充满信心。"封桩库"自965年（宋乾德三年）起设立，宋太祖没来得及动用这笔钱，便于976年（宋开宝九年，辽保宁八年）驾崩，可谓人算不如天算。

宋太宗赵光义继位后，急于求成，没有沿用储备财物以待时机的稳妥做法，大胆付诸军事行动，于宋太平兴国四年（979）二月率师十余万人挺进河东（今山西一带），攻克太原，于四月间灭掉了辽国的附庸北汉。仗越打越激烈，宋军与辽国援兵在太原以北的石岭关兵戎相见。宋太宗决定再接再厉，乘胜收复燕云失地，两国之间长达二十余年的战争正式展开。

宋军快速越过太行山，连克金台驿、岐沟关，经涿州，于六月二十三日抵达幽州城下。夺回此城，以后就有机会凭借燕山之险把守中原门户，改变不利的战略地理形势。为了达到这个目的，宋军发起了一次又一次的猛攻，一度有三百余名士卒登上城垣，可惜后劲不足，功败垂成。

残酷的厮杀一直持续到七月上旬，随着辽国各路援兵陆续到达，形势逐渐逆转。七月六日，宋军主力疏于防范，在城外的高梁河遭到敌人的袭击，导致全线溃败。宋太宗腿上中箭受伤，撤到涿州，再改乘驴车逃回后方，但其服饰以及其他御用物品，成为辽军的战利品，随军的侍从、宫嫔也全部陷没于阵，堪称前所未有的大败仗。

秋，辽军大举反攻，先后袭扰满城（今河北省保定市满城区）、瓦桥关等处，宋军竭力抵抗，双方各有胜负，战局处于胶着状态。

982年（宋太平兴国七年，辽乾亨四年）下半年，辽景宗耶律贤病死，由时年十二岁的辽圣宗耶律隆绪嗣位。处于"主少国疑"的特殊时期，耶律隆绪之母萧绰太后进行摄政。次年，辽国改回"契丹"旧号，直到八十三年之后，辽道宗耶律洪基在位时才第二次把国号改为"辽"，但后人仍将耶律阿保机创立的这个朝代统称为"辽"。

宋太宗于雍熙三年（986）正月再次组织大规模北伐，以图收复幽州，一雪前耻。不过，此次他不打算亲征，可能是由于身体欠佳。宋臣王铚的《默记》记载了这一段往事，宋太宗在高梁河之战遗留下的箭伤，仍"岁岁必发"，没有彻底痊愈。

这一次，宋军由号称"宋良将第一"的曹彬以及久经沙场的潘美、田重进统率，这三人都是开国元勋，过去在平定江南、川蜀、河东等战事中厥功至伟。三月初，北伐大军分东、西、中三路行动，频繁奏捷。曹彬率十万东路军取道雄州北上，威胁河北幽州，潘美所率的西路军出雁门西径，连克寰州、朔州、应州、云州，深入河东。田重进率数万中路军自定州出飞狐（今河北省涞源县），攻克蔚州。

各地契丹军应接不暇，一时颇为被动。然而，曹彬贪功冒进，导致严重后果，他的部队本来负责牵制河北之敌，以掩护友军在河东的行动，但他没有执行伴动的原定计划，而是自作主张，挥师直捣，一口气拿下岐沟关、新城、固安、涿州。曹彬军前进速度过快，距离后方过远，难以及时获取补给，在携带粮食逐渐耗尽的情况下，被迫从涿州退回雄州筹粮，再重新北上。一退一进，战场形势就发生了重大变化，契丹军大批增援骑兵接踵而至，开始组织反击。曹彬鉴于情况不利，下令且战且退，相续在岐沟关、拒马河、高阳关等处遭到追兵突袭，损失极为惨重。

可见曹彬其实是浪得虚名。他在统一战争中打了不少胜仗，但所遇对手皆非精兵强将，一旦与机动性极强的契丹精锐部队对阵，就暴露出庸将的本来面目。同时，他缺乏与塞外游牧骑兵周旋的经验，以致在涿州城下举止失措，最终误了大事。

宋太宗得知东路军败讯，连忙下令中、西两路军班师。宋军收复失地的计划半途而废，还需要应付对手的大举反攻，颇为被动。陈家谷、君子馆等处的战事随即发生，宋军又以失利告终，名将杨业陷敌。

杨业是"杨家将"中大名鼎鼎的"杨令公"，麟州新秦（今陕西省神木市）人（一说并州太原人，一说保德火山人），早年为北汉将领，以骁勇著称，"屡立战功，所向克捷"，被誉"无敌"。宋太宗征讨太原，闻杨业大名，招降之后以其熟悉边事予以重用，负责镇守代州等处。杨业在雁门关大败进犯的契丹人，自此骚扰边境之敌军望杨业旌旗而退走。986年（宋雍熙三年，契丹统和四年）北伐，杨业出任西路军主帅潘美的副手，因作战不利而退回代州。为了掩护前线诸州吏民撤返内地，杨业引兵自石峡路直趋朔州阻击追兵，转战至陈家谷，无援军接应，力战被俘，绝食而死。宋太宗得知，极为痛惜，下诏表彰"独以孤军，陷于沙漠，劲果奟厉，有死不回"。这种忠义节烈之事迹，在古代也是罕见的，"求之古人，何以加此"。

据《资治通鉴长编》记载，宋军诸路部队由于失败，战死者"前后数万人"，而驻防于沿边的"疮痍之卒，不满万计"，处于士气低落、缺乏斗志的状态。河朔大震，各地官府唯有征乡民为兵，守城应急，许多"未尝习战阵"的乡民只能协助正规军防御，不敢随便出城野战。此后，宋朝彻底放弃北伐计划，转而采取守势。

契丹军气势益涨，经常南下侵扰，竟然形成了惯例。《辽史·兵卫志》对其行动规律有所总结，并叙述了不少典型的战法。遗憾的是，此书编撰不完善，相关内容的重点只是伐宋。尽管如此，要了解契丹军的历史，仍可从《辽史·兵卫志》保存的残余资料中看出端倪。而书里所述的辽军战法，包括行军、侦察、攻城、野战等，具体内容如下。

其一是行军。契丹人行军时循规蹈矩，先在幽州以北的鸳鸯泺（又称鸳鸯泊，今河北省张北县安固里淖）集合，然后选择居庸关、曹王峪、白马口、古北口、安达马口、松亭关（今河北省迁西县喜峰口）、榆关等地南下，入塞之后，避免在其统治区域以内的平州、幽州等处"久驻"，以免战马践踏田里的庄稼。

但是，契丹统治者有时会派遣数万名骑兵执行"不许深入、不攻城池、不伐林木"的特殊任务，仅仅在两国边界数百里范围内来回扫荡，阻扰百姓聚居以及种田、养殖，破坏当地经济，以免这些地方成为宋人的北伐基地。

楊業

《绣像杨家将全传》中的杨业

幽州相当于南下的跳板，每当辽圣宗决策亲征，就要留一位亲王在幽州坐镇，以"权知军国大事"，然后才放心统率"兵马都统、护驾等军"行动。部队兵力通常超过十万人，分作数路突入宋境，由皇帝居中指挥，向广信军、雄州、霸州等方向而行，并伺机攻击途中的小镇、县城，若碰到大州，就先要了解对方的虚实，再决定是否打仗。

有些"防守坚固"的"当道州城"，一时难以攻下，那么，契丹军就在城外"围射鼓噪"，以作佯攻，既可防止敌人"出城邀击"，又能够迫使对手"闭城固守"。在此过程中，军队将帅须"分兵抄截"，欲使这些州城与外界隔绝、音信不通，处于"孤立无援"的状态，起到威慑对手的作用。

前进时，沿途的"民居、园圃、桑柘"，一律"夷伐焚荡"。契丹骑兵常常需要自筹给养，进入宋境后"四处抄掠"粮草以及财物，号称"打草谷"。

各路军队深入至北京（今河北省大名县）一带，再会合，以决定何去何从。后撤时，亦按照前进的办法行事。虽然并非每次南征都是皇帝亲自带领，亦可由重臣出任统帅，但行军路线一般不会有大的改变。

其二是侦察。契丹军在敌境行动时戒备森严，三路军马的前后左右皆有先锋。而先锋的前后二十余里之处，又各自派遣十数个"拦子马"（侦察兵）负责哨探，这些人身披"全副衣甲"，在黑夜中巡逻，每行五里或十里，便作短暂停留，下马侧耳倾听有没有"人马之声"，如果发现少数敌人，立即擒拿，万一打不过，便飞报先锋求援，再齐心协力进行攻击。假若发现敌国大军，要迅速上报主帅。总而言之，务必弄清楚敌人的动向。

凡在"大小州城"附近宿营，都要提防城中的守军出来夜袭，因而需要进行严密的监视。原则上，每一个州城的城外均布置百名"披甲执兵"的骑卒，在距离城门百余步远的地方"立马以待"，一旦发觉大批敌人出城，立即掉转马头跑回来报信，召集援兵作战。同时，营地周围的"左右官道、斜径、山路、河津"等要点，在黑夜来临时亦要"遣兵巡守"。

其三是攻城。攻城之前，先派"打草谷"的家丁"斫伐园林"，然后驱使当地老幼搬运泥土树木，填平城外的壕堑。攻城之际，又强迫当地老幼冒险先登，城上即使抛下"矢、石、檑木"，打死打伤的也是这些替死鬼。

参战的除了塞外的游牧骑兵，还有事先在本国州县征调的"汉人乡兵"，专门负责"伐园林、填道路"等杂役。史载契丹君主驻跸的御寨以及诸军营垒，"唯用桑、柘、梨、栗"等木材临时修筑，比较简陋，应是"汉人乡兵"所建。顺便提一下，曾经出仕契丹的北宋宰相宋琪，在奏书中亦提到辽军将士筑营时住在穹庐（毡帐）里面，将砍伐的木梢弄弯曲，搭成形状像弓一样的床铺，就这样凑合着休息。营垒周围一般不挖掘壕堑，也不竖立木栅，不太重视防御。部队结束行动要离开时，会放火焚毁营地的木材，以免资敌。

其四是野战。事实上，契丹军最擅长的既非攻坚，亦非防御，而是野战。厮杀之前，契丹士卒一般不乘马，等到敌人迫近再上马备战，而坐骑经过养精蓄锐，更能奋蹄疾驰，充满战斗力。

与敌人对阵需要预做准备，统帅要先判断对手"阵势大小"，然后调查周边的"山川形势，往回道路"，了解敌人运送补给物资的粮道及其救援部队所要走的捷径，以便提早采取相关措施，并施展所谓"用军之术"。比如"成列不战，退则乘之"，显然，避开排列整齐的敌人，就不会增加额外的伤亡，待敌撤退再乘机追击，必定事半功倍。此外，还有多派伏兵截断敌人粮道以及"冒夜举火"骚扰敌营等五花八门的战术。如果战斗持续两三日，契丹将帅又令负责"打草谷"的兵丁，拿着双帚骑马在上风奔驰，让扬起的尘埃吹入敌阵，蒙蔽敌人的视野，扰乱其军心，使敌人出现疲惫迹象，以便有机可乘。总之，想方设法避免打硬仗。

但是，完全避免打硬仗是不可能的。必须拼命的时候，契丹军便按部就班，先在敌阵四面布置骑兵，而每一面皆可集结数万人马，准备发动密集的攻势。其军队的基本作战单位是队，每队共有五百人至七百人，十队为一道，十道便组成了一个战斗群体，可以分批出击。战斗正式开始，第一队横戈跃马，猛冲过去，假若成功突入敌阵，后继部队就蜂拥而至，扩大突破口。假若未能成功，第一队退下休整，士卒可以饮水、吃干粮补充体力，转而由第二队继续冲锋。就这样，各部队不停地"更退迭进"，来回循环，就算始终未能突入敌阵，"亦不力战"，以保留实力。

从正史的叙述来看，契丹军的基本作战单位为"队"，由好几百人组成，

潤平戰死
幽州城

《绣像杨家将全传》中的幽州之战

《绣像杨家将全传》中的萧太后（萧绰）议图中原

数目远远超过宋军主力禁军的基本作战单位"都"（百人左右）。应该指出的是，契丹部队的分类比较复杂，"宫帐、部族、京州、属国"四个系统"各自为军"，编制并不一致，而《辽史·兵卫志》所载的"队"究竟属于哪一系统的部队？史书语焉不详。所以，后世历史研究者只能根据有限的资料对辽军编制进行推测，此处不赘述。

契丹人与宋朝打仗，有败有胜。《辽史·兵卫志》记载南征的契丹军假如打了败仗，则以本国的"四方山川"为暗号，呼叫友军救援。事实上，契丹骑兵对败退并不感到羞耻，因为机动性强正是游牧军队的特点，既能迅速疏散，又能迅速聚集。所以，宋人薛琪将之形容为"退败无耻，散而复聚"。由此可见，就算鼎盛时期的契丹军，战斗意志也不是很强，并不像后来具有"坚忍持久"特点的女真野战部队。

然而，宋军在抗辽战争中最终难以摆脱被动状态，主要原因是马匹数量远远不能满足需要，主要依靠步兵，以"枪突剑弩"等兵器与之周旋。宋朝的优势是"财丰士众"，即使失去燕云诸州的战略屏障，但凭着"秋夏霖霪"的天时以及"山林河津"的地利，犹可以一战。因而契丹军不得不常常采取变通措施，选择天气干燥的时候行动，在九月开始军事动员，至十二月班师。

契丹军频繁南犯，从986年(宋雍熙三年，契丹统和四年)起连续四年出击。此后，又在999年（宋咸平二年，契丹统和十七年）、1001年（宋咸平四年，契丹统和十九年）、1002年（宋咸平五年，契丹统和二十年）、1003年（宋咸平六年，契丹统和二十一年）、1004年（宋景德元年，契丹统和二十二年）发动攻击。其中最有影响的是1004年这一次，辽圣宗及其母萧绰亲自进驻固安，督部浩浩荡荡南下，相续攻击唐县、遂城、望都、瀛州、祁州、洺州、德清军（今河南省清丰县西北）、通利军（今河北省浚县东北）等处，迫近澶渊（今河南省濮阳市），虽然打了一些胜仗，但统军使萧挞凛被弩箭射死。最终，契丹统治者于同年年底接受宋真宗（时宋太宗已崩）请和的要求，两国达成协议。宋真宗奉萧绰为叔母，每年输银十万两、绢二十万匹以换取和平，史称"澶渊之盟"，长达二十六年的宋辽战争暂告一段落。

不过，宋朝君臣始终对丧失燕云诸州耿耿于怀，为未来的较量埋下伏笔。

第一章

边疆争雄

辽国鼎盛时期的疆域，非常广阔。《辽史·地理志》这样描述："东至于海（今日本海），西至金山（今阿尔泰山），暨于流沙（今塔里木盆地以东），北至胪朐河（今蒙古国克鲁伦河），南至白沟（今北京西南白沟）。"其面积是宋朝的两倍以上。

辽太宗耶律德光、辽圣宗耶律隆绪、辽兴宗耶律宗真等君主确立和完善了地方的行政建置，以上京临潢府（今内蒙古自治区巴林左旗林东镇以南）、南京析津府（原来的幽州，以下统称燕京）、东京辽阳府（今辽宁省辽阳市）、中京大定府（今内蒙古自治区赤峰市宁城县天义镇以西）、西京大同府（原来的云州）等五京为中心，把全国分为五道，各自管辖相应的府、州、县以及部落驻牧地。

上京道和中京道、西京道的部分地方，属于畜牧经济区域，主要生活着契丹人、奚人等游牧族群，南京道、西京道以及东京道、中京道部分地方，属于农业区，以汉人、渤海人为主。契丹主政者有鉴于此，分别进行管理，以适应辖下各族群不同的生产以及生活方式，其中央机构形成了两套官制，即统治契丹等北方族群的北面官制以及统治汉人的南面官制。而地方官制也采取"因俗而治"的原则，在契丹等北方族群的生活区域，继续保留部族制，而在汉人、渤海人的居住地，则实行州县制。至于东京、上京两道其他一些附庸部落的活动区域，辽国亦因地制宜，予以羁縻统治。

特别提及的是，契丹统治者仍旧保持"逐水草而居"的传统习俗，每年的不同季节分别到不同的地方进行"游猎畋渔"等活动，而在驻跸地点所设的行帐，叫作"捺钵"，契丹语的意思是"住坐处"，即"行营"。辽圣宗主政期间，已大致形成"四时捺钵"制度。

春季时，辽帝带着全体契丹官员和部分汉官，前往长春州（治所在今吉林白城洮北区城四家子城址，辖境相当今以吉林查干湖为中心的嫩江、松花江以西及洮儿河下游一带）鸭子河泺凿冰钓鱼以及捕杀鹅、鸭、雁等飞禽，或者到长泺等处射野鹅、鸭。《续资治通鉴长编》称辽人"最以此为乐"。

夏季的"捺钵"之地却无定所，多数选择庆州东北三百里的吐儿山或炭山、上陉等处避暑，君臣一边议政，一边过着悠闲的生活，下棋、驯鹰、游猎。在秋季，一行人又转移到永州西北五十里的伏虎山，入山射鹿与虎。当冬季来临，永州东南三十里的广平淀成了新的"捺钵"之地，辽帝在此与北、南大臣处理国事，接见宋朝以及诸附庸国的使者，同时不忘"校猎讲武"。就这样，"每岁四时，周而复始"。

综观古代历史，确实有一些游牧政权的统治中心随着四季的变更向着不同的地点移动。例如，崛起于13世纪初的蒙古帝国，就有类似的制度，大名鼎鼎的成吉思汗分别在克鲁伦河、土喇河、肯特山以及漠北的哈拉和林以西设立了多个"斡耳朵"作为政治中心，在每年的不同季节轮流入住。所谓"斡耳朵"，是"宫帐"之意，正是君主处理政务的地方。

在一般人的想象里，契丹人与蒙古人都源于游牧族群，都擅长骑射，因而在战争中使用的战法都差不多。事实并非如此，契丹人自古以来习惯在沼泽地生活，这点与蒙古人有异。契丹祖先居住在"辽泽"（今内蒙古自治区科尔沁沙地一带）之中，具有"下湿饶蒲苇"的特点，散布着许多沼泽湿地。随着辽国的兴起与扩张，境内类似的地方就更多了。学者据《辽史·地理志》等资料统计，松漠地区之内的上京道东南部、中京道以及东京道西部，分布着数十处河流、湖泊。历代辽帝保留旧俗，经常选择沼泽作为驻跸地点，每年春季及冬季的"捺钵"之处，周围皆存在半沼泽型湿地，栖息着鹅等飞禽，对契丹人有很强的吸引力。《辽史·营卫志》中记载契丹人非常喜欢食鹅，辽帝把春季捕获的第一只鹅叫作"头鹅"，隆重地举行"存庙"仪式，君臣皆把鹅毛插在头上，互相取乐。然而，后世蒙古人对鹅的兴趣似乎没有这么大，明辽东巡抚苏志皋（笔名峨岷山人）在《译语》记载，"虏（蒙古人）"不吃鹅与鸡、狗、猪，因为厌恶这类动物"食便液也"。

这样一来，习惯在沼泽地狩猎的契丹人就拥有独特的战法，擅长跋涉泥淖，这在塞外诸部族中是出类拔萃的。当金辽战争爆发后，辽军相继在斡邻泺、白马泺、鸳鸯泺、白水泺、大鱼泺等处与来犯的女真人周旋，绝非偶然，因为这些地方分布着泥淖、沼泽。可惜，《辽史·兵卫志》等有关章节对契

回猎图 ｜ 辽 ｜ 胡瓌 ｜ 台北故宫博物院藏

丹人的这种战法语焉不详，需要后人钩沉索隐。

与宋朝相比，女真才真正有能力对契丹统治者构成致命的威胁。12 世纪上半叶，由女真人建立的金国曾问鼎中原，成为霸主。到了 17 世纪中叶，自视女真后裔的满洲人再次入关，用武力建立了中国最后一个大一统封建王朝——清朝，在东方叱咤风云。那么，为何僻处关外一隅的落后部族能够如此强悍，屡次奇迹般战胜强大的对手？这就需要刨根问底，将纷繁芜杂的历史从头梳理清楚。

女真人祖先可追溯至先秦时期生活在"白山黑水"地区的肃慎人。肃慎人以渔猎为生，也从事原始农业、简单的手工业以及饲养家畜，自古以来便和中原有政治、经济的联系，曾向周朝贡纳楛矢（箭杆，用植物的长茎制作而成）、石砮（石头制作的箭镞）。到了东汉和魏晋时期，肃慎逐渐出现部落公社，又称"挹娄"，《后汉书·东夷传》称挹娄人"善射"，所用的弓长四尺，矢则长一尺八寸，其杆仍以楛制作，而箭镞是青石，由于"镞皆施毒"，中者必死无疑，用这些武器进行"寇盗"，可令邻国畏惧。南北朝时期，肃慎、挹娄被称为"勿吉"，依旧保持善射的习俗，《北史》如此评价："其人劲悍，于东夷最强。"光阴荏苒，又出现了"靺鞨"，此称号始见于北齐，到了隋唐时期，已有七部，各有酋帅，各自为治，一般认为由勿吉发展而成。《唐书》指出，其中生活在极北的"黑水靺鞨"特别"劲捷"，性格"凶悍"，铁石心肠，无论顺逆，皆不会有"忧戚"之思，其俗"贵壮而贱老"，与中原不同，"每恃其勇，恒为邻境之患"。

一般认为，肃慎、挹娄、勿吉、靺鞨这些不同历史时期的名称并非指同一部落，但是，他们彼此之间，无疑有着密切的联系。

靺鞨著名的有两部。除了成为唐朝附庸的黑水靺鞨，还有后来臣附于高句丽，建立渤海国的粟末靺鞨。女真主体就出自黑水靺鞨，有"朱理真""虑真""女直""主儿扯惕"等别称，《辽史》诸书记载汉人政权早在唐代已知"女真"之名，唐帝曾在 903 年（天复三年）、906 年（天祐三年）出兵讨伐，打过一些规模不大的胜仗。唐朝后期，契丹兴起于松漠地区。五代时期，四处扩张的辽太祖耶律阿保机尽夺渤海之地，逐渐控制黑水靺鞨以及由此发展而成的女真诸部。《北风扬沙录》记载，耶律阿保机"乘唐衰，兴北方，吞诸番三十六，女真在其中"。

当时，女真诸部擅长在森林狩猎以及在江河捕捞，这就是所谓"渔猎"，与草原"游牧族群"的生产活动不太一样。女真人的生活环境是黑龙江、松花江之类的大江大河，较少接触沼泽湿地，与喜欢在湿地猎鹅的契丹人有异。

由于历史的发展，女真各部之间长期融合，人口逐渐增多，活动地区已不限于"白山黑水"，一些部落迁徙至东北其他地区，分散得比较广阔。宋人将不同区域的女真人分为熟女真、生女真、东海女真、黄头女真以及东女真、西女真。契丹人则将女真称为南女真、北女真、黄龙府女真、顺化国女真、曷苏馆女真、鸭绿江女真、长白山女真、乙典女真、奥衍女真、生女真等。契丹长期统治过女真，其划分值得研究者重视。

南女真，散布于卢州（今辽宁省营口市熊岳镇），苏州（今辽宁省大连市金州区）、归州（今辽宁省营口市熊岳镇西南）、复州（今辽宁省瓦房店市）等处，属于今辽南地区。契丹设置"南女真汤河司"等机构管治。

北女真，散布于银州（今辽宁省铁岭市）、辽州（今辽宁省新民市）、咸州（今辽宁省开原市）、郢州（今辽宁省开原市东）、肃州（今辽宁省昌图县马仲河镇）、安州（今辽宁省昌图县）等处，属于今辽北地区。契丹设"北女真兵马司"等机构管治。

黄龙府女真，位于今吉林农安一带，契丹曾把部分女真人迁至黄龙府以东的罗涅河以及斡忽、急赛、完睹诸路，设置"黄龙府女真部大王府"等机构管治。

顺化国女真，位于今吉林柳河一带，聚居着归附的女真部落群，契丹任命其首领为"顺化王"统辖。

曷苏馆女真，位于今辽阳、鞍山一带，辽太祖耶律阿保机担忧女真为患，遂将其"强宗大姓数千户"迁至辽阳以南，常以冶铁为业，并设置"曷苏馆女真大王府"管治。

鸭绿江女真，位于鸭绿江流域，其地在东京东南五百里之处，南北长七百余里，东西宽四百余里，聚居着一万余户女真部族。契丹在此设置"鸭绿江女真大王府",又称"五节度熟女真"。

长白山女真,位于长白山。984年(宋雍熙元年,契丹统和二年),此地三十部女真归附契丹,乞授爵秩。契丹遂设置"长白山女真国大王府"的羁縻机构。

乙典(又称"阿典"或"移典")女真,位于今辽宁法库、彰武一带。辽圣宗在位期间,把部分女真人迁至高州(后改称遂州)以北,隶属南府管辖。

奥衍女真,位于今蒙古国乌兰巴托西北。辽圣宗把部分女真人迁徙至此,隶属北府管辖。其节度使则隶属西北路招讨司,负责镇戍州境。

此外,还有濒海女真、回跋女真等。

由此,又可把林林总总的女真划分为"熟女真"与"生女真"两大类。

"熟女真"系籍于辽,受到专门机构的管束,如南女真、北女真、顺化国女真、曷苏馆女真、鸭绿江女真、乙典女真、奥衍女真等。这部分女真人大力发展农业,能织布帛,还有人善于冶铁。同时,他们仍保持传统的狩猎、采集等劳动方式,而采集到的人参等各种药材,可以进行商业贸易。由于和毗邻各族接触频繁,一些人能够说汉语。

"生女真"或多或少保存着野性难驯的特点,生活于粟末水(今松花江)以北,宁江东北一带,其地广及千余里,户口十余万,小部落有千户,大部落有数千户,散居于山谷间,各自有酋长统率(上述的长白山女真也属于"生女真")。一般而言,这部分女真人的社会经济比"熟女真"落后,仍旧以传统的渔猎采集业为生,但其农业、畜牧业、手工业亦得到一定的发展。

契丹统治者时常凭借武力欺凌女真人,派兵抢劫财物,掳掠人口,具有代表性的一役发生在契丹统和四年(986)的正月,辽圣宗令枢密使耶律斜轸、林牙勤德等将出征,获女真"生口十余万、马二十余万及诸物"。

接受契丹统治的女真部落,受到压迫,一些人被迫迁离原居住地。同时,编入辽朝户籍者还要承担戍守边境以及从征的任务。此外,经济上的掠夺也很严重,诸部要向契丹统治者贡纳方物,由此造成很大的负担。《辽史·食货志》记载,生女真在1069年(宋熙宁二年,辽咸雍五年)贡马竟然达万匹之多。为了方便彼此商业往来,在宁江州(今吉林省扶余市东石头城子)设

契丹、女真形势略图

立榷场，可契丹人的贸易行为很不公平，时常采取强行压价的方式，辅以拘禁、侮辱等暴力手段牟利，夺取女真的人参、北珠、生金、松实、白附子、貂鼠、蜜蜡等土特产，且自鸣得意，把这种行为叫作"打女真"。

在女真的土特产里面，值得注意的是北珠。这类珍珠"大如弹子，小者若梧子"，出产于"辽东海汊"，经辽国远销至中原。时宋徽宗奢靡无度，宫禁之中的皇族崇尚北珠，其价值随之水涨船高，吸引不少女真人携货至辽边境的榷场进行贸易。《三朝北盟会编》记载，辽国第九位皇帝天祚帝一度打算禁止售卖北珠这种"无用之物"，但其下属劝谏道，中原倾尽府库之财用来购买"无用之物"，显然对辽国有利。天祚帝以为言之有理，便放任自流。其后，就连辽国统治者也逐渐受到奢靡风气的影响，对北珠兴趣倍增，导致物以稀为贵。

每年十月，是采集北珠最佳的时候。北方天气寒冷，河蚌的产地早已结冰，江河上面的坚冰"厚已盈尺"，采珠需要凿冰并潜入水中，非常辛苦。不过，天鹅捕食河蚌，故其内脏往往藏有河珠。这样一来，事情就变简单了，猎人只要捉获天鹅，就有可能轻而易举地取得宝贵的北珠。一种叫"海东青"的猛禽成为猎人捉鹅的好助手。契丹人本来就喜欢猎鹅，自然对海东青情有独钟。

海东青属于鹰类，主要产于关外的"五国部"。所谓"五国部"，是散居于女真东北的一批部落的统称，虽然时常与生女真相提并论，但彼此的语言、服饰有所不同。其地盘大致位于今黑龙江、松花江的交汇之处。五国部已臣服于辽，可以进贡海东青，但为了得到更多北珠，契丹人开始无限制地索取海东青，每年派遣外鹰坊子弟前去督促生女真发兵进入五国部界内强取。这就难以避免与五国部人发生冲突，越来越多的女真人不胜其烦。

辽国使者气焰嚣张，号称"天使"，佩戴"银牌"，每次到生女真各部，便提出女子陪睡的过分要求，只要看中的女子，不管有没有夫家，也要进行骚扰。辽地沿边机构，每逢发生人事变动，如东京留守、黄龙府尹等职位有新官上任，被管辖的女真部族酋长就要按照惯例奉送礼物。女真人受到地方官的敲诈勒索，增加了不少额外的负担。

女真人与契丹人长期积累的种种矛盾，发展到了空前尖锐的程度，率先起来反抗的是生女真完颜部。

完颜部最初生活在仆干水（今牡丹江）之滨，其始祖叫函普，来自高丽（一说新罗），由于善于调解族人的争端，被推为酋长。时间大约是 10 世纪，亦是辽太祖耶律阿保机建国之时。

从函普到正式反辽的完颜阿骨打，中间担任完颜部的酋长总共有九人：乌鲁、跋海、绥可、石鲁、乌古乃、劾里钵、颇剌淑、盈歌、乌雅束。生女真文化落后，没有文字，许多酋长的事迹只是传说，所以此说真实性存疑。可以确定的是，完颜部从仆干水迁至海姑水（今黑龙江省哈尔滨市阿城区海沟河）一带，改变了筑穴而居的旧习，建起房屋，形成了村寨，生产力有所提高，懂得"耕垦树艺"，自此居住于按出虎水（今黑龙江省阿什河）之侧。

第五代酋长石鲁主政时，开始统一生女真诸部。石鲁为改变生女真"无事契，无约束"的事实，欲在诸部中推行"条教"，引起族人的强烈不满，竟然遭到劫持，差点死于非命。叔父谢里忽及时伸出援手，用弓箭驱散劫持者，石鲁幸免于难。石鲁坚持在本部实行教化，势力渐强，被辽国正式承认为首领（获得名为"惕隐"的官职）。为了贯彻自己的主张，石鲁发动战争，"耀武于青岭（今吉林省哈达山以东一带）、白山（今吉林省长白山）"，安抚顺从者，讨伐反对者，打到了"苏滨、耶懒之地"，所向披靡。不过，石鲁死于出征途中，未能完成统一大业。

第六代酋长乌古乃主政时，辽军追捕逃入女真境内的边民以及镇压边境部落叛乱，得到了乌古乃的协助，双方联系日渐紧密。

负责"贡鹰"的五国部有时难以满足契丹人贪得无厌的索求，进行反抗，由此引起了"鹰路"之战。"鹰路"顾名思义，就是五国部向契丹进贡海东青之路。为了有效控制这条通路，契丹统治者决定借助日益强大的完颜部。

乌古乃乘机剪除异己，指责孩懒水（今浪海河）乌林答石显部阻隔通路，首领石显被辽天祚帝流放于边地。辽重熙年间，乌古乃又协助辽五国节度使耶律仙童镇压反叛的五国蒲聂部。乌古乃先假装与五国蒲聂部首领陶得里（又称拔乙门）和好，以妻儿为质博得对方信任，然后乘其不备发动袭击，生擒陶得里并献于辽国。乌古乃被天祚帝召见于寝殿，受命为"生女真部落节度使"，号称"太师",成为契丹人的新贵。

当时,生女真一些部落的首领每年向辽国朝贡,与辽帝在"捺钵"之地见面,乌古乃未能例外。不过,他为了保持相对的独立,始终不肯系于辽籍。

完颜部欲壮大军事实力,但本部缺乏铁器,便斥巨资从邻国购买甲胄。有了足够多的铁,便"修弓矢,备器械",从而"兵势稍振",得以不断融合其他部族,"斡泯水蒲察部、泰神忒保水完颜部、统门水迪痕部、神隐水完颜部"相继来附。需要说明的是,女真人划分部族时,习惯以"某部""某水之某"以及"某乡某村"作为识别。一些生女真逐渐形成了比较大的部落联盟,号称"路",如完颜部所居的按出虎水一带,又被人称作"按出虎路"。多年以后,金国建立时,确立了路治,正式将"水"改为"路",如耶懒水便改叫"移懒路"(耶懒路)。

许多邻近部落俯首听命,逐渐以完颜部为中心形成了部落联盟,散布于松花江流域等处。乌古乃励精图治,在部落内建官属,立纪纲,俨然自成一国。各部落酋长称为"勃极(孛堇)烈",乃官长之意,部落联盟首领则称为"都勃极烈",理所当然由乌古乃出任。值得一提的是,辅助"都勃极烈"的官员叫"国相",是不知始于何时的传统官职,本来由雅达担任,乌古乃以"币马"从雅达手中买了此职,让自己的第四个儿子颇剌淑出任,进一步加强了集权。

1072年(宋熙宁五年,辽咸雍八年),鹰路风云再起,五国没撚部谢野勃极烈反辽,致使鹰路不通。乌古乃奉辽朝之命讨伐,于十月间击败没撚部。班师途中,乌古乃多次遭遇出没无常的溃敌,"昼夜拒战",回到居住地时已疲惫不堪。可是,乌古乃为了向辽边将达鲁骨报告作战经过,强撑前往来流河(亦称涞流水,今拉林河),结果突发疾病,返回家中时不治而亡。

《金史·世纪》对乌古乃的历史功绩予以了肯定的评价,指其"稍役属诸部",又称包括"五国之长"在内的诸部长皆听命,则可能略有夸大。

乌古乃的第二个儿子劾里钵继位,面临内忧外患的困境。其叔父跋黑与原国相雅达的两个儿子桓赧、散达,心存异志,联合阿跋斯水(今吉林省敦化市勒福成河)温部人乌春、五国部窝谋罕等势力作乱。

双方打打停停,始终没有和解。到了1091年(宋元祐六年,辽大安七年),

契丹画家胡瓌《番部雪围图卷》（局部），描绘关外苦寒之地的游牧骑士，其中
一位骑士的臂上有鹰

双方皆集中力量，准备一决胜负。跋黑在爱妾的父家"食肉胀咽"而死。桓赧、散达纠众来攻，进至上京路脱豁改原（又称苏素海甸），与完颜部对峙。

临战之前，劾里钵命令亲信习不失（又叫辞不失）先行布阵，扬言"死生惟在今日，命不足惜"。可是，完颜部兵力不多，一些士卒露出怯战情绪，甚至吓得脸无人色。劾里钵没有责备他们，只是令士卒解甲休憩，饮水洗脸，以保持镇定，并不时加以鼓励。劾里钵表面神色自若，其实缺乏必胜的信心，暗中打发盈歌离开部队，勒马到远处观察。劾里钵叮嘱他，万一打了败仗，"吾必无生"，"勿收吾骨，勿顾恋亲戚"，要马上跑回去报信，并投靠辽国，系于辽籍，"乞师以报此仇"。事实上，劾里钵此前已令颇刺淑求援于辽，不过远水救不了近火，辽军未能及时赶到。

战斗即将开始，视死如归的劾里钵不披铠甲，仅仅"以缊袍垂襕护前后心"，便"帐弓提剑"，袒袖上阵。按照事先制订的计划，经过三次扬旗与三次击鼓，将士立即弃旗，拥上前去搏斗。劾里钵突入敌阵，亲手击毙九人，以身作则，起到了鼓舞士气的作用。习不失等人紧跟在后，死打硬拼，最终将对手打得大败。战场上死者如麻，附近的河水都变成了红色。劾里钵军在追击时，还缴获了"车甲牛马"等大批辎重。桓赧、散达等人一蹶不振，不久，各自率部投降。

劾里钵赢得了这场至关重要的战斗，消除了完颜部内部的隐患，就能够专心对外。劾里钵陆续平定了乌春、窝谋罕以及斡勒部人杯乃、纥石烈部腊醅等势力，控制了窝谋罕城（今绥芬河一带）、阿不塞水（乌春的地盘）。可惜，对外扩张的行动未能持续多久，因为劾里钵于次年病死。

第八任酋长颇刺淑同样勇敢尚武，曾派遣乌雅束、阿骨打等人杀死占据直屋铠水的麻产，献首级于辽，在招纳附近的陶温水之民后，又令阿骨打带领偏师讨平泥庬古部帅水抹离海村跋黑、播立开，一时"贼寇皆息"。

颇刺淑仅仅当了三年首领便死去了。第九任酋长是盈歌，主政时禁止其他部落擅称"都勃极烈"，欲以此名成为完颜部一系的专称。

1096年（宋绍圣三年，辽寿昌二年），温都部人跋忒擅杀与完颜部结盟的唐括部跋葛勃极烈，被奉命前来问罪的阿骨打处死。事情没有就此结束，纥石烈部阿疏、毛睹禄勃极烈曾出兵意图阻止阿骨打，引起了长期的纷争，辽国也未能置身事外。

阿疏对完颜部怀有异志，甚至拒绝盈歌的召见，现在又公然阻止完颜部平乱，必定惹祸上身。

盈歌忍无可忍，决意亲征。他兵分两路，自己率部分人从马纪岭（今老爷岭）出发，另外派撒改取道胡论岭而进。完颜部进展迅速，撒改连陷潹春、星显（今吉林省延边市布尔哈通河）诸路，攻下钝恩城。盈歌途经阿茶桧水时，招募当地部族从征，很快打到了阿疏城（今吉林省延吉市附近）。

阿疏自知不敌，相机与其弟狄故保越境向辽国求救。辽国袒护阿疏，命完颜部停止进攻。盈歌留下劾者勃极烈率部监视阿疏城，自己督师悻悻而归。

劾者所部围城两年，成功招降了纥石烈部毛睹禄勃极烈，攻下阿疏城指日可待。

众叛亲离的阿疏躲在辽国，始终不敢回来。契丹统治者于1100年（宋元符三年，辽寿昌六年）派使者赶来前线，敦促两方罢兵。坐镇后方的盈歌乘辽使未到，急令乌林答石鲁向留守前线的劾者传话，告诫其勿听辽使"罢兵"之言，要坚持下去。

经过精心策划，完颜部定下了一条应付辽国的计谋。围城部队按照盈歌的指示更换衣服、旗帜，打扮得和阿疏城中的守军一模一样，目的是让辽使无从辨别。劾者冒充纥石烈部人，在城外接见辽使，造成了辽使的错误印象。辽使误以为发生在阿疏城一带的战事，只是纥石烈部族的内部纷争，与完颜部完全无关。

盈歌配合演戏，派遣蒲察部胡鲁勃极烈、遨逊勃极烈来到前方"调解"。劾者演技出色，当着辽使的面接见两位调解人，呵斥道："我部族自相攻击，与其他部族无关。"接着气势汹汹地说，谁认识什么"太师（盈歌）"，意思是盈歌没有资格派人调解。言毕，便怒气冲冲地用兵器刺向胡鲁、遨逊二人的坐骑，顿时血洒于地。辽使大惊失色，不顾而去，匆匆跑回朝廷复命了事。

辽使离开不过数日，劾者就攻下了阿疏城，俘杀了从辽国回来的狄故保，完成了这个旷日持久的任务。

阿疏丧师失地，又遭丧弟之痛，不肯罢休，一再向辽国申诉。

辽国经过调查，终于确认攻下阿疏城的是完颜部，便以奚节度使乙烈为使，来到来流河兴和村与盈歌见面，过问攻打阿疏城之事。辽国发出命令：凡是攻城所获战利品，全部还回阿疏并赔偿损失。使者同时气势凌人地宣布向完颜部征马数百匹。

盈歌没有公开和辽国对抗，交出了马匹，却不愿向阿疏做出赔偿，因为担心此例一开，难以再对其他部落发号施令。盈歌与僚佐商量对策，令归附完颜部的主隈、秃答两水之民截断了鹰路，阻止辽国从五国部获得海东青。然后，又唆使鳖故德节度使向辽国进言："欲开鹰路，非生女真节度使（盈歌）不可。"

盈歌在四年前承担过平鹰路的任务。当时，陶温水、徒笼古水纥石烈部阿阁版以及石鲁作乱，截断了前往五国部之路，杀死辽捕鹰使者，并"据险立栅"而守。完颜部奉辽国之命冒着严寒出师，招募善射者，经过数日激战，用劲弓利矢攻下了阿阁版等人的据点，救出了数名辽国俘虏，展现出了极强的战斗力，保持了鹰路的畅通。

现在，鹰路重新阻塞，辽国君臣听从鳖故德节度使的劝告，要求完颜部出兵打通道路。天祚帝根本不知这一切都是盈歌暗中策划，由于急着重用完颜部，不好意思强迫盈歌做出赔偿，也不再过问阿疏城之事。

盈歌见图谋事成，故意大张声势，以平鹰路为名，率部至土温水一带行猎，然后像煞有介事地宣布打通了鹰路。为了嘉奖主隈、秃答之民的配合，盈歌赐予大批礼物，这些本来是准备赔偿给阿疏的。蒙在鼓里的辽国主政者认为盈歌值得信赖，于1101年（宋建中靖国元年，辽乾统元年）令使者来到完颜部，对参与平鹰路的士卒论功行赏，双方关系重归于好。

完颜部众斗智斗勇，显示出极高的外交谋略。多年以后，女真人开疆扩土，与宋朝就"燕云诸州"问题展开外交谈判时，仍旧保留传统的外交作风，采取谈判与战争兼顾的手段，最大限度维护自己的利益。

阿疏斗不过盈歌，从此不敢再回故土。可是，即使躲藏在辽国也并非绝对安全，完颜部众始终没有忘记这位叛逆的女真人，耐心等待时机，以便向

胡人围马图 ｜ 元 ｜ 佚名 ｜ 丹佛艺术博物馆藏

契丹统治者提出遣返阿疏的要求。

辽乾统二年（1102）十月间，辽国发生了一次严重的内乱，罪魁祸首是国舅萧海里（又名萧解里）。此人善于骑射，挥霍无度，收罗、供养了数十名亡命之徒，四处游猎。萧海里这伙人竟对地方富民进行强取豪夺，为了应付官府追捕，干脆啸聚为盗，短短数天就招徕了二千余众，袭扰乾、显等数州。他们还行劫乾州武库，获取兵器、铠甲，与诸道兵打仗。在屡战不胜的情况下，这伙人越境逃入女真陪术水阿典部躲避。

辽天祚帝以北面林牙郝家奴搜捕不力，下令免官。北枢密院随即发下公文，要求生女真部协助平乱。

萧海里为了保命，也极力拉拢生女真，派遣族人斡达剌前来游说完颜部盈歌，声称"愿与太师为友，共同伐辽"。盈歌觉得反辽时机尚未成熟，当即拒绝。恰巧此时，辽国以宗主国的名义传令女真部落出兵助战，盈歌顺水推舟，把斡达剌押送于辽，以示效忠。接着，他公开募军，招得千余甲士，此举在建军史上具有重要意义，史载"女真甲兵之数，始见于此"。劾里钵第二个儿子阿骨打为此"勇气百倍"，发出了"有此甲兵，何事不可图"的豪言壮语。

由此可知，尽管此前完颜部东征西讨，打了一场又一场仗，但规模有限，具有决定意义的脱豁改原之役以及长达两年的阿疏城攻防战亦不例外。

不过，这支军队号称人数过千，实际女真人"未尝满千"，因为还包括其他部族的人。

完颜部兵力不多，仍积极配合辽军行动，向混同江挺进。

负隅顽抗的萧海里不死心，再派人前来游说，竟被女真将士当场拿下。没多久，盈歌到了目的地，与叛军不期而遇，他遥遥望见萧海里在对面大声呐喊，原来是询问使者的下落，便随机应变，道："使者将与后继部队一起到来。"萧海里保持警惕，没有上当。

既然不能智取，唯有硬拼。此时，辽军追兵已到，出动了数千人发起进攻，但久攻不下。盈歌大失所望，遂要求辽将把部属撤回，声称"我当独取海里"。女真部队求战心切，跃跃欲试，随征的阿骨打在上阵之前甚至拒绝穿戴渤海留守赠送的铠甲，并向盈歌解释，身上披着"彼甲"而战，则"因彼而成功"，即使胜利也是胜之不武。

辽军撤下，女真部队果然大显身手，乌雅束最先登上敌人的营垒，阿骨打随后策马奔腾，奋力冲杀。混乱中，萧海里头中流矢，堕于马下，当场被扑过来的阿骨打击毙，叛军遂大败。辽乾统三年（1103）正月上旬，阿离合懑奉盈歌之命，将萧海里首级献给辽国。

《金史》评论，女真人经此一役，"自此知辽兵之易与也"。女真对契丹的底细有所了解，没有发现其武器装备以及相应战法有什么过人之处，自然不甘心屈尊俯就。

盈歌不止一次出兵助辽，受到辽国的赏识，得以"朝辽主于渔所"。所谓"渔所"，乃是春季"捺钵"之地。天祚帝在这里接见盈歌，授以使相，进行嘉赏。

盈歌主政时，先后平定统门（今图们江中下游）、浑蠢（今吉林省珲春河一带）、耶悔（今吉林省梨树县东南）、星显河以及岭东诸路反对势力，又招抚乙离骨岭（位于今鸭绿江以南咸镜山脉）注阿门水之西诸部，由此迎来了完颜氏建国前夕最为强盛的时期。当时，女真诸部各自为政，各有信牌发号施令，盈歌采纳阿骨打的建议，下令诸部不许擅自设置牌号，否则依法处置。至此"号令统一，民信不疑"。也就是说，完颜部基本统一了生女真诸部。

躲在辽国的阿疏仍想东山再起，伺机指使亲信达纪潜入生女真部落聚居点，引诱以及煽动边民。曷懒甸（位于今鸭绿江咸镜山脉一带）人畏惧完颜部，捉了达纪，交由盈歌处置。盈歌趁热打铁，欲派使者招抚曷懒甸，还未成行，竟于辽乾统三年（1103）十月下旬病死。新任酋长乌雅束继续经略曷懒甸，为此与相邻的高丽发生冲突，最终在1109年（宋大观三年，辽乾统九年）达成和议，双方罢兵，恢复原来的边界。

其间，乌雅束以武力镇压了少数反对统一的生女真部落，出兵马纪岭，进至北琴海（今镜泊湖），攻拔泓忒城而还，有力地维护完颜部在生女真诸部的统治核心地位。

乌雅束在1113年（宋政和三年，辽天庆三年）死去，阿骨打成为第十一位领袖。在一代代人的努力之下，完颜部以两百年左右的时间，在"白山黑水"地区强势崛起，慢慢地具备了和辽国争霸的实力。《金史》在追述这段历史时，认为女真人早有反意，并像煞有介事地记载，完颜部第七位酋长劾里钵生前曾评论自己的两个儿子，认为乌雅束性格有"柔善"的缺点，唯有武艺出众的阿骨打"足了契丹事"，寄希望于后者能够彻底解决女真人与契丹人的恩恩怨怨。事实正是如此，乌雅束在位期间，仍旧与辽国维持现状，如今阿骨打成为新一代领袖，那就要不负众望，有所作为。

第二章

旗开得胜

金太祖阿骨打生于 1068 年（宋神宗熙宁元年，辽咸雍四年），作为完颜部第七位首领劾里钵的次子，自幼习武，喜欢弓矢，以善射闻名，日后甚至被来访的辽使誉为"奇男子"，因为他在府中当着辽使的面弯弓射鸟，连发三箭，皆命中目标。又有一次，纥石烈部活离罕家举行宴会，众人进行射箭比赛，阿骨打射得最远，超过了三百二十步，而号称"最善射远"的宗室谩都诃，射出的箭不过百步左右。因此，阿骨打的射艺在女真诸部中被公认出类拔萃。这次比赛被后人赋予非凡的意义，金国第四位君主金海陵王于 1151 年（宋绍兴二十一年，金天德三年）立起一块"射碑"，以示纪念。

武艺高强的阿骨打从青年时期起，随军四处出征，参与过攻打窝谋罕城以及讨伐泥庬古、乌古伦等部，杀死活剌浑水（今呼兰河）诃邻乡纥石烈部人麻产与乌古伦部人留可，还在平定辽将萧海里之乱中立了功，被辽国委任为"详稳"（将军的意思）。获此称号的还有盈歌、第五位酋长石鲁之孙习不失以及完颜部人欢都。阿骨打成为首领时，盈歌已死，习不失、欢都理所当然地成为他的左右手。

必须提及的是，阿骨打伯父劾者的长子撒改，时任国相，"敦厚多智"，且"长于用人"，能够"驯服诸部"，公正处理诉讼和调解族人的纠纷。诸部族间流传这样一种说法："不见国相，事何从决。"撒改是完颜部的重要决策人，与号称"都勃极烈"的阿骨打一起"分治诸部"，阿骨打统治"匹脱水"（可能是今黑龙江省蜚克图河一带）以北诸部，撒改统治来流河部众。

阿骨打虽然当了完颜部的首领，但没有获得辽国的正式承认，直接原因是他与辽使阿息保发生了冲突。原来，契丹当权者历来习惯找各种借口向女真诸部勒索财物，乌雅束于辽天庆三年（1113）年底死去时，辽使阿息保兴冲冲地赶到完颜部声讨罪过，质问女真人为何不及时向辽国"告丧"。阿骨打不打算用贿赂的方法息事宁人，反驳道，"有丧不能吊"本来就有违常情，现在反而前来问罪，是何道理？阿息保的图谋没有得逞，悻悻而归。他日，阿息保又来，骑马闯入乌雅束的殡殓处所，来到灵帏阶下，看中了一匹准备送葬的赗马，欲强行索取。阿骨打勃然大怒，当场要杀死这个贪得无厌的家伙，幸被乌雅束的长子谋良虎（又名宗雄）阻止。因此，辽国的正式任命迟迟未至，而阿骨打亦不被契丹人承认是完颜部首领。

其实，早在此前一年，阿骨打就与辽天祚帝发生过冲突。当时，天祚帝按照惯例在正月初一前往鸭子河泺这个春季"捺钵"之地进行捕猎，二月上旬又经春州来到混同江钓鱼。天气寒冷，河中结着厚厚的冰，需要"凿冰取鱼"。辽帝先在冰上设置营帐，然后派人在江河上下游的十里范围之内用毛网拦截，以防漏网之鱼。布置妥当后，便将江河中的鱼向冰帐方向驱逐，辽帝则在帐中"坐收渔利"。其床前冰上预先凿开的洞穴叫作"冰眼"，专等鱼从冰眼中"伸首透气"。鱼虽是水中之物，却不惯"久闭于冰"，若冰面上有洞，便会从水下游上来并伸出脑袋透气。此时，守候已久的契丹人立刻抛掷带着绳子的铁钩，以命中目标。即使鱼拼死挣扎，负伤拖着绳子潜水而逃，也总有疲惫的时候，就会被拿绳的契丹人从冰眼中拖曳而出，成为俎上之肉。

辽帝将捕获的第一条鱼叫作"得头鱼"，且为此举行隆重的仪式，摆设头鱼宴。按照以往的惯例，生女真诸部头目都要来参加宴会，只有距离辽界过千里的女真部落的酋长才不必赴会。

辽天庆二年（1112）二月，阿骨打参加了头鱼宴。当时酒至半酣，天祚帝饶有兴致地命令女真诸部头目挨个儿起舞助兴，阿骨打托言推辞，天祚帝再三传令，这个心高气傲的完颜部人仍然拒绝起舞，最终大家不欢而散。

宴会结束后，天祚帝忐忑不安，因为他察觉到阿骨打"意气雄豪，顾视不常"，是一个难以驾驭的人物，就专门召来枢密使萧奉先暗议，意欲除掉此人，以免留下后患。萧奉先认为不必过虑，因为"粗人不知礼义"，阿骨打的所为不算什么大的过错，如果将其处死，恐怕会有损女真人的"向化之心"。这位手握兵权的辽臣还满不在乎地说，即使阿骨打有异志，"又何能为"。当时阿骨打在完颜部中屈居乌雅束之下，似乎不必过于重视。天祚帝经过重新考虑，放弃了杀人的想法，念及阿骨打之弟吴乞买及其侄粘罕、希尹（又名乌舍、胡舍、谷神）等人曾跟从自己一起打猎，表现不错，觉得继续维持关系是一个比较好的选择。顺便提一下，辽帝行猎时常令女真人伴随左右，

辽代壁画《摆宴图》

以"呼鹿、刺虎、搏熊"。所谓"呼鹿",是狩猎者在夜间以桦皮为角号,吹出呦呦之声,模仿鹿鸣以引诱麋鹿前来,再用弓箭射杀。至于刺虎、搏熊,这种出生人死之事,亦非一般人能胜任。

阿骨打在头鱼宴上顶撞了天祚帝,回去后便加紧准备,以防辽军报复。他不断兼并别的部落,壮大实力。女真人赵三和阿鹊拒绝服从,阿骨打便掳获了二人的亲眷。赵三、阿鹊逃到辽境,向咸州兵马详稳司提出诉讼,要求契丹人主持公道。详稳司把情况向上级机构北枢密院反映,枢密使萧奉先认为这是常见的女真内部纷争,一边上报天祚帝,一边下令详稳司追究当事人责任,促使其改过自新。然而,详稳司数次向阿骨打发出召令,阿骨打一再称疾不至。

辽天庆三年(1113)三月,阿骨打欲与契丹人和解,仅率五百名骑兵突然赶到咸州。咸州吏民为此恐惧不安,误以为将有不测之忧。阿骨打径直前往详稳司,与赵三等人在庭下当面对质,尽管受到责难,却不愿屈服。辽国官吏鉴于问题一时难以解决,意欲把阿骨打送往所司进一步审问。当夜,阿骨打悄悄逃走。事后,阿骨打遣人专门向天祚帝解释,称详稳司官吏欲加害自己,"故不敢留"。从此,不管契丹人发出多少召令,他拒绝再赴辽国。

双方心存芥蒂,导致一些问题悬而未决。因此,虽然阿骨打在乌雅束死后成为完颜部的首领,辽国君臣也一直不肯正式承认。

阿骨打酝酿举兵伐辽,尽管这样做要冒一定的风险。据魏特夫、王曾瑜等历史学者的研究,辽国约有七十六万户,三百八十万人口,其中,常备军约二十万人。反观生女真诸部,各种史料缺乏明确的统计数字,故难以估算人口以及兵力的总数,但可以肯定的是,其规模要远逊于辽国。

为了争取更多的支持者,阿骨打需要广泛征求各方意见。此时,远在二千里外的耶懒水部落发生丧事,世居的石士门(又名神徒门,完颜部第一代酋长函普之弟保活里的四世孙)由于弟弟阿斯懑死去,通知四周的完颜氏宗室前来吊丧。阿骨打携同粘罕、宗幹、希尹等人从所居的匹脱水赶去耶懒水,与石士门及其另一个弟弟迪古乃(又名完颜忠)商议了数日。其中,与迪古乃谈得很投缘,阿骨打认为"辽名为大国,其实空虚",辽主骄傲而将士胆怯,不能奋勇打仗，得出"可取"的结论，为此明确表示"吾欲举兵"，计划仗义西征，未知君（迪古乃）以为如何。迪古乃知道"辽帝荒于畋猎，政令无常"，因而爽快地答应，"主公（阿骨打）英武"，而"士众乐为用"，表态愿意支持伐辽。

越来越多的生女真部落对契丹主政者生厌，响应阿骨打的号召，正如《三朝北盟会编》所载，"女真浸忿"，而"诸部皆怨叛"，纷纷"潜附阿骨打"，"咸欲称以拒之"。

辽天庆四年（1114）六月，辽国突然做出妥协，派遣使者到混同江以西，宣布阿骨打承袭节度使之令，意图修补双方的关系。

然而，彼此关系并未改善。阿骨打派遣蒲家奴赴辽，要求索取阿疏，辽国君臣久悬不决。宗室习古乃与银术可又奉命出使，仍然未能如愿。习古乃、银术可出使辽国时，仔细观察，返回后向阿骨打报告"辽主荒于政，上下解体"，确信"辽国可伐"。

阿骨打、迪古乃、习古乃、银术可等人皆认为辽主庸昏无道，并非无的放矢。辽国的第九任皇帝天祚帝自从1101年（宋建中靖国元年，辽乾统元年）继位以来，确实怠政，沉迷打猎。打猎能够起到锻炼身体及军事训练的作用，但很难称得上生产活动，更像一种娱乐活动。不少契丹贵族沉溺于此，国内升平日久，使人耽于安逸。此时辽国立国已二百年，许多历史遗留问题积重难返。以崇佛为例，辽太祖耶律阿保机在位时开始崇佛，到第八位皇帝辽道宗耶律洪基主政时期，竟然出现"一岁而饭僧三十六万，一日而祝发三千"的荒谬情况，浪费大量财富。天祚帝主政时期，朝廷、各地官府以及封建贵族通过赋税、地租、放债等方式盘剥百姓，榨取钱帛，肆意挥霍。各地"聚众为乱"，辽国危机四伏。

女真完颜部屡受契丹欺压，反抗已是大势所趋。阿骨打对这一切了然于胸，听到习古乃、银术可两人的汇报，觉得时机成熟，于是召来部落中的"官僚耆旧"，准备举兵。

《金史》对当时支持阿骨打举兵的一些重要人物进行了评价，认为"伐辽之计决于迪古乃"，赞成的人包括国相撒改。此外，还认为阿骨打决意伐辽，

"盖自银术可等发之"。

形势空前紧张，战争一触即发。阿骨打将伐辽计划公之于众，敦促部属在各要冲之处加强防御，建筑城堡，并修理军械，做好战争的准备。

辽国对女真亦有所防范，为此专门建立了东北路统军司，虽然大本营设在黄龙府，但最前沿的要点是毗邻生女真的边地宁江州。早在1111年（宋政和元年，辽天庆元年），知黄龙府事萧兀纳（《金史》记作"挞不野"）改迁东北路统军使时，上书辽廷，声称自己的辖区与女真部落接壤，经过对女真人的观察，知"其志非小"，日后必成隐患，建议先发制人，出兵进行讨伐。但辽廷主政者掉以轻心，今时今日，女真部落已非常强大。

东北路统军司对女真人长期保持警惕，察觉情况有异，指派节度使捏哥前来问罪，责备道：你们是否心存异志？整军饬武，准备防谁？阿骨打从容地答复："这是设险自守，何必多问？"

辽国边臣仍不放心，又派阿息保为使前来诘难。阿骨打辩护："我国是小国，与大国（辽国）相处不敢无礼，只不过，大国'德泽不施'，竟然包庇逃人，倘若能遣返阿疏，小国朝贡如故，否则岂能束手束脚，受制于人？"

阿息保回去后，上报称阿骨打态度傲慢，且尚未停止修城等挑衅性行动。辽国边臣知道事势严重，亦开始备战。多年以后，宋人洪皓重游辽国与女真的接壤之地，在《松漠纪闻》中记叙，契丹人自宾州、混同江以北八十余里"建寨以守"，尽管经历了女真反辽的激烈战争，但仍保存"数十家"以供后人凭吊。由此可见，辽军驻防部队当初在边界也算是严阵以待。除了建寨，东北路统军使萧兀纳奉命从另处调兵至宁江州，加强防御，而河北诸军亦计划前来增援。

阿骨打为了窥探敌情，派出了一位名叫补聒剌的人，以索取阿疏的名义前往辽国，暗中察形辨势。谁知补聒剌办事不力，返回后含糊其词地报告："辽兵有很多，不知其数。"阿骨打对此疑惑重重，认为辽国刚刚开始调兵，岂能迅速在边地集结这样多的人马。为了查明真相，他赶紧派出另一位名叫胡沙补的人前往探查。

胡沙补越境后，在辽国府衙参见统军使萧兀纳，发现气氛与往常不同。萧兀纳特别命令孙子身披铠甲，侍立于旁，如临大敌。他直言不讳地说获得了女真人造反的情报，故严加戒备。

战争即将来临的传言在辽境甚嚣尘上，一时之间真假难辨。胡沙补在路途中碰见的渤海军人，也知道了"女直欲为乱"的消息，竟然嬉皮笑脸地向胡沙补求证。

胡沙补把有关情况一一记于心内，回去即刻禀报阿骨打，特别指出辽国虽然正在调兵遣将，准备应变，但尚未完成集结，边地仅有"四院统军司与宁江州军及渤海八百人"，兵力单薄。因而，他建议"今举大事（反辽）"，不可以再拖延，否则会贻误时机。等到天气更冷、河水结冰，完成集结的辽军就会抢先发动进攻，故此，应该乘辽国兵力分散时先下手为强。

阿骨打一听，正中下怀，动员众将士欲先发制人。阿骨打已荣任"都勃极烈"，但辖区仅限"匹脱水以北"，故迫切需要得到其他部落的协助。当时完颜部第八位首领颇剌淑的遗孀蒲察氏还在人世，阿骨打向她如实禀告伐辽之事。德高望重的蒲察氏自以为垂垂老矣，不便过问政治，要阿骨打见机行事即可。阿骨打感极而泣，举杯向蒲察氏祝寿。然后，众人出门，向皇天后土祈祷。仪式结束之后，阿骨打遵从蒲察氏的吩咐，正襟危坐，在聚会饮酒时乘势向诸部的僚属发号施令，先指派一位叫婆卢火的人前去征调驻于耶懒水的迪古乃军队，又让斡鲁古、阿鲁二人率部伺机潜入辽境，招抚黄龙府附近斡忽、急赛（今吉林省通化市西南）两路的系辽籍女真。同时，他命令实不选前往宁江州一带的完睹路，捉拿辽障鹰官达鲁古部副使辞列与宁江州的渤海大家奴。

不过，并非所有女真部落皆跟随阿骨打起事。居住在完颜部迤西和宁江州之间的达鲁古部实里馆派人来问："听说要举兵伐辽，我部何去何从？"阿骨打回答："我兵虽少，但汝部与我国毗邻而居，本来应该跟从我，不过若畏惧辽人，汝可归附辽国。"最终，摇摆不定的达鲁古部实里馆没有出兵来援。

根据辽国方面的情报，阿骨打与其侄粘罕、希尹（胡舍）等人谋划，以银术割（银术可）、移烈、娄室、阇母等为帅，集合女真诸部兵力，欲擒拿辽障鹰官，假如战端一开，宁江州必将首当其冲。

宁江州，在行政区域的划分上属于辽国东京道，在军事区域的划分上属于上京道长春州的东北路统军司。其地距离冷山一百七十里，气候寒冷，但草木繁多，每年春季河水解冻，桃李争妍，景色宜人，辽国皇帝必定来此"凿冰钓鱼，放弋为乐"。邻近女真部落也派人前来朝贡，奉貂鼠等土特产。附近建有榷场，女真人可携带北珠之类的土特产前来交易，但某些宁江州人买卖不公，故意压低女真特产的价值，有的地头蛇甚至巧取豪夺。这一切，早已引起女真诸部怨恨。

时值夏季，天祚帝没有待在宁江州，而是在庆州秋山射鹿。他得知军情紧急，却不以为意，毕竟僻处一隅的完颜部与契丹人的老对手宋朝相比，显得非常弱小。辽军打过无数次大仗，岂会害怕阿骨打？他仅仅下令海州刺史高天寿统率渤海兵驰援宁江州。

辽军在战时习惯以渤海人、奚人、汉人为前驱，契丹人居后压阵，待机而动。这种战法引起了宋人的注意，刘跂在使辽时有诗云："列仗东丹骑，先驱渤海兵。"东丹与渤海，皆源于粟末靺鞨。粟末靺鞨崛起的时间比女真要早，远在唐代，其领袖大祚荣以部落为基础，纠众占据方圆五千里，南面与朝鲜半岛的新罗毗邻，以泥河为境，东面濒临大海，西面和契丹接壤，逐步建立起拥有十万余户的"震国"政权，一度成为唐朝附庸，后来改称渤海国。唐朝既亡，辽太祖耶律阿保机积极对外扩张，于契丹天赞三年（924）七月开始讨伐渤海，战事断断续续，延至契丹天显元年（926）八月，终于灭掉了这个国家，在其固有的版图成立了一个"东丹"国，并册封长子耶律倍为人皇王。后来，辽国干脆取消东丹国，将其地直属朝廷管辖。渤海人需要向契丹统治者缴纳赋税、承担劳役，还要服兵役。对于那些并不富裕的民户而言，负担比较重。

渤海人一度以骁勇著称于世，到过东北地区的宋人洪皓，在《松漠纪闻》中赞其"男子多智谋，骁勇出他国右"。当地流传着这一谚语："三人渤海当一虎。"

这一次前往前线的渤海兵到底有多少？《亡辽录》记载为一千人，而《契丹国志》认为有三千人。总之，兵力不算很多。

东丹王出行图（局部）　｜　五代十国　｜　耶律倍　｜　波士顿美术馆藏

开战前夕，阿骨打紧锣密鼓地召集人马，并于同年九月向宁江州前进，途中一度驻扎寥晦城。婆卢火未能及时完成征兵任务，受到杖刑之后，加紧督促军队前来集合。进至来流河时，完颜部旗下已麇集二千五百人。种种迹象表明，敌对两军的人数相差不太，但这并不意味着双方势均力敌。

为了师出有名，阿骨打在祭祀天地时公开宣布辽国罪状，自称女真人世代臣服于辽国，历来恪尽职守，还曾出兵协助辽军平乱，"定乌春、窝谋罕之乱，破萧海里之众"，立了战功，不但没有受到赏识，反而遭受更多的"侵侮"，就连部落中的有罪之人阿疏，也被辽人包庇。如今即将为此兴师动众，问罪于辽。

阿骨打列举的这些"罪状"，颇有值得商榷之处。例如，所谓"定乌春、窝谋罕之乱"，不过是完颜部平定内乱以及兼并其他生女真部落的战事，如何能苛责辽朝没有及时行赏？完颜部确实帮助辽军"破萧海里之众"，但辽国已对第九任首领盈歌进行过嘉奖，只是忽略了有份打仗的阿骨打。阿骨打对这类不公平待遇耿耿于怀，现在一股脑儿地发泄出来。

接着，这位生女真领袖命令诸将轮流手握一杆廷杖发誓，誓词中强调要"同心尽力"，奴婢立功可为良人，庶人立功可以做官，当了官的人立功可以按照功劳大小升迁，有违誓言者要被廷杖活活打死，家属也得不到赦免。

女真统治者后来在誓师之地立了一块石制的"得胜陀颂碑"以作纪念，碑文称阿骨打独自一人站在高阜之上，身材挺拔，如"乔松之高"，连赭白色的坐骑"亦如冈阜之大"，他环顾站在下面的国相撒改以及诸将，发现无不"人马高大"，异乎寻常，断言此乃"天地协应"的吉祥之兆。

来流河一带的百姓皆属撒改管辖，故其参加誓师仪式引人注目，不过，撒改没有跟随阿骨打继续向宁江州前进，而是率部分人转走另外一条路，防备宾州方面的辽军。

九月二十二日，阿骨打带着部队来到率河一带，这是谋克唐括德温的驻地，诸军在此祈祷，希望能消除灾祸。女真人普遍信奉原始萨满教，频繁举行相关仪式不足为奇。但后世儒者在修撰《金史》时按照儒教传统的"天人感应"来理解这一天发生的事，据说当时"有光如烈火"，闪烁在人的脚下以及戈矛上，人们把这种离奇的现象叫作"兵祥"，附会为胜利的征兆。次日，一行人马来到宁江州附近的扎只水，烈火般的光芒仍如影随形，迟迟没有熄灭。"得胜陀颂碑"追述了在此前后发生的事，"我军如云，戈甲相属，神火焰焰，光浮万烛"，而"国家将兴，必有祯祥"。

跋山涉水的女真部队就快进入宁江州，阿骨打在州城以东发现了辽军挖掘的壕堑，遂派完颜宗幹督领士卒将之夷为平地，女真部队随之摆开阵势，分为左翼、右翼与中军三部分。

战斗很快开始，据《完颜娄室神道碑》所载，"登先以战"的是七水诸部长完颜娄室，他的儿子活女时年十七岁，奋力厮杀，身体受伤，被人搀扶着离开阵线。阿骨打在高处遥遥望见，询问左右，得知是娄室之子，马上赐药慰问，感叹道："此儿他日必成名将。"

女真人一开始打得不太好，在宁江州城外遭到辽东北路统军使萧兀纳的拦截。辽国渤海军先猛烈攻打女真部队左翼的七个"谋克"（女真语，意思是百夫长），逼其后退。接着，又袭击女真人的中军。女真阵营一度出现混乱，排列在前面的斜也挺身而出，准备拦截步步进逼的辽军，哲垤从后赶上，欲抢头功。阿骨打及时看到，认为诸将不应随便改变作战次序，赶紧命令宗幹前往制止。宗幹快马加鞭，冲出阵前，截停哲垤坐骑，哲垤、斜也等掉转马头，返回阵营之中。

辽军尾随追击，指挥官耶律谢十在关键时刻不慎坠马，随从欲伸出援手，被阿骨打一箭射死。另一名辽军骑兵奋勇来救，也成了箭靶，胸部被洞穿。耶律谢十亦中箭负伤，不甘心束手待毙，忍痛拔箭而逃。阿骨打亲自上阵，紧追不舍，耶律谢十被射中背部而亡。

阿骨打越战越勇，发现宗幹等数名女真骑兵被辽军包围，立刻冲过去解围。为了方便拉弓，阿骨打脱去头盔，不断射击，迎面而来的箭在脑袋掠过，亦等闲视之。在这场你死我活的对射中，阿骨打击中不少目标，并以身作则鼓励部下，让族人谋良虎、温迪罕部谋克迪姑迭等参战将士勇气倍增。

几经较量，处于下风的辽军终于崩溃，连骁勇的渤海士卒也狼奔豕突。逃亡途中，辽军彼此踩踏，多人因此而亡。辽东北路统军使萧兀纳的孙子移敌塞在混战中死亡，萧兀纳侥幸撤回，收拢残部退保宁江州。

女真能够打赢这一仗，主要依靠一种传统战法。这种战法源自狩猎活动，其来龙去脉，在宋朝使臣马扩的《茆斋自叙》中有详细记载。那是六年之后，马扩奉命随父从海路出使来流河，与阿骨打会晤，近距离观察女真人在野外的狩猎过程，发现女真部队以旗为号，分为左、右两翼迂回包抄，形成包围，然后不断收紧包围圈，受到重重围困的野兽插翅难逃，有的被弓箭射死，有的被各种武器打死。这样的军事行动，被马扩称为"打围"。对于女真人来说，"打围"除了可用于狩猎，还可用于打仗。阿骨打坦率地承认女真部队"行军步阵，大概出此"。以宁江州以东战事为例，阿骨打坐镇的地方是中军，指挥左、右翼出战，左翼遭到对手反击一度退却，显示辽军并非束手待毙的猎物，阿骨打不得不亲自上阵，展开生死较量。

值得注意的是，频繁弯弓发射的阿骨打竟然"免胄"作战，这说明披挂累赘的甲胄不利长时间射箭。四百多年后，自视女真后裔的清太祖努尔哈赤，在开国战争中亦将铠甲弃如敝屣。明万历二十一年（1593）九月，在古勒山作战之前，努尔哈赤命令部属把身上所有的"臂手、顿项"（保护胳膊和颈部的铠甲）解除，以便轻装上阵，因其部队一贯以善射著称，携带过多的铠甲会"身受拘束，善战难以胜敌"。努尔哈赤对此有亲身体会，早在九年前他转战于界藩、浑河一带，带着数人用箭射退了八百名敌军，自身也疲惫不堪、"喘息不定"，赶紧利用战斗间隙脱下头上沉重的兜鍪，争取时间休息。他嫌解甲速度不够快，甚至用手扯掉纽扣。

女真部落数百年来一直以善射闻名，但妨碍射箭的铠甲对他们并非无足轻重。《契丹国志》记载，举兵反辽之前，长期受契丹欺压的女真人愤愤不平，可"苦无战甲"，不敢轻举妄动，直到1096年（宋绍圣三年，辽寿昌二年），辽国叛将萧海里逃入女真境内，女真人始"得甲五百副"，战斗力相应增强。之后，阿骨打兴师反辽，"才有千骑"，"用其五百甲"，得以"攻破宁江州"。也就是说，铠甲在女真反辽之战中不可或缺，因为阿骨打辖下的骑兵不止一种，其中一些佩带弓矢的骑兵为了长时间射箭而披挂"轻甲"甚至不披甲，另外一些骑兵则不同，由于战时不用频繁挽弓发射，而是以枪或棍棒为武器冲锋

宋画本《胡笳十八拍》第一拍中的骑兵，人马皆披铠甲

陷阵，需要浑身披挂"全装重甲"，加强防护。故此，铠甲的重要性显示出来。在具体编制上，女真骑兵以"五十人为一队"，前二十人为披挂重甲的骑兵，后三十人为披挂轻甲的骑兵，彼此配合作战，相得益彰。

与女真打仗的辽军，亦很重视铠甲。宋人早就注意到这一点，《能改斋漫录》记载了北宋名臣司马光对辽军士卒穿戴的铠甲的评论，将其分为"十分衣甲"与"五分衣甲"两个级别，认为只有那些擅长骑射的契丹士卒才有机会穿戴"十分衣甲"，次者则穿戴"五分衣甲"，武艺最差者没有任何"衣甲"。此外，宋代历史学者胡三省在为《资治通鉴》作注时，指出契丹军队拥有名叫"铁鹞"的精骑，这些骑兵"身披铁甲，而驰突轻疾"，正如鹞鹰捕捉鸟雀。必须说明的是，《辽史》中记载的"左、右铁鹞子军"，与女真部队"打围"时张开的左、右翼不同，辽军的"左、右铁鹞子军"是番号，而女真部队执行任务时分列左、右翼属于阵法。

宁江州以东的作战刚结束，阿骨打使人向国相撒改告捷，并把俘获的耶律谢十坐骑当作战利品予以赠送。撒改及其将士欢呼雀跃，叫喊义兵在辽界一战而胜，"灭辽必自此始"。

撒改为人以"敦厚多智"著称，此刻顺水推舟，派粘罕、希尹二子到战区贺捷，同时劝阿骨打登基。阿骨打坚拒，因为仅仅获得一次胜利就称帝，显得很肤浅。

女真部队首战告捷，随即攻打州城。诸军填堑而进，锐不可当。辽守将萧兀纳缺乏信心，率三百名骑兵临阵而逃，渡过混同江向西疾驰。留在城内的残兵无力支撑，欲从东门突围而出，遭到温迪罕部阿徒罕的攻击，全部战死。

十月初一，女真人彻底控制了宁江州，屠戮了城内的抵抗者，"无少长，悉杀之"，相继释放俘获的辽防御使大药师奴以及籍贯渤海的梁福、斡答剌，让他们回乡招徕更多族人。阿骨打特别强调"我兴师伐罪"，不会"滥及无辜"，认为女真与渤海"本同一家"。

据《新唐书》《旧唐书》《金史》等史籍，女真与渤海皆源自活动于东北地区的靺鞨，女真源于黑水靺鞨，渤海源于粟末靺鞨，彼此有别。现在，阿骨打高调宣布渤海与女真亲如一家，拉拢更多同盟者，也是意在分化渤海

宁 江 州 之 战 辽天庆四年（1114）九月至十月

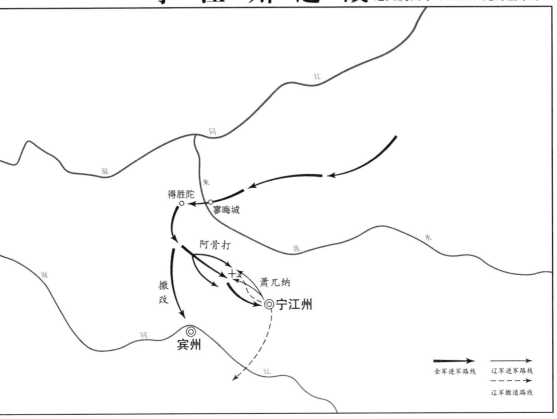

人与契丹人的关系。

宁江州境内有著名的榷场，阿骨打拿下此地，掳掠甚多。阿骨打凯旋，到达来流河时，论功行赏，将战利品分赐参战人员。阿骨打回到内地（又叫"阿木火"，即"阿勒楚喀"，位于今黑龙江省哈尔滨市阿城区附近），谒见坐镇后方的蒲察氏，将掳获之物分给宗室、耆老。女真达鲁古部实里馆没有响应反辽，资产被没收，分给了诸将士。

战争尚未结束，阿骨打不敢松懈，欲召集更多女真人助战。娄室奉命抚谕黄龙府一带的系辽籍女真，在部属夹谷吾里补的协助之下，成功招抚移敦、益海路太弯照撒等人。此外，完颜酬斡率领涛温路兵，负责抚定三坦、石里很、跋苦三水等处（位于今松花江下游地区）的生女真，促使鳌古酋长胡苏鲁以城来降。

值得一提的是，阿骨打抓紧时间对辖下诸部的军政制度加以改革。据《金史·兵志》记载，女真诸部之民，平时不服徭役，在居住地以佃渔、射猎为生，战时则"壮者皆兵"，每个壮丁皆需自备军械、粮草。女真诸部勃极烈皆要听从执政者的征兵之令，并负责指挥。各个部落的壮丁有多有寡，每个勃极烈的部队人数参差不齐，其首领有的叫"猛安"（千夫长），有的叫"谋克"（百夫长）。早在女真反辽之前，猛安、谋克之类的组织已经存在，宁江州之役后，阿骨打为了让猛安、谋克的人数大体相等，规定"以三百户"为一谋克，十谋克为一猛安，让军政合一的组织性能进一步得到强化。

女真人整军饬武，辽国君臣亦图谋对策。天祚帝得知宁江州败讯，中止在庆州秋山的打猎活动，召群臣商议。

行宫副部署萧陶苏斡认为，女真国虽小，但其人"勇而善射"，不可轻视。他还特别提及阿骨打未反之前曾协助辽军捕杀逃入女真境内的叛将萧海里，从那以后，女真部落的势力便不断扩张。他忧心忡忡地指出，辽兵长期缺乏训练，若遇强敌，作战时"稍有不利"，会发生"诸部离心"的失控局面，如今稳妥的做法是大规模动员"诸道兵"，用武力威胁，对方在压力之下或许会屈服。

北院枢密使萧得里底立即反对，声称萧陶苏斡的计谋"徒示弱耳"，无须兴师动众，仅调遣滑水以北的军队就足以抗拒敌人。

到底应该动用多少兵力应付女真？辽廷内部存在分歧。尽管天祚帝采纳了动用局部兵力的观点，可是在实行的过程中，动员的范围并不仅限于滑水以北，而是扩大至中京路。宁江州州城失守后，辽廷命令司空、殿前都点检萧嗣先为东路军都统，而刚刚从前线败返的萧兀纳转而以静江军节度使的身份进行辅助，虞候崔公义为都押官，鹤控指挥邢颖为副，组建新的前线指挥机构，又调发三千名奚、契丹军，两千名中京禁兵及土豪子弟，还另外选派两千名诸路武勇，参战兵力达到七千人。此时，辽国久享太平，境内军民听说女真反叛，纷纷主动请缨，希望能立功受赏，军营出发时，有大批家属随行，故实际出征人数不止七千人，产生虚张声势的效果。《金史》记载辽国派遣"步骑十万"来伐。

浩浩荡荡的辽军进至前沿，驻屯出河店临白江畔，与混同江近在咫尺。通常认为，出河店的位置在今肇源一带，而其北数十里的鸭子河泺北岸，是辽帝的春季"捺钵"之地。如今女真人对此构成潜在威胁，辽军便驻屯附近加以防范。

不过，也有人认为出河店位于今吉林省前郭县塔虎城，是阻挡女真南下袭扰的地点，可以庇护宾州（今吉林省农安县东北）、祥州（今吉林省农安县万金塔乡东北）、咸州（今辽宁省开原市一带）等处。

史籍记载不明确，关于出河店的具体位置，一直存在争议。不管怎么说，敌对双方即将在混同江流域形成对峙。女真部队已经出发，计划于十一月间潜渡混同江。途中休息时，阿骨打翻来覆去，难以入眠，干脆鸣鼓下令将士点燃燧火，乘夜而行，在黎明时分强行渡河。从军中挑选出来的十名壮士负责打头阵，很快击溃了阻路的小股辽军。后继部队陆续向混同江南岸疾进，但参战的三千七百名甲士，仅有三分之一及时赶到出河店，与辽军主力狭路相逢，处于敌众我寡的不利状态。

这个节骨眼儿上，大风刮起，吹得尘埃蔽天，阿骨打不等部下集结完毕，立刻挥师顺着风向前猛冲，此举被《契丹国志》形容为"未阵"而击。所谓"未阵"，是指这支部队没有按照以往"打围"的方式排兵布阵，并张开左、右翼进行围攻。女真骑兵经常以五十人为"一队"，"结阵"对付敌人，但也可以"人人皆自为战"，就算分散，一样能够打仗。

女真将士剽悍勇猛，但阿骨打不顾对手人多势众而仓促发起攻击，这种标新立异的做法没有被所有人理解，唯独同族之人习不失的看法与他相同。当时，习不失"领兵千人"伴随阿骨打左右，已成了反辽军队的中坚。

阿骨打跃跃欲试，正要亲自上阵厮杀，被侍立在旁的亲信挞懒抓住了马辔。挞懒年方十六，血气方刚，他劝阿骨打不可轻敌，然后自告奋勇，挺枪向前，先后杀死七人。枪折之时，他已经将九名骑士击落马下。女真将士赖以克敌制胜的武器，除了弓矢，还有枪、棒等近战兵器。阿骨打见状，豪迈地说道："得此辈数十，虽万众不能当！"

萧嗣先统领的辽军难以抵挡女真人的猛攻，崔公义、邢颖、耶律佛留、萧葛十等要员死于非命，部队在后撤时崩溃了。残兵败将没有重返军营，而是各自逃返家乡。还有部分士卒向西狂奔，竟然跑到了临潢（今内蒙古自治区巴林左旗）。他们分散寄居于民宅中，由百姓供养，但毫无纪律，侵扰当地人，"无所不至"，搞得民怨沸腾。临潢留守耶律赤狗儿无法禁止溃兵作奸犯科，只得公开告谕城内军民，辩称"契丹、汉儿久为一家"，如今边地传来战争警报，国家财政捉襟见肘，致使士兵打扰各位父老，倘有冒犯之处，亦应包涵。百姓听了这一番话，虽有不满，不敢明言。唯独出任勾当兵马公事的卢彦伦反驳道，自军兴以来，"民间财力困竭"，现在百姓又要供养士兵，负担更重，虽说为国分忧乃义不容辞的责任，无奈溃兵恣意妄为，令人难以忍受。况且，"番、汉之民皆赤子"，本应一视同仁，何必要厚此薄彼？当然，卢彦伦一人仗义执言，是很难改变现实的。

东征溃军四处掳掠的行动惊动了辽廷君臣。枢密使萧奉先上奏称，若不赦免溃败将士，恐怕这些人要啸聚为寇，成为大患。天祚帝认为言之有理，遂照办。实际上，萧奉先这样做有私心，因为败军之将萧嗣先是他的弟弟。事后，萧嗣先诣阙待罪时，果然没有受到严厉惩罚，仅被免去官职。此例一开，后患无穷，出征士卒议论纷纷："战则有死而无功，退则有生而无罪。"于是，许多士卒丧失斗志，在随后的战事中望风而溃。

十一月，都统萧嗣先会合从出河店逃脱的静江军节度使萧兀纳率部扎营于斡邻泺（今吉林省松原市郭尔罗斯王爷府附近）以东防御。

斡邻泺，又叫长泺，辽太宗耶律德光、辽景宗耶律贤、辽圣宗耶律隆绪以前皆曾到此举行春猎。如今契丹将士在这里布防，若能施展跋涉泥淖的特长，或许会阻止女真越过这一带的沼泽湿地。

不过，地利不如人和，辽军新败之余，兵无斗志，难以充分发挥地利的优势。二十一日，辽军遭到女真追兵袭击，损失甚众。两天之后，从前线逃返的萧嗣先被朝廷罢黜，一败再败的萧兀纳也受到免职处罚。

女真连战皆捷，在斡邻泺缴获的车、马、铠甲、兵器等物，达到"不可胜计"的程度。阿骨打的实力进一步增强，归附的辽人也更多。渤海人高彪曾随辽军驻守出河店，同僚纷纷败走，他仍留在战场"力战"，受到对手的赏识，被誉为"勇士"。他力尽被俘，接受招抚，转而为女真人效劳。

这次胜利对于女真人具有特别的意义，《金史》记载，"辽人尝言'女直兵若满万，则不可敌'"，还专门指出这支部队在出河店获胜后，人数才开始"满万"。言下之意，女真既得以扩编，便具有无敌于天下的力量了。为此，一度负责监修史籍的元朝丞相阿鲁图也在《进〈金史〉表》中重申，女真军队开国之初，"以满万军队，横行天下"。"女真满万不可敌"这句谚语，随着《金史》的刊行而广为人知。而当时流行的另一句谚语"三人渤海当一虎"，则时过境迁，鲜为人知了，因为渤海人在战场上的表现的确比不上女真人。

《金史》是后世的元人所写，但许多史料源于女真人编撰的《金实录》《国史》诸书，所以"女直兵若满万，则不可敌"这一句据说出自辽人之口的话，只能当作出河店之战胜利者的单方面陈述。反观由不同资料编撰而成的《辽史》，在记载同一战事时就没有类似的评论。毕竟，辽国在出河店之战中正式参战的将士仅有区区七千人之众，就算把随行的家属连同一起统计，估计也没有《金史》所载的"步骑十万"之多。

事实上，宁江州、出河店两役规模有限，女真人没有歼灭辽军主力，所攻占的只是边陲之地，尚未拿下辽国的军政要地黄龙府，故未能取得任何决定性胜利。那么,《金史》为什么要对此大造舆论,宣扬"女真满万不可敌"呢? 原因之一,是为阿骨打随后的称帝做铺垫。更重要的是,在往后的日子里,阿骨打所部的的确确所向披靡,从而证实了"女真满万不可敌"并非虚语。四百多年后,自命女真后裔的清太祖努尔哈赤在关外竖起反明旗帜,率部四处攻城略地,把辽东搞得哀鸿遍野时,那些熟读正史的文人墨客又旧话重提,让"女真满万不可敌"这句谚语在世间传得沸沸扬扬,载入《辽夷传》《筹辽硕画》《两朝从信录》等书中,影响力经久不衰。跟随阿骨打起事的那一批女真人,取得了宁江州、出河店等胜仗,成了威震古今的传奇将士。

许多年过去,女真统治者还对这些开国元勋念念不忘,史载 1152 年(金天德四年),金海陵王主政时,专门把祖先阿骨打的画像安置于宫中武德殿,并召见那些曾经参加宁江州之战的有功者。当时仍有一百七十六名将领活在世上,皆被升为宣武将军,以示恩宠。可惜,这些人的名字大多不存,少数留名于史籍以及碑刻等文献资料,其事迹才不至于湮灭在历史长河之中。为阿骨打出谋划策的人有撒改、习古乃、迪古乃,追随阿骨打在宁江州、出河店等处作战的人有粘罕、希尹、习不失、温都本、乌野、谋良虎、娄室、银术可、麻吉、活女、移列、阇母、骨赧、挞懒、迪姑迭、阿徒罕、僕忽、斜卯阿里、石家奴、胡沙补、隈可、术鲁、黄掴敌古本、胡石改、唐括德温、忽里罕等。

这些先行者开基创业,使"女真满万不可敌"这一谚语名扬天下。当中的粘罕、娄室、银术可等人出类拔萃,将有机会在未来的战争中建立不世之功。

第三章

龙兴之地

辽军在宁江州、出河店等地接连失败，天祚帝反躬自省，对朝政进行改革。本来，按照辽朝旧例，凡与军国大事有关的机密，不允许汉人参与。然而，萧奉先等契丹大臣不懂军事，就需要另请高明，汉人只要能扭转乾坤，也能委以重任了。汉人宰相张琳、吴庸脱颖而出，天祚帝请他们为"东征"出谋划策，希望反败为胜。

张琳作为"南府宰相"，本来是负责管理汉人和渤海人等农耕族群的"南面官"，如今是临危受命。张琳上奏解析形势，暗讽萧奉先以前打败仗，犯了轻举妄动的错误，声称动用二十万汉军分路进讨，可战无不克。

显然，张琳认为契丹、渤海军队打败仗，兵力过少是重要原因。为此，他改辕易辙，要征调足够多的士卒，欲凭着人数的绝对优势在决战中碾压敌人。

天祚帝一心想尽快平定女真叛乱，因而表示赞同，但认为一时无法征调二十万兵，可先征调十万。为了尽快凑足人数，天祚帝下令对上京、长春、辽西诸路的人丁户进行财产统计，凡家业钱达三百贯者，意味着具备养兵的能力，就要交出一人从征，并限二十天之内前往军队报到。而殷实富足的大户家庭，有的要交出一百人，有的交出二百人，以致倾家荡产。朝廷规定，被征调者要自备武器、铠甲等军械，许多人为了节省钱财，用简易的"枪刀毡甲"充数，导致这支迅速编成的军队严重缺乏装备，处于"弓弩铁甲，百无一二"的状态。

这支大军总算拼凑成功，除了大量汉人，还有番军，被分作四路，踏上征程。北枢密副使耶律斡离朵出任来流河路都统，卫尉卿苏寿吉为副；黄龙府尹耶律宁为黄龙府路都统，桂州观察使耿钦为副；复州节度使萧湜曷为咸州都统，将作监龚谊为副；左祗候郎君详稳萧阿古奴为草峪路都统，商州团练使张维协为副。

也就是说，辽军要从来流河路（黄龙府路以北来流河河口附近）起，由北向南，依次进驻黄龙府路、咸州路（今辽宁省开原市一带）、草峪路（今辽宁省凤城市一带）等处，在战略上呈"一字长蛇阵"展开，涉及范围上千里。

因为女真人可以沿着长长的长白山脉不断骚扰松辽平原，刚刚召集的大批辽军需要分散来应付。

女真人已抢先行动，阿骨打在正式反辽之前，已令族人斡鲁古勃堇与另一员将领阿鲁一起南下，抚谕黄龙府附近的斡忽、急赛两路系辽籍女真，以便招纳更多人马。宁江州之战刚刚结束，完颜娄室亦奉命与银术可等人潜入辽境黄龙府、咸州一带，招谕其他系辽籍女真。这两路人马无疑会牵制不少辽军。

辽国大费周章动员起来的四路人马，最先行动的是耶律斡离朵辖下的来流河路军。耶律斡离朵从辽天庆四年（1114）十一月三十日接到任命，携副点检萧乙薛、同知南院枢密使事耶律章奴等人到达战区，与女真部队战斗之时，暴露出训练不足的缺点，后撤入营寨，竖立木栅防御，士气极为低落。夜晚，耶律斡离朵听信手下误报，以为汉军先遁，当即带着契丹军与奚军弃营而奔。次晨，留在营寨中的汉军尚有三万人，面面相觑，临时推举将作少监武朝彦为都统。留下的汉军打不过女真人，亦大败。

十二月中旬，阿骨打派人四处出击，进攻范围并不限于来流河河口一带。分散在黄龙府路、咸州路、草峪路的辽军得知来流河路传来败讯，不敢草率行事，处于被动防御状态。

女真将领仆虺、浑黜攻占黄龙府以北的宾州，击败辽将耶律赤狗儿，招降了居住于混同江与鸭子河泺之间的兀惹雏鹊室，附近的"奚铁骊王回离保"也率部归顺。

《金史》所载"铁骊"是何族属，学界观点不一。有人认为源于突厥铁勒，有人认为源于靺鞨。其部落、土地被奚人控制，受奚人管辖。"回离保"又名萧干，乃奚王忒邻之后，投降不久又逃回了辽国。

耶律赤狗儿败退时在祥州以东遭到女真将领吾睹补、蒲察的袭击，得到辽军萧乙薛所部增援，仍旧惨败而逃。

战火沿着宾州、祥州一路蔓延至黄龙府。此前，挺进黄龙府一带的斡鲁古、阿鲁乘势进攻东北路副都统萧兀纳残部，误以为打死了萧兀纳。事实上，女真人的老对手萧兀纳没有死，他在出河店大败后又配合萧嗣先所部转移长泺一带，屡受挫折，但好歹保住了性命，得以返回后方，随即被辽廷免职。

在女真人的压力之下，史载"酷葬岭阿鲁台罕等十四太弯皆降，斡忽、急赛两路亦降"。所谓"太弯"，应是辽国授予系辽籍女真头目的官衔（有学者认为此词是汉语"大王"的讹音）。之后，斡鲁古等将绕过黄龙府，插入辽东京道腹地，突进至咸州，与附近的完颜娄室所部互相呼应。

完颜娄室成功潜入辽境黄龙府、咸州一带，有条不紊地招谕系辽籍女真，并围攻拒绝投降的据点。三千名辽军闻讯赶来，欲为系辽籍女真的据点照撒城解围。

尽管存在后顾之忧，娄室仍冒险继续攻城，其手下有一位来自雅挞澜水的人，名叫特虎，身材魁梧，他不畏艰辛抢先登上城池，夺取了头功。接着，娄室所部集中力量对付城外的辽军，并在部分投降的系辽籍女真的协助之下，"卷旆径进"，发起突袭，追杀千余敌人。在进攻卢葛（可能是波剌赶山）时出现了意外，银术可的弟弟麻吉不慎坠马，骁勇善战的特虎及时赶至，奋力杀死数名辽兵，搀扶着麻吉从死人堆中返回。

翌日，多处地方发生混战。娄室又破奚部，败其援兵三千人，斩其主将，俘获监战的银牌使者。参战的温迪罕部谋克迪姑迻回至韩州，击溃不期而遇的两千名敌人，接着用武力迫降移敦、益海路太弯照撒，接受益改、捺末懒两路的归附。

突袭咸州的斡鲁古进展不大，他发现当地守军颇众，便按兵不动，派人通知娄室，要求增援。娄室闻讯而至，在咸州境内败辽戍兵三千人，成功与斡鲁古会合，围困了咸州。

前线各处辽军极为被动，顾此失彼，咸州路南军诸将实娄、特烈为了解围而疲于奔命，好不容易才来到咸州以西。

女真部队随机应变，分为两路。一路由四谋克精锐组成，各自把守咸州四个城门，防止守军乘隙突出城外，另一路在斡鲁古、娄室的带领下前往阻援。

为了攻击在辽河之畔结营的辽军，这路女真部队迅速渡河，之后分翼而进。娄室居于左翼，其部将夹谷吾里补带领四谋克军发动夜袭，受到攻击的辽军顿时惊溃，被"杀略几尽"。斡鲁古所部亦奋力而战，虽然阵斩辽将实娄，可是未能一鼓作气打垮当面之敌，在久战疲惫的情况下，竟然一度引兵退却。幸而迪姑迭率本部兵助战，才声势复振，最终在野战中得胜。

女真阻援部队完成任务，便从辽河撤回咸州。斡鲁古与围城诸谋克会合，重新布阵，准备攻坚。娄室率偏师袭击敌背，以前后夹击的办法，总算拿下了咸州。

咸州的沦陷使得系辽籍女真对辽国更加失望。很快，陆满忽吐以所部来降，邻部户七千亦归附，斡鲁古再接再厉，大破辽将喝补所部数万人，牢牢地控制了这一带。

辽国宰相张琳费尽心机策划的四路进讨计划，以惨败收场。他曾讽刺萧奉先策划东征时犯了轻举妄动的错误，如今自己不能反败为胜，暴露出"碌碌儒生"常有的痼疾——纸上谈兵，由此造成了难以补救的后果。现在，来流河路都统耶律斡离朵丧师失地，正困守于宁江州以西的达鲁古城；宾州、祥州先后陷落，致使黄龙府门户洞开；咸州路更是满目疮痍，连首府咸州也丢了。

宋人注意到了辽国的惨败，在《三朝北盟会编》中叙述女真人攻城略地时"诛杀不可胜计"，不但针对辽人丁壮，连未成年人也不放过，"婴孺贯槊上盘，舞为乐"。女真人所过之处，大肆搜刮，使之沦为一无所有的"赤地"。辽国损失惨重，短期之内不可能再发动大规模的反攻。

局势对女真非常有利。《金史》用春秋笔法进行渲染，吴乞买、撒改、习不失等女真要员连同军中诸将，在同年年底一齐劝阿骨打于次年正月初一登基。阿骨打谦虚地表示推辞，但阿离合懑、蒲家奴、粘罕等继续劝进，称如今大功已建，若不称帝，"无以系天下心"。阿骨打经过一番思虑，觉得众意难违，于次年正月元日当仁不让地做了皇帝，定国号为"大金"。为此，他解释道，"辽以镔铁为号"，镔铁坚固，可"终亦变坏"，而金"不变不坏"，更胜一筹。况且，金的颜色为白，而完颜部亦崇尚白色，因而以此定国号就更有道理了。

同时，他正式建元"收国"，意思是准备收拾辽国。宋朝七年后收到的《金国人书》中有"候收辽国"以及"敌国新收"的言辞，可为佐证。这时，女真人的根据地还很简陋,并不是什么繁华的京城,阿骨打居住的地方号称"御寨",因为女真诸部历来以村寨散居的方式相处。多年以后,"御寨"所在之处才慢慢扩建成了上京会宁府。

不过,阿骨打那时候公开向世人显示灭辽之志,似乎为时过早,因为他在很长的时间里都没有制订灭辽的具体计划,毕竟,女真人迄今尚未夺取辽国北边各州的中心枢纽黄龙府,也尚未歼灭辽军主力。

需要说明的是,《金史》有关阿骨打在 1115 年(宋政和五年,辽天庆五年)登基建元的记载,源自金熙宗于 1148 年(宋绍兴十八年,金皇统八年)修撰的《太祖实录》,书中似乎对祖先加以曲笔回护,受到了当代学者刘浦江、邱靖嘉等人的质疑。根据《辽史》以及辽末进士史愿所著《辽国遗事》诸书,阿骨打正式建国的时间要推迟至 1117 年至 1118 年(宋重和元年,辽天庆八年),最初使用的国号可能是"大女真·金国"。北方王朝有使用双重国号的习惯,辽国就曾号称"大辽·大契丹",直至 1122 年(宋宣和四年,辽保大二年),女真统治者才放弃"大女真"的称呼,仅保留"大金"的单一国号,从而被后人沿用,这在宋臣吕颐浩的《上边事善后十策》一文中有所反映。综上所述,金熙宗后来修史时基于正统观念,对开国的一些事实做过篡改,这在注重"为尊者讳"的古代是时有发生的事,不足为奇。

辽天庆五年(1115)正月初五,志向远大的阿骨打着手准备占领黄龙府,为此,需要先夺取来流河附近的要冲达鲁古城,以解除后顾之忧。他首先率军插入达鲁古城西南的益州(今吉林省农安县北),欲切断达鲁古城的后路。

益州百姓已成惊弓之鸟,纷纷逃走,来不及逃离者被女真人俘虏。

至此,女真部队控制了达鲁古城后方的宾州、祥州与益州,彻底切断了达鲁古城与黄龙府的联系。

当时,达鲁古城还有不少人马,辽行军都统耶律斡离朵、左都统萧乙薛早些时候在来流河、宾州等处受挫,皆纠集残部退入该城,企图坚守。协守的还有右都统耶律章奴、都监萧谢佛留等,不容忽视。

阿骨打计划集中主力与之效量,《契丹国志》记载,女真部队在占领区内"佥拣强人壮马充军",遂有"铁骑万余"。集结过万人马打仗应该不是问题。

此前经略咸州的娄室、银术可等骁将，奉命折返，负责监视黄龙府的辽军，防其增援。接着，阿骨打便率兵直扑达鲁古城，驻扎宁江州以西，加紧进行临战准备。

与此同时，天祚帝打算扶倾救危，下诏亲征，奈何一时之间再难以在满目疮痍的来流河路、黄龙府路、咸州路、草峪路等处征兵，从后方抽调人马又千里迢迢，远水难救近火，不得不摆出停战的样子，派遣耶律僧家奴为使，前往女真大营议和。然而，辽人仍然以宗主自居，在国书里直斥阿骨打之名，把女真诸部当作附庸，颇为傲慢无礼。阿骨打没有动怒，以书信回复道，倘若能遣归叛人阿疏，并将黄龙府迁往其他地区，就可以议和。

阿骨打不管天祚帝的缓兵之计，径自于二十九日挺进达鲁古城。

阿骨打登上城外的制高点，遥遥望见辽军正严阵以待，而一个接一个的士卒仿似长长的灌木，蔓延至天边云端。《金史》宣称辽军的总兵力达到"骑二十万，步卒七万"，言过其实，但确实有大批辽军固守于此。阿骨打环顾左右，表面上轻松地说，敌兵不但心怀异志，而且胆怯，虽然多，不足畏。实际上，阿骨打不敢怠慢，已派人到黄龙府一带紧急召娄室所部前来会合。

娄室、银术可等将立即督促手下，从黄龙府附近向着来流河南岸的达鲁古城疾驰，一天工夫便走了过百里路，致使马匹疲乏不堪，阿骨打及时调拨三百匹战马予以补充，保持了战斗力。

娄室所部已从黄龙府城外撤离，黄龙府守军就有可能乘机北上，威胁屯驻达鲁古城附近的女真大部队，令其腹背受敌。为了避免这种不利情况，女真人需要速战速决。

阿骨打于次日发起总攻。女真诸部纷纷占据高阜，排列队伍，分为左翼、右翼与中军三部分，仍旧按照传统的"打围"办法行动。

其实，辽国人也有"打围"的传统。《旧五代史》记载辽太宗耶律德光在947年（辽大同元年，后汉天福十二年）曾对其宣徽使高勋说"我在上国，以'打围'食肉为乐"，来到中原时常感到不快乐，"若得归本土，死而无恨"。所谓"打围"，就是狩猎。据此可知，契丹人与女真人的狩猎行为，都可以称为"打围"。不过，名称相同不等于内涵一致，契丹人的具体狩猎办法是否与女真人一模一样，史无明载。但可以肯定的是，辽军在战争中从未像女真人那样采取左、右翼合围的方式，重重叠叠地围住敌人，并进行密集攻击。

《金史》记载，张开左、右翼的女真部队很快便与迎面而来的辽国左、右两军对峙。现在已经很清楚了，辽国的左、右两军与女真部队的左、右两翼，不应混为一谈。因为契丹人出自游牧族群，而女真人具有渔猎传统，战法有异。

女真人抢先进攻。在出河店之役立过功的谋良虎负责打头阵，统率右翼人马杀向辽左军。女真左翼也来势汹汹，在粘罕、娄室、银术可等将的带领之下迂回敌后，企图配合右翼进行合围。

辽左、右两军竭力拦截，其中右军表现不俗，完全堵住女真左翼部队的去路。由此可以判断，右军才是辽军的主力。事实上，契丹人习惯派遣主力攻击对手阵营比较薄弱的"一面"，正如《武经总要》所载，"夷狄（契丹人）用兵"，经常突然集中佩带弓箭的骑手，"偏攻大阵一面"，有时确实令对手应接不暇。

辽右军成功拦截女真部队左翼，就破坏了对方的"合围"意图。娄室、银术可一再纵兵猛冲，由于以寡敌众，先后九次陷入重围。其中有一次，娄室的儿子活女险遭不测，幸而骁将特虎及时来援，才化险为夷。这路女真部队每次都能在劣境中奋勇突围而出，可迟迟未能获得突破性进展。

粘罕要求增援，恳请阿骨打派遣中军前来助战。阿骨打一时抽调不出更多人马，只是紧急派遣宗干率部分兵力到前方，虚张声势以迷惑对手，稳住阵脚。关键时候，女真右翼部队取得了重大进展，一举打退了当面的辽左军，然后奉阿骨打之命配合粘罕的左翼作战。谋良虎指挥右翼人马迅速包抄辽右军，彻底击溃顽抗的辽右军，总算把形势扭转过来。

辽左、右两军残部相继败退回营，进行坚守。接踵而至的女真诸部张开两翼，按部就班包围敌营。

辽军负隅顽抗，派一千人出营列阵。女真小将挞懒猛冲过去，大败其众。至日暮时分，阿骨打辖下诸部终于完成了谋划已久的合围。

不想引颈受戮的辽军将士皆于次日黎明拼死突围，四处乱窜，希望能够死里逃生。而女真部队从达鲁古城一直追杀到阿娄冈、乙吕白石等处，沿途

辽代壁画《负箭持弓人物图》

杀死辽步卒甚众，取得了以少胜多的胜利。值得一提的是，女真人缴获了数千件耕田的农具，可知辽军本来打算在达鲁古城屯田，用"且战且守"的方式长期坚守，如今这个计划无法实施了。

达鲁古城被围攻时，黄龙府的辽军没有北上增援。女真部队取胜后也没有继续南下，战争暂时停顿。阿骨打在二月间班师撤回，并于三月初一到寥晦城（今黑龙江省哈尔滨市双城区万隆镇一带）打猎。

双方到底能否以谈判换取和平？尚难以预料。辽军在边境战争中屡受挫折，国内二月间发生内乱，出现饶州"头下城"叛乱事件。

"头下"是契丹语，有时被译为"头项"，其确切意义至今众说纷纭，有人指其原义为"首领"，也有人认为是"兵马单位"之意。契丹族崛起时，其君主以及贵族皆拥有私兵，号称"头下兵"。《辽史》记载契丹统治者使用武力扩张疆土时，"诸王、外戚、大臣及诸部"在战争中俘掠了不少人口，并将之集中于上京道、中京道、东京道境内的一些"襟要之地"，为此设置"头下军州"，还陆续衍生了"头下城""头下堡"等。"头下军州"的规模其实不大，宋人钟邦直在金辽战争时到过"榆关（今山海关）"以东"山川风物与中原殊异"的地区，他在《宣和乙巳奉使金国行程录》记载，辽国的州在全盛时不过为一个"土城"，范围仅数十里，"民居百家及官舍三数椽"，非常简陋，比不上宋朝一个小镇。至于头下城、头下堡，就更加小了。某些经历战火的州、城，更是一片荒凉萧条。

这次，饶州头下城的人敢于叛乱，是因为与一些渤海人共谋，逐渐聚集了"步骑三万余"，为首的古欲自称大王。天祚帝于三月令萧谢佛留等人镇压，不料被对方打败。辽廷又任命南面副部署萧陶苏斡为都统，前去平乱。

辽人陷入内忧外患的不利处境，对外态度依然强硬，辽使耶律章奴等六人在四月间进入女真境内谈判时，携带了言辞倨傲的国书，直斥阿骨打之名，还奉劝其"速降"。阿骨打不甘心受辱，扣留了五名辽使，只允许耶律章奴一人返回，在回复辽国的国书中也用傲慢的语言回敬，以示睚眦必报。

和平谈判一时难以取得进展，战争就不会结束。然而，阿骨打没有立即发兵伐辽，因为夏季到来，女真人不愿意在炎热的气温下南征，阿骨打在五月初到郊外避暑，耐心等待时机。

天祚帝也于六月初往特礼岭避暑，此前，他看过章奴从女真人那里带回的复书，再度委派章奴出使，希望继续谈判。然而，当他在本月十四日接见去而复返的章奴时，难免五味杂陈，因为阿骨打在复书中仍旧没有改变态度，直斥天祚帝之名（耶律延禧），还要其投降。天祚帝做了两手准备，一边继续派萧辞剌为使，携带言辞强硬的书信前往女真，另一边策划重新动武，并传谕诸部，准备亲征，要与阿骨打一较高下。

就在此时，萧陶苏斡在国内的平叛行动有了重大进展，已"斩首数千级"，夺回叛军劫掠的财物，将之"悉还其主"，且在同月十八日招获叛军首领古欲。辽国及时消除了"内忧"，能够集中更多力量对付女真人。

秋季即将到来，女真人准备再战。阿骨打为了进一步完善军政制度，于七月初重用一批股肱心腹，任命其弟吴乞买为"谙班勃极烈"，国相撒改为"国论勃极烈"，习不失为"阿买勃极烈"，另一同母之弟斜也为"国论昃勃极烈"。

"谙班"是尊贵的意思。出任此职的吴乞买逐渐成为阿骨打最重要的副手，阿骨打出征时，他负责留守后方，代理政事。

"国论"是国家的意思。之后，此职改名为"国论忽鲁勃极烈"，"忽鲁"是"总帅"的意思。出任者撒改有统领部落以及辅政之权，地位也比较崇高，次于"谙班勃极烈"。

"阿买"是治理城邑的人，任职者习不失，时常辅佐吴乞买留守后方，相当于吴乞买的副职。

至于"昃勃极烈"，按照《金国语解》的说法，乃是"阴阳之官"，似乎是负责筹办祭祀仪式之类的官员，但实际上，任职者斜也需要统军出外征战。

综上所述，女真的最高权力由阿骨打以及诸勃极烈掌握，他们在各司其职的同时，又互相配合，继续征辽。

七月上旬，女真断绝了和辽国的和议，扣压了辽使萧辞剌，大战一触即发。阿骨打抓紧时间制订向黄龙府挺进的计划。诸将共同商议，娄室认为，黄龙府周边的辽军"拒守甚坚"，如果不能截断黄龙府与其辖下各地的联系，阻止其外援，那么就不容易夺取。阿骨打觉得言之有理，遂命娄室等人迂回至黄龙府侧后，前去"辽水以北，咸州以西"的区域，欲清除黄龙府藩篱，要讨平这一带的"奚部城邑"。

奚部与契丹皆源自两晋南北朝时期的鲜卑人，原本生活于辽河一带。契丹从唐代中期开始逐渐强大，开始役使奚人，彼此矛盾重重。《新五代史》记载，"奚人常为契丹守界上，而苦其苛虐"，因而有几千户逃亡，西徙妫州（今河北省怀来县东南），从此分为东、西奚两部分。辽太祖耶律阿保机崛起时，多次讨伐奚部，首先吞并的是东部奚，尽有其地，《辽史》记载，"东际海（今渤海），南暨白檀（今北京市密云区），西逾松漠，北抵潢水，凡五部（包括奚以及附近其他部落，后增至六部），咸入版籍"。后晋石敬瑭割让燕云十六州给辽太宗耶律德光之时，妫州便被纳入辽国势力范围，故西部奚仍受契丹统治。

如今战火蔓延至黄龙府，附近的奚部势必难以置身事外。娄室与银术可奉阿骨打之命挥师先行，意味着秋季攻势正式开始。同月初七，位于黄龙府后方韩州附近的九百奚营来降，黄龙府存在被切断后路的危险。新的战争来临之际，天祚帝却麻痹大意，在同月初九竟然还到岭东狩猎，迟迟未能做出反应。

女真部队开局顺利，接着，完颜浑黜、婆卢火、石古乃等将率四千名士兵，协助娄室与银术可，在白马泺打了一仗。

驻扎白马泺的是辽行军都统耶律斡离朵，他在半年之前惨败于达鲁古城下，现在收集残部，号称有过万士卒，正退守距离黄龙府不远的白马泺。辽军在湖泊附近布防已有先例，此前曾企图在斡邻泺阻击女真部队，如今只是故技重施，由于实力不济，很快便溃败了。

女真先头部队按照计划突进至黄龙府东南，执行"扼敌军出入"的既定任务，并分遣将士在黄龙府周围的邨堡巡逻，力图切断辽援军的所有通道。鉴于黄龙府处于被围状态，娄室使人回去向阿骨打报告，认为攻城的时机成熟了。

蓄势待发的阿骨打闻讯，马上率领主力亲征黄龙府，于八月初一抵达混同江时，由于缺乏渡江的船只，便决定冒险徒步涉水而过。他指定一人骑着赭白马走在军队前面探路，然后传令诸部，宣布"视吾鞭所指而行"。众将士跟随在后，在"水及马腹"的情况下，几经波折过了江。为此，金国第三位皇帝金熙宗在二十多年后回顾祖先艰苦创业时，下令把黄龙府改名为"济州"，因为"济"字含有渡河之义，以纪念阿骨打"涉济"混同江之事。

女真主力顺利到达黄龙府一带，与娄室、银术可等将会合，把城围了起来。

娄室负责攻城的东南隅，他冒着危险亲自督战，下令摧毁阻碍登城的工事，并挑选壮士用梯子攀缘而上，乘风纵火，使城上的楼橹陷入熊熊烈焰之中。一些士卒奋力向前，连靴子被火焚烧也浑然不知，以致足部受伤。在这场攻防战里，还有不少女真将领挂彩。温迪罕部谋克迪姑迭在进攻时"身被数创"，而同部落的另一位将领阿徒罕"身被数十创"，可见战斗异常激烈。

辽援兵急赶而来，试图为黄龙府解围，但被女真将领实古乃、胡石改等人击溃。胡石改破坏敌人的增援计划后，便协助娄室攻打府城，即使被流矢射中，亦毫不退缩，遂以勇敢著称军中。而女真前锋得到后继部队的接应，终于在九月初一夺取了城池。娄室的儿子活女在战斗中击败八千名敌人，也有出色的表现。

黄龙府是女真人最早夺取的重镇，契丹从此失去一个具有特殊历史意义的处所。据《辽史·地理志》，此地原本属于渤海国，叫扶余府，辽太祖耶律阿保机征伐渤海而还，驾崩于此，死时城上有黄龙出现，契丹人遂将之更名黄龙府。无独有偶，《金史·太祖本纪》记载完颜阿骨打夺取黄龙府之后，即发生"黄龙见空中"的祥瑞。契丹、女真相继把黄龙府视为龙兴之地，使其声名远扬。后来，南宋抗金名将岳飞对麾下诸将说过一句很有名的话："直抵黄龙府，与诸君痛饮耳！"

阿骨打拿下黄龙府，欲乘胜夺取春州，但宗幹以士卒需要休息为理由劝止，女真部队便于九月十一日班师。

值得注意的是，此前扣押的辽使萧辞剌获得释放。而在此期间，阿离合懑被任命为"国论乙室勃极烈"。"乙室"的意思是"迎迓之官"，即负责掌管外事、接待外来使者的官员。任此职者可参议国政。种种迹象表明，阿骨打仍旧重视与辽国的和议。

黄 龙 府 之 战

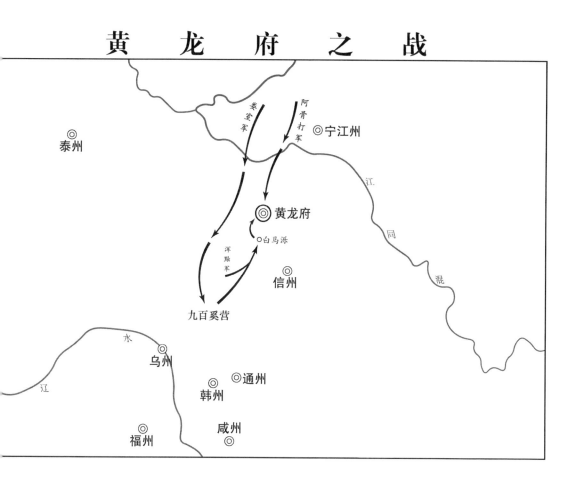

泰州

娄室军

阿骨打军

宁江州

黄龙府

白马泺

浑黜军

信州

九百奚营

水

乌州

通州

韩州

辽

福州

咸州

江

同

混

金辽战争尚未停止，且有波及邻国高丽的迹象。阿骨打开战之初，辽东京兵马都部署司便向高丽发出牒文，通知对方出兵协助，要越过"女真边界"进行破坏，掳掠人口、财产以及摧毁房舍，之后在边境加强戒备，防止女真人潜入高丽境内"险要处所"躲避。不过，高丽没有响应。到了辽天庆五年（1115）八月，辽国再次向高丽求援，依旧如石沉大海。

阿骨打在酝酿攻击黄龙府路时，已派兵挺进鸭绿江上游及图们江流域，主要目的是经略保、开两州，招抚那一带的系辽籍女真，同时切断辽国和高丽的联系。夹谷撒改奉命率偏师攻击保州，却久攻不下，无奈派人回去要求增援。阿骨打这时已拿下黄龙府，本来可以调拨主力前去助战，但出乎意料的是，他仅仅指派纳合乌蠢带领百骑前去驰援。阿骨打专门传话给夹谷撒改，进行了一番解释。首先，他对夹谷撒改"屡破重敌"且"多所俘获"的行为表示肯定，还特别提及夹谷撒改辖下将领胡沙"数战有功"，值得夸奖。接着又对这支偏师发出指示，假若打不下保州，便戍守边境一带等待时机，因为根据情报，辽主天祚帝丢失黄龙府后要策划反攻，所以女真主力要做好迎战准备，等打退敌军的反扑，才能抽调更多援兵到开州助战。

看来，仗要越打越大。

第四章

君主亲征

黄龙府受到女真攻击时，辽天祚帝还在岭东狩猎，直到八月二十七日才停止打猎，赶赴部队主持军政事务，宣布罢免败军之将耶律斡离朵的官职。

两天之后，辽廷做出打大仗的决定，天祚帝准备亲自出马，而其扈从百司则与护卫军一起随行。

辽国护卫军的历史与"四时捺钵"制度息息相关。辽朝皇室保持游牧习俗，一年四季分别到不同的地方野营，这类营地被契丹人唤作"斡鲁朵"，即"宫帐"之意。先后有九位皇帝、两位太后、一位皇太弟以及一位重臣（耶律隆运，汉名韩德让）设置过斡鲁朵，共"十一宫一府"。就算这些人辞世，其宫帐也不会解散。各个宫帐拥有独立的行政体系，管辖由平民、奴隶组成的"宫户"，并建立了"宫卫"。《辽史·兵卫志》记载辽帝的宫卫"入则居守，出则扈从"，在辽帝死后还承担守陵任务。据统计，"凡诸宫卫"，共有四十万八千丁壮，当中既有契丹人，也有其他部族的人。若有需要，可从中征调超过十万人的骑兵。其中，天祚帝设置的斡鲁朵冠以"阿鲁盌"之名，意思是"辅祐"，而"阿鲁盌斡鲁朵"的汉名唤作"永昌宫"，共有正户八千，番汉户一万，可从中征调一万名骑兵。正史中涉及的"宫卫"户口以及征兵数据或许有夸大，但宫帐确实存在单独的征兵系统。这类人作为扈从，跟随天祚帝亲征是理所当然的。此外，辽帝还拥有专门的护卫，正如《辽史·百官志》所言，契丹皇室处于游牧状态时以"毡车为营，硬寨为宫"，没有城郭等防御设施的庇护，因而承担安全保卫的众多"御帐官"就责任重大，他们分别出任侍卫、近侍、护卫、宿卫、禁卫等职，指挥"御帐亲军"等部队。其中，辽廷以"北、南部族为护卫"，分别成立北、南护卫府，左、右护卫司等机构。也就是说，即将随天祚帝亲征的既有"宫卫"，又有"御帐官"辖下的护卫。

除了驻扎在宫帐的"御帐亲军"等部队，天祚帝还有另外负责宿卫的侍卫亲军（又称禁军），分驻于五京等处，因为辽朝采取宫帐与五京并存的制度，故五京等处也存在相应的宿卫机构。其中，中京禁军曾奉调到出河店与女真交战，可表现不佳。总而言之，"御帐亲军""禁军"主要承担保卫辽帝的任务，其中一些人甚至有机会陪同皇家贵族一起狩猎，但这类部队不是辽国抵御外敌的主力。

契丹人的主力部队之中，值得一提的是部族军。天祚帝在筹备亲征时，亦调拨"五部"为正军。部族制度早在辽立国之初就设置，以统治契丹人、奚人等游牧民。国内的部族比较复杂，契丹统治者按照"亲疏有别"，将之划分为"内四部族、四大部族、四十八小部"以及其他非契丹部族。当时各部族之中，实力雄厚的是"四大部族"，这是辽太祖耶律阿保机亲自创建的，他以本族迭剌部过于强大，将之拆分为"五院部（北大王院）"与"六院部（南大王院）"，并与"乙室部""奚六部"合称"四大部族"。金辽战争爆发之际，最先受到女真攻击的东北路统军司管辖着一些契丹部落，不过，这些契丹部落属于辽国划分的"四十八小部"，而非"四大部族"。随着战争扩大，隶属"四大部族"的契丹军肯定不能袖手旁观。天祚帝决定亲征的六月下旬，任命惕隐耶律末里为"北院大王"（五院部、六院部的首领皆号称大王），预示会从"五院部"等部抽契丹兵参战。

迄今为止，由契丹人组成的主力部队尚未与女真人进行过大规模较量，尽管在此之前已有契丹军在奚、渤海以及汉军的配合下和完颜阿骨打交过手，但毕竟兵力有限，未发挥应有的作用。故此，由契丹人组成的主力上阵，势在必行。

天祚帝紧锣密鼓地调动人马，下定决心要与阿骨打分个高低，他还挑选千余名贵族子弟为"硬军"，以备不时之需。巧合的是，女真也有名称相似的部队，按照《三朝北盟会编》的说法，"硬军"指女真部队中"人马皆全甲"的骑兵，负责打头阵。反观辽军的情况，则有所不同，穿全副衣甲的骑兵通常处于阵后，而让没有披挂衣甲的士兵为前驱。

一番兴师动众，辽国的讨伐计划制订出来了，需要动员亲军、部族军等部队，番汉人数竟达十万人。值得注意的是，天祚帝任命"围场使"阿不为中军都统，耶律章奴为都监，统率声势浩大的各路队伍。

"围场使"是管理皇帝打猎场地的官员。契丹统治者历来重视打猎，既可以娱乐，又能起到练兵的作用。辽国皇帝热衷此道，后妃也会参与。《辽史·后

辽代壁画《仪卫图》

妃传》记录："辽以鞍马为家。"后妃也擅长射箭与御马之道，"军旅田猎，未尝不从"。天祚帝一直乐此不疲，如今女真人攻打黄龙府，他才暂停在岭东的狩猎，但他任命"围场使"阿不为中军都统，耐人寻味，似乎有意把反击女真人的军事行动当作一场新的狩猎。《辽史·萧胡笃传》记载，殿前都点检兼先锋都统萧胡笃从征时，凡是召集的队伍，"皆以'围场'名号之"。这是一种揣摩圣意的做法，意图邀功。他早知皇帝"好游畋"，极力逢迎，过去利用自己长于"骑射"的特点，经常怂恿天祚帝打猎。如今，他在枢密直学士柴谊的辅助下，带领一路偏师配合天子的主力行动，希望在沙场上重演狩猎的一幕。

游牧族群历来以善于"骑射"著称，保持这个优良传统对于狩猎极为有利。辽军以骑兵为主力，《辽史·兵卫志》记载，当时军队中每一名"正军"均拥有三匹马，机动能力非常强。契丹人的战马数量比女真人多得多，《辽史·食货志》称天祚帝即位之初，"马犹有数万群，每群不下千匹"，总数竟有数千万，就算这个数据有所夸大，但毋庸置疑的是，辽军确实有能力征集足够的战马，一旦全力动员，在东征之路上必定能时常见到万马奔腾的壮观景象。

相比之下，女真诸部的马匹数量要少得多，可是畜牧业作为重要的经济产业不容忽视。因为女真人生活的松辽平原有大片草甸，适合饲养马、牛、羊等牲畜，宋人编撰的《三朝北盟会编》认为其地"土产名马"。正史不止一次记载，契丹人讨伐女真人时，掳掠了大量马匹。辽圣宗于986年（宋雍熙三年，契丹统和四年）遣将讨女真，获马二十余万匹。到了1026年（宋天圣四年，契丹太平六年），辽军又攻入女真地盘，"俘获人、马、牛、豕不可胜计"。这证明女真人的畜牧业有一定程度的发展。不过，到了完颜阿骨打反辽之际，由于未能彻底统一女真诸部，不但兵丁有限，就连战马的数量也相形见绌，无法与辽军的骑兵主力相提并论。

倘若辽军使用狩猎的办法对付女真人，可算以其人之道还治其人之身，因为女真人最常用的战法"打围"也是源于狩猎活动。谁强谁弱，将在战场上见分晓。

至此，辽军的具体布置已完成，即将兵分两路出击。主力由天祚帝亲自

辽代壁画《鞍马图》

指挥，以御营都统萧奉先、诸行营都部署耶律章奴等将所率两万名精兵为先锋，要从长春州北出骆驼口（又称驼门）。同时，萧胡笃带领汉军步骑三万人，将从长春州南出宁江州。两路军队各发数月粮，期待一举灭掉女真。

然而，辽国精心策划的攻势尚未正式展开，黄龙府已于九月初一失守。之后，双方暂时停止作战，可是，天祚帝即将"举国亲征"的消息已传到女真境内，一些人感到恐惧，值得注意的是，阿骨打做出了加快撤军的准备，并开始改变强硬立场，释放了辽使萧辞刺，又派赛刺前往辽国试图重启和平谈判。过去，女真人在谈判时一再要求辽国迁走黄龙府，以便摆脱辽人的控制，现在，女真既然攻克黄龙府，其使者赛刺不再提及迁移黄龙府之事，仅仅是提出索取"叛人阿疏"，作为女真部队"班师"的条件。也就是说，只要天祚帝交出那个女真叛人，和平便随之降临。可是，天祚帝对女真人做出的空前让步丝毫不感兴趣，处死了前来谈判的赛刺，表明了不愿妥协的态度。

天祚帝亲征看来是难以改变的事实，女真部队中的主战派变得活跃起来，粘罕、兀术（又名完颜宗弼）等将领联名传书辽国，内容表面上用词"卑哀"，但"实欲求战"。众所周知，粘罕是撒改最为倚重的儿子，而兀术则是阿骨打的第四子，他们作为女真统治阶层的后起之秀，或许是在父辈的默许之下，向敌人摆出了不惜一战的姿势，用实际行动展示团结一致的决心。

天祚帝收到此书，恼怒不已，下诏谴责"女直作过"，朝廷须召集"大军剪除"。各路辽军纷纷闻风而动，欲按原定计划经长春州北出骆驼口等处，其中仅仅是天祚帝指挥的中军，就蔚为壮观，史载"车骑亘百里，鼓角旌旗，震耀原野"。其间，辽廷仍不断增兵，天祚帝驸马萧特末、林牙萧察刺等将亦赶赴前线。

同年十一月，麇集的人马越来越多，号称共有五万名骑兵、四十万名步卒以及七十万名亲军，而天祚帝率主力已抵达骆驼口，萧特末、萧察刺率部分兵力进至斡邻泺这个春季"捺钵"之地。过去，多位辽帝在春天来到这里射野鹅、鸭，现在，契丹将士准备猎射的是女真人。毫无疑问，辽国正在调集重兵准备进行一次规模空前的决战。

此前，女真主力已从黄龙府撤回海姑水休整，下一步何去何从？阿骨打必须尽快做出抉择。显而易见，女真诸部的人数明显处于劣势，在即将到来的大战中吉凶未卜。为此，他召来诸将士，在众目睽睽之下拿刀划破自己的额头，顿时脸上鲜血淋漓。这种自残的做法俗称"剺面"，自古以来，塞外夷人以此表示悲戚。现在，阿骨打故技重施，仰天痛哭，说道："我和你们起兵反辽，是不满契丹人的残酷统治，企图成立自己的国家，如今辽国君主亲征，该怎么办？大家如果不能拼死作战，就难以抵挡敌军！"他还采取"激将法"，建议手下将士"杀我一族"，然后再投降，可"转祸为福"。

阿骨打一番血泪之言，果然令部属感动不已，皆表态要同渡难关，纷纷说："事已至此，唯命是从！"女真部队遂紧急动员，准备迎战强敌。

就在同一个月，辗转于鸭绿江上游以及图们江流域的女真将领夹谷撒改在兵力不足的情况下，取得重要进展，招抚了当地系辽籍女真麻潜太弯等十五人，还成功攻取了开州，保州附近的女真部落也相继来降。这一系列胜利，无疑会增加阿骨打的信心，这位女真领袖亲自督领大约两万人马离开内地，于十二月初四进至骆驼口附近的爻剌，与天祚帝所率的军队遥相对峙。

阿骨打与天祚帝也算是老熟人了，彼此在三年之前于混同江头鱼宴一别之后，如今又有机会聚首。不过，时过境迁，他们再也难以把酒言欢，而是要在战场上拼个你死我活。

大敌当前，女真将帅聚在一起商议，皆认为对方号称"七十万"，不可撄其锋，而"吾军"远道而来，正处于"人马疲乏"的状态，不宜立即迎战，应该驻扎原地，修筑"深沟高垒"的工事。总而言之，这种"不宜速战"的观点，暴露出许多人存在胆怯思想的事实。唯有谋良虎表示反对，他认为对手虽然兵力占优，然而统军者皆为庸将，从征的辽军士卒士气不振、惴惴不安，根本不值得畏惧，故提倡"速战"，并预言破敌乃轻而易举之事。阿骨打赞赏谋良虎与众不同的勇敢表现，但因大多数人主张防守，他只得暂且采取谨慎措施，分派迪古乃、银术可两将镇守达鲁古城，以防斡邻泺一带的辽军乘虚而入。

人多势众的辽军迟迟没有发动排山倒海的攻击，女真人在阵地前后等了八天，阿骨打按捺不住，亲自带领骑兵潜入辽军阵地进行侦察，生擒了一位督饷的辽兵。审讯这位辽兵，阿骨打意外得到了极为重要的情报，原来，辽国发生内乱，天祚帝已在两日之前西撤。

辽军兵多将广，许多参战者却士气不振，向前线挺进期间，一天晚上，队伍里突然出现"戈戟有光，马皆嘶鸣"的异象，或许是发生了球形闪电之类的罕见自然现象，引起了战马的恐慌。兵将不明就里，认为此乃不祥之兆，人心惶惶，以至惊动了天祚帝。这位皇帝亲自请教随行的天官李圭，但未能获得满意的答案。博览群书的汉人宰相张琳按照自己的思路予以解释，援引五代的典故，指出昔日唐庄宗李存勖攻梁时，也同样出现"矛戟夜有光"的怪事，李存勖的亲信郭崇韬解释道："火出兵刃，破贼之兆。"果然一言成谶，唐军不久灭梁。

天祚帝豁然开朗，喜形于色。辽朝统治者对汉人文化一直比较重视。辽太祖耶律阿保机在开国之初就愿意扶持儒学，积极引进汉人协助统治。之后，多位辽国皇帝接触汉文书籍，包括儒家典籍，还包括史书。《契丹国志》记载辽圣宗耶律隆绪"好读唐《贞观事要》"，还研究过唐太宗、唐明皇的《实录》。潜移默化之下，天祚帝能听懂五代史典故，不足为奇。

不过，辽朝统治者愿意了解以及接受流行于汉人之间的高雅文化，并不意味着契丹百姓也能心领神会。本来，塞外游牧族群对中原农耕文化难免存在隔阂，故此，更多契丹人敬仰的是原始宗教，信任的是履行宗教仪式的巫师，此外，还有人崇拜佛、道等民间宗教，祈求神佛保佑。这些人对汉人文官的引经据典感到难以理解，依然顾虑重重。

辽军挥师前行，许多将士仍旧忐忑不安，当迎战的女真部队进至鸭绿江一带，辽营"人心疑惧"。

在此前后，最惹人注目的是辽国重臣耶律章奴，他是一员老将，过去以副都统的身份参加过达鲁古城之战，由于能言善辩，有时又肩负外交谈判的任务，曾三次出使女真。天祚帝亲征之际，他出任御营副都统，与御营都统萧奉先一起率两万名精兵为先锋，屯驻骆驼口附近，进至鸭绿江一带。在与女真人对峙期间，耶律章奴察觉军心不稳，秘密召集部分同僚商议，毫不讳言地批评"天祚失道"，应该下台，另由圣贤取而代之，同时认为最合适的人选是耶律淳。

耶律淳是辽兴宗第四个孙子,宋魏国王耶律和鲁斡之子,也即辽道宗的侄子。他自幼被太后抚育,长大成人后,以"笃好文学"著称,有一定的文化知识,受到辽道宗的宠爱。往昔,辽道宗听信谗言而废掉太子耶律濬时,一度有意以耶律淳为嗣。然而,耶律淳与辽道宗讨厌的契丹贵族耶律白斯不关系亲密,为此,辽道宗最终放弃了以耶律淳为继承人的计划,改令其为彰圣等军节度使。天祚帝登基后,依旧对"皇叔"耶律淳不薄。耶律淳官至南府宰相等要职,受封为魏国王,并袭其父之位,承担守御南京的重任。史载,契丹贵族每年夏、冬两季时常要集体朝见天祚帝,唯独耶律淳"宠冠诸王",可见极受天祚帝重视。不过,许多人对放纵不羁的天祚帝心怀不满,暗中拥戴未能登基的耶律淳,因为耶律淳确实素有贤名,深孚众望。

此刻,耶律章奴等一批东征将士为了改变国家命运,决定铤而走险,欲扶持众望所归的耶律淳。此时,耶律淳的妻兄萧谛里及其外甥萧延留皆在前线,他们都支持耶律章奴的废立意见,这意味着辽军内部反对天祚帝的人逐渐增多。

耶律章奴作为主谋,制订了一个反叛的计划,他判断天祚帝会在前线继续逗留,因而必须立即赶回后方拥立耶律淳,以免错失时机。为此,他不惜擅离职守,于十二月初十突然往回跑,向着上京方向疾驰,随行者不多,仅有三百余人。因为在前线的两万名先锋部队之中,绝大部分人听命御营都统萧奉先,所以,耶律章奴谋反时只能带走少数人。

随军的咸州乣将耶律术者与耶律章奴政见相同,曾参与策划政变的密谋,当得知耶律章奴已从鸭绿江前线往回跑,便立即带领麾下数人潜逃,企图和耶律章奴会合,一齐在后方举事。然而,耶律术者的运气比较差,竟在潜逃途中被辽军游兵捕获,成为阶下囚。天祚帝亲自进行审讯,厉声质问:"予何负卿?为何要反?"耶律术者从容回答,臣为高官,确实没有什么遗憾,但是天下大乱,有改朝换代之虞,再加上"小人满朝,贤臣窜斥",可谓目不忍睹。而"天皇帝(辽太祖耶律阿保机)"艰难创立的基业,就快毁于一旦,臣为此"痛入骨髓",故不得不反。他自我辩护,声称铤而走险并非是为前途着想。天祚帝反复审问，没有急于处死耶律术者。

御营都统萧奉先历来忠于天祚帝，而与副手耶律章奴誓不两立，他明白能够取代天祚帝的唯有魏国王耶律淳，由于耶律淳"素得汉人心"，因而担忧耶律章奴潜逃时暗中勾结南路汉军图谋不轨，遂迅速上报。

天祚帝得报，认为需要采取措施以防万一，以免祸起萧墙，就派同知宣徽北院事韩汝诲火速来到汉军行营传令，称"将士离家"，在外"暴露日久"，受到"风霜之冻"的侵扰，确实值得怜悯，如今"女真远遁"，大军"不可深入"，应该回去。汉军将士顿时欢呼雀跃，纷纷打点行装回撤。与此同时，御营也开始班师，因为天祚帝想返回后方清除隐患。

各路辽军在十二月初十纷纷后撤，与耶律章奴南奔是同一天。可以说，耶律章奴的叛乱行为完完全全破坏了天祚帝既定的征伐计划。

天祚帝中止了进军，但也没有匆匆忙忙地挥师往回跑，其所在御营在撤退时，有时一天的行程不过短短三十里，这或许是为了防止女真部队的追击，况且，辽军队伍里面有大量步兵，如果后撤速度过快，难免会有越来越多的人掉队。

为了破坏耶律章奴的叛变计划，天祚帝希望审讯耶律术者能获取更多情报，但耶律术者始终没有屈服，一直抨击皇帝的过失以及恶行，侃侃而谈，力陈"社稷危亡之本"。天祚帝不久便将他处死。

在此前后，女真部队迟迟未能察觉局势的急剧变化，大多数女真人正躲藏在营垒中，提心吊胆地防范对手袭击。直至辽军撤离两天，按捺不住的阿骨打亲自带人侦察，才恍然大悟。他回到爻剌附近熟结泺的营地，于同月十三日召来诸将，讨论下一步该何去何从。

众人捋臂揎拳，纷纷表态，如今辽主既撤还，我军正可"乘怠追击"。阿骨打有心挫一挫这些人的傲气，讽刺道："敌人来时不迎战，敌人离开时却要追击，你们企图用这种办法表示自己很勇敢吗？"众将士惶恐惭愧，皆愿奋力报效，以改前非。阿骨打见时机已到，便把盘算已久的计划说了出来，认为要想追上敌人，就应当轻装上阵，不要携带过多的粮食以及辎重，还明确指出假若能够破敌，"何求不得"。意思是，可以在战场上缴获足够的粮食，解决补给问题。

关键时刻，《金史》记载女真营地出现了"有光见于矛端"的怪事，与辽营之前发生的自然现象大同小异，但阿骨打身边尚未有辅政的汉臣，而他对汉文化亦缺乏了解，所以不会像天祚帝那样重视汉籍中的历史典故，以致将之与现实中的自然现象混为一谈。这位反辽领袖采取了女真人喜闻乐见的方式，用本部族传统的宗教信仰加以解释，消除了众将士的疑虑。此情此景，令人联想起一年之前的宁江州之役，女真部队进军时在率河等处也目睹"有光如烈火，起于人足及戈矛之上"的事，大家用祈祷的办法求福禳灾，最终克服了心理压力。

现在，阿骨打严厉督促部属，风驰电掣地上路，向前扑去，就在同一天迅速迫近辽军。辽军之中的强硬派求之不得，纷纷对天祚帝进行劝谏，理由是：辽兵远途而来，不甘心白跑一趟，"皆愿一战"，如今距离女真近在咫尺，何必撤退？天祚帝思前想后，患得患失，召集诸路统兵官问策，但这些人采取观望态度，没有一个敢明言"不愿战"。天祚帝只得停止班师，再次向御营传达前进的命令，列营于鸭子河泺以东。同一天，天祚帝派人前往南路督促汉军行营掉转头，协同作战。

汉军行营持续撤退了三天，又被迫重返前线，向刺离水（其地不详，一说今松花河支流拉林河，一说在今松原伯都讷以东）方向而进。朝令夕改导致军中人情汹汹，不免行动迟缓。

现在，各路辽军分散行动，汉军行营与御营一前一后，分别位于刺离水及其附近。此外，驸马萧特末还率部分人马屯于斡邻泺一带，彼此皆未能靠拢。而女真追兵杀了过来，迅速到达鸭子河泺以东，屯驻在一个山冈上。

此山冈叫作护步达冈，本来是一个名不见经传的小地方，此后会广为人知，因为辽国皇帝天祚帝与女真君主阿骨打就快在此一较高下，无论谁胜谁负，都将改变历史的走向。

这天，天气异常寒冷，雪深尺余。打仗的时候，已经停止落雪，但天地间仍然有阴霾，史载"云尘亘天，日色赤暗"。敌对双方在雪地里开始较量，辽军先锋首先出击，接着，天祚帝指挥诸军继进。

赶到护步达冈的女真部队仅有两万人，在人数上处于劣势。阿骨打不敢怠慢，对当前形势进行细致的分析，他认为尽管辽军分兵来犯，但女真部队不能分兵迎战，因为"彼众我寡"，只有集中力量应付方为上策，指出要调集所有人马猛攻辽军御营的中军。当时，在辽军各个营垒之中，最为坚固的正是中军，所以也最难打。那么，为何不打弱敌，要先打强敌呢？阿骨打这样解释，辽君主必然坐镇中军，只要打垮其中军，便"可以得志"。他还准备出动左、右两翼进行包抄，试图施展传统的"打围"战法。这样一来，天祚帝所在的中军就成为女真人围猎的目标。

事实上，天祚帝同样把女真人视为猎物。他此前任命"围场使"阿不为中军都统，使讨伐女真的军事行动形同一次新的狩猎活动。

那么，最终成为俎上之肉的，到底是契丹人还是女真人？毫无疑问，他们的命运将由自身的战斗力决定。

女真部队的右翼在阿骨打的指挥下首先冲上前去，奋勇交锋数次，给对方迎头一击。《契丹国志》对此亦有相应记载，辽军为了应付女真右翼的猛攻，在鏖战时"军马左旋三转"，尝图力挽狂澜，但顷刻之间已"横尸遍野"。其间，女真左翼乘势出击，顺利进行了合围，一下子打破了僵局，致使对手陷入极为被动的状态。

天祚帝见势不妙，匆忙突围。留在战场的许多辽兵遥遥望见皇帝的御旗向西南方向撤退，军心大乱，陆续溃散。女真部队得势不饶人，放胆纵马疾击，以图摧毁辽军阵营。在混战中，阿骨打的弟弟完颜斜也身先士卒，用矛杀死数十人。温迪罕部的勇将迪姑迭率领四谋克之兵，救出了被辽兵反包围的阿离本勃堇。完颜蒙刮"身被数创"，犹"力战不已"。

其中最值得一提的是谋良虎，据《金史》记载，他在此战中"率众直前"时，把士卒分为两部分，一部分人"持挺"前行打头阵，另一部分人携带弓箭紧随在后。这种布阵方法符合《契丹国志》对女真骑兵所用战术的记载，即五十人分为一队，前面二十人身披"重甲"，持棍或枪等近战兵器，后面三十人身披"轻甲"，拿弓矢。女真部队的编制也适应这样的军事行动，因为隶属"谋克"（百夫长）的"蒲辇"（五十夫长），刚好管辖五十名骑兵。

护 步 达 冈 之 战

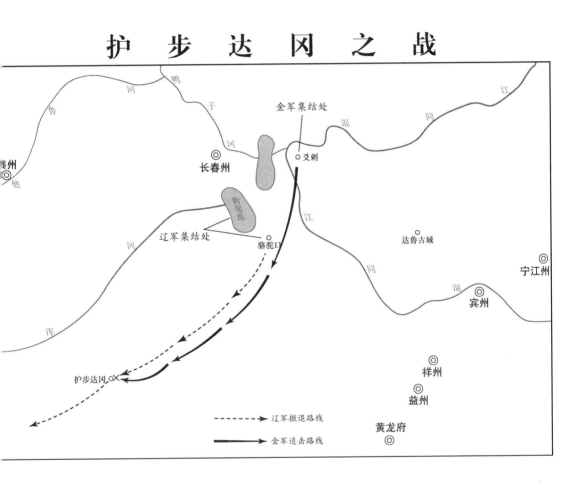

辽军撤退路线

金军追击路线

据此判断，谋良虎命令打头阵的那批人实际是身披重甲的骑兵，这些人采取短兵相接的方式打仗，专门砸击辽军战马的"马首"，一旦得手，紧跟在后的女真骑兵便立即行动，乘对方人仰马翻之际，抓紧时机弯弓补射，由于配合默契，大获全胜。这种战术影响深远，五百年后，自命女真后裔的清太祖努尔哈赤在"白山黑水"地区组建八旗军时，仍旧沿用类似的打法。《满文老档》《清太祖实录》等书记载，八旗军每一队士卒在战时可分为两部分，冲锋在前的那部分人身披"长厚甲"（又称"重铠"），手持长矛与刀、剑，以便近距离格斗，跟随在后的是身披"短甲"之人，手拿弓箭伺机发射。这种战术的确经得住时间的考验。

巧合的是，努尔哈赤的部队同样有"五十骑"的编制。《清太祖实录》称"满洲国众人围猎时，每当展开包围圈，就每人持箭"，行动起来，这些人号称"乌克绅"（甲胄兵），以十人组织一个"牛录"，而头目即"牛录额真"。努尔哈赤在明万历四十三年（1615）年底征伐东海窝集部时，曾以"五牛录"（五十骑）的编制行动。当时朝鲜使者申忠一访问努尔哈赤的根据地佛阿拉（今辽宁省新宾县附近），并在所著《建州纪程图记》里记录了"五牛录"使用的旗帜，共有"青黄赤白黑"五种颜色，每十人配备一面旗帜。这种旗帜的外形近似《清文鉴·军器》中绘制的"阿礼哈超哈"（行营马兵）旗帜。历史学者指出，千年以前的唐军亦使用过"青黄赤白黑"等旗，这与传统的五行思想有关，辽朝多用唐制，可能拥有类似的旗帜，影响了金人和后来的努尔哈赤也不足为奇。

努尔哈赤所部的"五牛录"编制，不排除与金代的"蒲辇"编制有关。继承了"蒲辇"战法的努尔哈赤所部，沿袭"蒲辇"的五十骑编制，合乎情理。有人把努尔哈赤所部五十骑编制，与蒙古"纠军"的相关编制联系起来。《黑鞑事略》记载，蒙古"纠军"的编队即以五十骑为单位。"纠军"源于辽国的"乣军"，辽国"乣军"可能也以五十骑为编队单位。"乣军"中的"乣"字，有"杂胡""杂户"之意，契丹统治者用来称呼北方各部族受奴役之人以及投降者。这类人可组成编户，隶属皇族或贵族帐下，必要时从中抽调，编成"乣军"。辽朝的十二行宫皆可组织"乣军"，又称"十二行乣军"，这属于"宫帐"

系统。此外，还有属于各部族的"乣军"，名目繁多。天祚帝这次亲征女真时召集的十万名番汉兵，就有不少这类部队，其中包括跟随耶律章奴策划政变的咸州乣将耶律术者。伐辽时屡战屡胜的女真人，将归附的乣人编成军队，继续沿用"乣军"之名，以协助作战。后来蒙古灭金，大批"乣军"倒戈归附蒙古，仍旧称为"乣"，也就是《黑鞑事略》所载的"纠军"。因为"纠""乣"二字相通，有历史研究者认为，"纠军"的五十骑编制可能源于辽军的"乣军"。辽国的"乣军"确实对后世影响深远。"乣"这一名词，在蒙古语中变成了复数形式的"札忽惕"，泛指被蒙元征服的各族人，有契丹人、女真人。蒙古人建立元朝之初，曾在金国的胡里改路等地设置了胡里改、斡朵怜等五个军民万户府，以统治散居的女真遗部，大致在依兰哈拉到松花江下游地区。而这类女真人，也相当于"札忽惕"。其中，斡朵怜军民万户府的女真头目猛哥帖木儿的部队值得一提，他在元明易代时，带领部属迁移到图们江下游的珲春河，成为明朝新设置的建州卫首领，而大名鼎鼎的清太祖努尔哈赤就是猛哥帖木儿的后裔。难怪有人把努尔哈赤所部一度存在的五十骑编制，与蒙古"纠军"的相关编制联系起来，但尚缺乏充分的证据证明彼此存在继承关系。

毫无疑问，女真"谋克"制度对后世影响深远，比如存在于明代建州女真之中具有血缘性质的社会集团"穆昆"，就被认为源于"谋克"。但是，"穆昆"不是正规的军事组织，显然与统率"乌克绅"的牛录制度有区别。顺便提及，建州女真境内那些管辖三百名壮丁的军政长官也叫"牛录额真"，容易与统率"乌克绅"的"牛录额真"混淆。不过，随着努尔哈赤所部实力增长，每一牛录的"乌克绅"人数也在增长，到了1618年（明万历四十六年，后金天命三年），已从昔时的十人增加至五十人，历史悠久的五十骑编制逐渐式微。最后，"乌克绅"亦改编成为"巴牙喇"（精兵），而带领精兵的上级，汉名改作"护军校"。源远流长的军事编制以及战法得到了进一步的革新。

综上所述，从辽金至明清经历了数百年的历史，但塞外各族的军事制度存在一脉相承之处。

护步达冈的战斗结束后，阿骨打握着谋良虎之手进行慰劳，把自己穿的

元世祖出猎图 ｜ 元 ｜ 刘贯道 ｜ 台北故宫博物院藏

铠甲以及坐骑，毫不吝啬地转赠给这位奋勇当先的将领，还赏赐了"室货、奴婢"。

辽军主力败于护步达冈之时，屯于斡邻泺一带的部分辽军随即焚营，在驸马萧特末的带领之下跟随天祚帝向后逃遁。

进至剌离水附近的汉军行营，得知辽军主力受挫，亦焚烧营房，马上撤退。

就这样，从前线到后方，在百余里的区域里，散布着许多辽军溃兵，不少人在逃亡途中暴卒。天祚帝为了保命而轻装上路，仅带三五百名侍卫，奔驰了一昼夜，一口气跑到了五百里之外，直到退入长春州为止。

女真主力没有急追，只是打扫战场，因为辽军溃兵扔掉的辎重散落一地，牛、马也正在四处乱窜。

至此，辽国筹备了数月之久的大决战，以惨败而告终。辽军失败，与受到内乱的干扰有关，但军队误用战法也是原因之一。

契丹骑兵作为辽军的主力，具有鲜明的作战特点，宋人对此深有体会。北宋名臣夏竦在奏议中评论，其军队"长于寇钞（劫掠之意），短于防御，利于骑斗，挫于步战，便于弓矢，拙于剑戟"。也就是说，其长处在于骑射，擅长以灵活机动的方式发起袭击。辽军在东征时，由于战马比女真多，运用骑射的战法更具优势，有能力和那些身披轻甲、携带弓箭的女真骑兵一战。

然而，天祚帝亲征女真时，未能扬长避短，致使骑兵机动灵活的优点难以充分发挥。无论是前进还是后退，骑兵速度时常与步兵差不多，例如十二月初十，御营日行不过三十里，难怪会被女真骑兵追上。女真部队中那些身披重甲的骑兵，拿着枪或棍棒冲锋陷阵，在短兵相接时难逢敌手（最典型的例子是金将谋良虎用来打头阵的骑兵）。不过，这些骑兵也有弱点，其身躯披挂着厚厚的铠甲，胯下战马有时也驮载着沉重的装备，虽然能够发动短促的突袭，但长时间奔跑不会很快。如果辽军骑兵能尽量避免在野外打堂堂正正的阵地战，不和对手进行近距离搏斗，只是利用速度快的优势大踏步进退，并频繁用弓箭远距离射击，那么无疑会增加胜算。遗憾的是，在战场上创造奇迹的并非辽人，天祚帝指挥失误，只能自食其果，这位皇帝突围时带着亲信在一昼夜的时间里奔跑超过五百里，确实彰显了骑兵的优点，只不过运用得不是时候。

　　女真部队又一次"以少胜多"，但未能阻止天祚帝突围，也没有毙俘辽军的重要将领，似乎战果有限，可是，女真人缴获了数量惊人的战利品。据《金史》记载，这些战利品包括天祚帝专用的"舆辇（车驾）"和"帘幄、兵械"等军资，以及其他"宝物"，还有牛、马等大批牲畜，达到"不可胜计"的地步。《辽史》亦承认天祚帝统率的辽军主力在护步达冈之战中"尽亡其辎重"，由此可知，辽军确实把许多精良的装备以及军需物资白白送给了对手。从此，女真部队的实力进一步增强，特别是骑兵，由于补充了大批战马，更难战胜。

第五章

两京大乱

辽天庆五年（1115）十二月的护步达冈之战是金辽战争的分水岭，惨败而归的天祚帝再难调集重兵讨伐女真，就连镇压国内叛乱也显得力不从心。

对朝政心怀不满的耶律章奴刚刚成功从前线潜逃回来，便得知天祚帝被女真击败的消息，认为机不可失，欲尽快争取魏国王耶律淳的支持。他委派萧谛里、萧延留这两位亲信前去南京（今北京），与时任南京留守的魏国王耶律淳会面。

萧谛里是魏国王妃的亲弟，而萧延留是王妃的外甥，两人自恃亲戚身份，在十二月十六日拜会耶律淳时，将废立计划和盘托出：前日，御营兵已被女真人击败，天祚帝不知所终，如今天下无主，诸公幼小孱弱，故应采取权宜之计，请王（耶律淳）主持大局，倘若失此机会，他日"奸雄窃发"，图谋不轨，就难以得偿所愿。

耶律淳犹豫不决，深知废立君主并非小事，而掌管朝政的南、北面大臣没有到这里商议，只有萧谛里、萧延留私自密谋，这明显有悖常理，令人生疑。经过深思熟虑，他下令左右拘留萧谛里、萧延留，以观察事势的发展，再做决定。

随后，朝廷行宫使者乙信携带天祚帝的御札匆匆忙忙赶到，宣布耶律章奴等人已经叛变。耶律淳对着使者号啕大哭，为表忠心，马上砍下萧谛里、萧延留二人的脑袋，准备献给天祚帝。

从前线败归的天祚帝本来逃到长春州避祸，很快又转移至广平甸行宫，由于仅有数百名随从，便降诏临时招募燕云汉人护驾，确实狼狈。尽管如此，耶律淳仍不打算乘人之危，并准备亲自向天祚帝请罪。为了避开耶律章奴统率的叛军，耶律淳不惜冒险单骑走小路，赶至广平甸行宫，终于获得皇帝的谅解。

耶律淳拒绝参与叛乱的行为，令耶律章奴极为被动，但他不打算向朝廷妥协，干脆招揽数百名草寇，袭击了上京临潢府。

上京是上京道的简称，管治的军、府、州、城达二十五座，还包括十个直辖县，辖区范围比较广，北至塞外的克鲁伦河、肯特山，南边接近阴山，西至塞米巴拉金斯克河一带，东起嫩江流域。临潢是上京道府治所在地，始建于918年（后梁贞明四年，契丹神册三年），外城墙的周长约二十七里，城池分为南、北两部分。城南又称汉城，建立了各级官衙，还有鳞次栉比的民居。皇城位于城北，有巍峨的宫殿，是皇帝的居所。辽帝保持游牧习俗，但又根据"因俗而治"的原则设置京师，用来管治汉人州县。这样的京师还有东京、南京、中京与西京，合起来为五京。皇帝时常出外驻牧，往来游猎，并不常住诸京师的府城，故临潢之类的城市并非辽国政治中心，而是地方重镇。

耶律章奴突袭了上京临潢府之后，劫取府库储藏的财物，并未久驻，而是迅速撤离，继续在上京的辖区内漂泊。途经祖州时，他率领僚属拜祭州西的辽太祖庙，言"我大辽基业"本由太祖"百战而成"，如今天下有土崩瓦解之势，因天祚帝耽于享乐，不顾及朝政，以致遭受"强敌肆侮"，打了大败仗，再加上"盗贼蜂起"，令国家危如累卵。臣等与太祖同族，世世代代蒙受国恩，"上欲安九庙之灵，下欲救万民之命"，乃行废立之事，要另择圣贤取代天祚帝，而魏国王耶律淳是兴宗皇帝之孙，一贯以"道德隆厚"著称，有能力"理世安民"，臣等本想拥之为君，无奈难以如愿以偿。但此举"实出至诚"，希望能得到祖先的保佑。

这一番言论表明，尽管魏国王耶律淳目前不想参与叛乱，但始终不能置身事外，因为他受叛党拥护的情况被越来越多人知晓。

耶律章奴等人继续西行，来到庆州（今内蒙古自治区赤峰市）时，祭祀辽圣宗、道宗、兴宗诸陵庙，照旧把反对天祚帝以及拥立魏国王的话复述一遍，甚至把"举兵之意"写成檄文，传递给附近州县和守护诸陵的官僚，意图争取人心。

叛军的活动范围越来越广，远及庆、饶（西拉木伦河上游的潢水石桥附近）、怀、祖诸州，饶州、渤海、中京一带盘踞着一支以侯概为首的反叛武装，双方会合后达数万人，打乱了当地正常的统治秩序。

内外交困的辽国步入多灾多难的历史时期。次年，东京道又动荡不安，酝酿着新的内乱。

东京道与大海为邻，东边是日本海，南边亦靠近日本海，同时濒临黄海，

老照片：辽东京遗址中的白塔

还与朝鲜半岛接壤，西至嫩江流域，北抵外兴安岭，管治的军、府、州、城达八十七座，有九个直辖县。其辖下范围以原渤海国国土为主，聚集着大量的渤海人。此时，隶属东京道的黄龙府等处已被女真人占领，渤海人与契丹统治者及当地汉人不但未能同舟共济，反而矛盾重重。

辽阳府是东京道府治，城内建筑规模与上京临潢府相比小得多。正月初一晚上，城内十多名年轻人乘醉提刀直闯留守府衙，翻过围墙之后，进入大厅，指名道姓要找留守萧保先，诳语说如今外面发生兵变，建议加强戒备。萧保先一露面，马上被乱刀砍死，行凶者乘机抢劫财物，场面混乱不堪。

萧保先是朝廷重臣萧奉先的堂弟，为政酷虐，早就与当地渤海人有积怨。东京道汉人与渤海人有矛盾，萧保先滥用武力，杀了很多渤海人，因此激起民变而死于非命。

城内其他官员闻变，赶紧商量对策。东京户部使大公鼎的籍贯是渤海，但他历来公正严明，现在当仁不让，暂代留守之职。大公鼎与副留守高清臣携手平乱，从军营中调遣千余名奚、汉兵，于翌日搜捕暴徒，处死了数十人，欲安抚民心，仓促之际又滥杀无辜。一些人借此公开倡乱，在夜间放火烧寨，纷纷竖起叛帜，局面变得不可收拾。

渤海人生性彪悍，对辽朝苛政深感不满，早在一年前的二月，上京道饶州的渤海首领古欲曾率众起事，但遭到镇压。女真反辽成功，对渤海人影响很大，摩拳擦掌者比比皆是，辽军裨将高永昌机缘巧合成了带头人。

高永昌也是渤海人，正率两千人屯于东京八甋口（一说白草谷），成为左右时局的重要武装力量。此前，天祚帝以招募"渤海武勇马军"的名义召集这批人执行"备御女真"的任务。辽阳府在正月初爆发动乱的消息传来，高永昌认为时机已到，于初三率戍卒直扑辽阳南首山门。

大公鼎见来者不善，下令紧闭大门，将之拒于城外，并登上城头劝其返回驻地。高永昌充耳不闻，开始围困城池。

两天之后，城内烈焰熊熊，高永昌安排的内应在纵火，乘乱打开了城门。渤海骑兵一拥而入，列阵于城内通衢大道。大公鼎等人慌忙督军迎战，不敌，只得率麾下百余名残兵从西门夺路而逃。

高永昌自诩"大渤海皇帝"，建立"大元"国，年号"隆基"（一说应顺），雄心勃勃地向各处派兵，一下子占据了辽东五十余州。不过，他的部队在地方上肆意杀掠，深受其害的奚人户，往往挈家渡辽河以避祸。

辽东大乱，官军左支右绌，应接不暇。但各路叛军未能很好地配合，给朝廷施加更大的压力。耶律章奴与高永昌政见有异，前者作为契丹贵族，只希望能换一位更好的契丹皇帝，高永昌作为渤海人，则企图颠覆契丹人的统治。

辽朝主政者欲把握时机将活跃于上京道、东京道的两路叛军击破，耶律章奴首当其冲。早在辽天庆五年（1115）十二月底，北面林牙耶律马哥便奉命出征，但毫无进展。次年二月初四，侍御司徒挞不也再次率部前往镇压，又在祖州战败。

耶律章奴乘胜攻城略地，会合饶州部分渤海人及中京叛军头目侯概，指挥数以万计的兵力，直扑广平甸，试图威胁驻跸于此的天祚帝。

广平甸原名白马淀，位于上京道永州东南三十里，是历代辽帝的冬季"捺钵"之地，范围比较大，东西长二十余里，南北宽十余里，其间设有行宫。天祚帝对此地非常重视，派军加强戒备，驸马萧特末被任命为汉人行宫都部署，于二十一日统率诸将抵御来犯之敌，保护皇室安全。

叛军没有继续攻击广平甸，掉转矛头，于二月二十四日拿下了高州（位于老哈河与英金河交汇处）。其间，军纪更加松懈，耶律女古等将专横暴戾，纵兵抢劫财物、妇女和牲畜等。耶律章奴悔恨交加，但自忖不能制止，只能放任自流。到了三月，形势很快逆转，中京叛军头目侯概在川州（今辽宁省朝阳市东北附近）被辽东面行军副都统萧酬斡擒获。

耶律章奴率部分叛军折返上京临潢府，意图夺城，遭遇坐镇于此的老将萧兀纳。

曾任东北路统军使的萧兀纳，自从在宁江州、斡邻泺等处战败后，长期萎靡不振，一度被免职。天祚帝在数月前讨伐女真，他重新受提拔，随军出征，并在撤退时负责断后，且战且退，好不容易才安全返回，又被委任为上京留守。

为了保住城池，萧兀纳分发府库里的钱财给守卒，督促部属"以死拒战"，击退了来势汹汹的耶律章奴，打了一个翻身仗。

天祚帝为了早日清除肘腋之患，于四月初五又一次亲征，仅仅用了五天就打垮四处流窜的耶律章奴。将领阿鹘产率三百名骑兵，所向披靡，生擒耶律章奴麾下贵族二百余人并斩首示众，贵族的妻女有的被发配绣院服役，有的成为皇帝身边亲信的婢女。立下大功的阿鹘产是系辽籍女真首领，忠于辽朝，被授予"顺国女真大王"的称号。

残余叛军试图逃出界外，投降女真。辽军在边界加紧巡逻，进行拦截，结果在接近边境的泰州一带奏捷，活捉假扮使者的耶律章奴，将之缚送朝廷处理。耶律章奴最终被处以腰斩酷刑，天祚帝还不解恨，又下令碎尸，剖其心，献祭祖庙。

四月中旬，叛军其他俘虏陆续伏法，参与平定叛乱的将士亦得到赏赐，历时四个月之久的耶律章奴之叛结束。内外交困的天祚帝难得扬眉吐气一回。

然而，在东京倡乱的高永昌乘机扩张，辽东诸州纷纷易手，沈州等少数未沦陷的地方也处于朝不保夕的状态。天祚帝派宰相张琳等人负责讨伐。

张琳在1114年（宋政和四年，辽天庆四年）受命东征，动员二十万名汉军，策划四路反攻，但最终损兵折将，徒劳无功，可见军事才能有限。可他仍能获得天祚帝重用。张琳本是沈州人，此前两次出任户部使，在东京一带颇具声望，现在走马上任，应该会得到地方人士的支持与协助。

在兵力捉襟见肘的情况下，史载，张琳不得不招募"辽东失业者"从征，同时从"转户"之中挑选壮丁充军。"转户"的全称是"番汉转户"，是"番转户"与"汉转户"的统称。契丹统治者南征北战时，把部分掳掠或归降的异族人口隶属宫卫（斡鲁朵）管理，这就是"转户"的来源。他们身份低微，平时从事生产，强壮者战时可充军。许多辽东汉人早和女真人、渤海人结怨，参战的汉转户壮丁普遍"效命敢战"。短时间内，张琳便召集了两万余士兵。

四月上旬，从显州出发的辽军到达三叉口（位于海城、广宁交界处）、黎树口等辽河渡口时，发现渤海叛军已沿着辽河提前布防。张琳认为不必在此浪费时间，使出声东击西之策，仅留下数千名羸卒作疑兵，而亲自率领精骑从间道渡河，向沈州方向疾驰。

辽河沿岸的渤海叛军及时察觉，立即分兵回援，短短十天内与张琳进行了三十余次战斗，均未能得胜，唯有退保辽阳，再作打算。

张琳夺得沈州，乘胜扑向辽阳，驻于距城五里处，隔着太子河安营扎寨，并派人前往招抚，可叛军不从。为此，他传令部属预留五日的粮食，准备强攻城池。过了两天，辽军的先遣部队首先渡河，带着主力向前挺进。

忽然，渤海五百名铁骑从太子河上流一路奔来。辽军侧后遭到袭扰，不得不停止前进，欲返旧寨，但退路已被截断，滞留于太子河对岸整整三日，难以渡河。由于粮食消耗殆尽，众将士饥肠辘辘，张琳打算撤回沈州，徐图后举，遂于初七夜间移寨。

渤海骑兵早有准备，尾随追击。辽军损失严重，滞后的老幼惨遭杀掠，但强壮者得以保全，好不容易于十三日撤入城中，实力犹存。

一直对辽国内乱持观望态度的女真开始介入。此前，叛军领袖高永昌已向女真求助，早在这一年闰正月，他委派挞不野（金辽战争时期，不止一位历史人物名叫"挞不野"）、构合为使，携带一笔钱财去见阿骨打，请求支援，表示愿意与女真一起攻打辽国。

阿骨打的想法不同，竟命令胡沙补前往警告渤海叛军，明确反对高永昌占据东京"以僭大号"，敦促其早日归顺，接受女真王爵之位，然后彼此再同心协力攻辽。

女真与渤海叛军此前已发生矛盾，高永昌占据辽阳之后，染指辽东半岛，招抚曷苏馆一带系辽籍女真。当地一位名叫胡十门的女真酋长坚决反对归附渤海，召来族人商议，认为自己与阿骨打同宗，如今辽朝有败亡迹象，应乘势听命于阿骨打，岂可臣服高永昌。于是，其率部属投奔经略保州等处的女真将领夹谷撒改，以暂避渤海军队的锋芒，一行人马跑到驰回山时，受到渤海追兵袭击，力战才杀出血路，成功与夹谷撒改所部会合。

阿骨打实际已将高永昌当作潜在的对手，加以提防。高永昌不甘心屈居阿骨打之下，拒绝了对方招降的要求，写了回书，让归顺的系辽籍女真胡突古和挞不野一起出使女真进行斡旋。

阿骨打认为高永昌的回书言辞不逊，还提出归还渤海俘虏的不情之请，立即下令扣留了胡突古，就算损害双方关系也在所不惜。但另一位渤海使者挞不野获得释放，并在降将大药师奴的陪同下返回辽阳，向高永昌传达阿骨打的招谕，实际是劝降。

阿骨打知道高永昌不会轻易俯首称臣，计划用武力解决问题，于四月初二指使麾下斡鲁、蒲察、迪古等将"统内外诸军"，会合咸州路都统斡鲁古所部，要杀向东京，与渤海军队决一胜负。为此，他专门下了诏书，指责高永昌虽然"诱胁戍卒，窃据一方"，但缺乏深谋远虑之策，故其灭亡"可立而待"。又叮嘱出征诸将善待东京渤海人，对拒绝投降者"无事多杀"，为日后长期统治做准备。

女真部队假如真的和渤海叛军兵戎相见，辽国就可以坐收渔利。不料，辽军统帅情报不明，在关键时刻决策错误，竟然调动六万兵马北上围攻叛变的系辽籍女真，无形中起到了声援渤海人的作用。

现在，系辽籍女真酋长照撒成了辽军的重点目标。此人在宁江州之战后投降了阿骨打辖下名将娄室，便成了辽人的眼中钉。照撒的地盘位于伊通河上游，随时可能受到猛烈的攻击，阿骨打不得不暂时搁置讨伐高永昌的计划，转而抽兵拦截辽军，阿徒罕勃堇、乌论石准等将奉命出征，成功在伊通河流域大破来犯之敌。

然后，女真部队乘胜进攻辽军据守的重镇沈州。斡鲁辖下将领阇母先行发布檄文，声明支持渤海国王高永昌，准备于五月二十五日前来攻打辽国"张宰相"（张琳）。

沈州守军得到檄文，误以为这是渤海叛军虚张声势的伪作，掉以轻心。就在同一个月，斡鲁率部从东北方向来到，据守沈州的辽军士卒惊慌失措，呼喊道："女真来了！"张琳急忙挥师迎战，可部属遥遥望见敌人便丧失了勇气，遂败退回城。女真部队随即跟进，抢先占据城的西南面，纵兵杀戮。辽将孟初、刘思温战死，耶律佛顶被女真小将完颜活女击败。见势不妙的张琳弃防而逃，带着少数亲信缒城而下，向外狂奔。

斡鲁的手下阇母在城外拦截，杀死不少辽溃兵。张琳丢失大批"军资器甲"，逃回辽州，被朝廷贬谪为辽兴军节度使。

沈州被女真夺取的消息传到辽阳，高永昌恐惧不安，指派家奴铎剌前去斡鲁军营，奉上一个金印与五十个银牌，表示愿意削去帝号，向女真称藩。斡鲁信以为真，派富有外交经验的胡沙补前往招抚。胡沙补与副手撒八离开后，情况又发生了变化，刚刚来降的渤海将领高桢提供了重要情报，揭发高永昌正在图谋不轨。原来，这位渤海叛军首领无意成为女真的附庸，所谓"称藩"，不过是缓兵之计。

斡鲁恍然大悟，立即出兵。高永昌自知图谋被对手识破，恼怒不已，下令拘捕胡沙补、撒八二人。胡沙补被捉时，神色自若，骂不绝口，这位怂恿阿骨打反辽的女真功臣，就这样与撒八一起被处死，连尸体也遭到肢解，年仅五十九岁。

高永昌诛杀女真使者的同时，指挥部属展开抵抗。两军最初在辽河流域打了起来，女真将领夹谷吾里补以数骑为先锋，沿着辽河沿岸观察地形，再出动四十名骑兵埋伏于沿岸津要之处，守株待兔。渤海军队的斥候果然中计，误入埋伏圈被活捉并招供，女真人得以尽知高永昌的虚实。夹谷吾里补受到阿骨打的表扬，被赏以奴婢八人。

之后，女真部队杀向兔儿陁（又称兔儿涡）。《宣和乙巳奉使金国行程录》对这一带的地理有描述，指出其东面"地势卑下，尽皆蒹葭沮洳积水"，是辽河流域附近的大沼泽地。渤海人与契丹人不同，没有在泥淖狩猎的习惯，虽然据守于此，但要想拦截来势汹汹之敌，困难重重。

金将夹谷吾里补负责打头阵，在其他将领的配合下，射杀渤海军两位先锋，逼退其守卒。女真主力顺利渡过辽河。

统帅斡鲁志在必得，早有准备。他招揽当地人为向导，挥师长驱直入，距目的地越来越近。抵达辽阳附近的沃里活水（俗名太子河）时，又一次与高永昌部属隔河相对。高永昌故技重施，在河畔的沼泽地布防，导致许多女真将士却步不前。关键时刻，斡鲁的副手阇母带着手下跨越泥淖，成功开辟一条过河通道，引领后继部队向前闯。渤海军不战而退，撤返辽阳。

斡鲁、阇母所部很快兵临城下，于次日与守军展开激战，阇母部属再次出动，于城南首山告捷，杀敌颇众，获马五百匹。

高永昌自知不敌，率领五千名骑兵冲出城外，向长松岛方向急逃，连妻儿也来不及带走。困于城内的恩胜奴、仙哥、张玄素等人随即开门投降。恩胜奴、仙哥参加过此前的宁江州之役，因战败而成为女真俘虏。当时很多被俘的渤海人逃亡，女真诸将不胜其烦，欲大开杀戒。阿骨打力排众议，认为既已攻克城池，不必滥加杀戮，并以先辈为例指出"先太师"（完颜部第七任酋长劾里钵，庙号金世祖）亦拒绝捕杀逃亡的战俘，结果俘虏逃回自己部落后，"往往招其部人来降"，如今不追杀宁江州战俘，假以时日，他们当中有些人会知恩图报，为我效力。阿骨打对怀柔政策一直寄予希望，当女真部队征伐高永昌时，他预先在诏书中指出，一些东京渤海将士曾受女真恩惠，"易为招怀"。事实证明，他确实高瞻远瞩，恩胜奴、仙哥如今捉拿高永昌的妻儿出城来降。

高永昌政权土崩瓦解，其部将痕孛、铎剌、吴十、挞不野、道剌、酬斡等十几人弃主投诚。

女真军队没有放过高永昌，兀室、讹波勃堇等将率三千名骑兵追击，一路追到长松岛。许多渤海将领为了保命而反戈一击，争着捉拿高永昌，唯有辰州熊岳人王政没有带人参与追捕。女真将领阇母非常欣赏他，遂向阿骨打荐举。王政随即获得任用，被授予卢州渤海军谋克的官职。

最终，众叛亲离的高永昌被挞不野擒住，当作战利品献给了女真统帅斡鲁，于五月底在军中受刑，死于非命。昙花一现的渤海政权仅仅存在数月，就此灭亡。

第六章

辽东狼烟

女真人反辽之后，仅用了两年左右，就控制了东京道大部分区域，攻占了辽阳府，战果丰硕。渤海政权覆灭后，阿骨打再接再厉，着手经略东京道南部。生活在该地区的系辽籍女真及渤海人踊跃投诚。辽东半岛的曷苏馆女真酋长秘剌带领三百户前来归附，辰州渤海人六哥亦率乡人迎降。

不过，女真新贵的统治尚未巩固，局势依旧风雨飘摇。为了维持稳定，阿骨打诏令在新的占领区内废除辽法，减免赋税，准备按照女真制度设置猛安、谋克。

这种新的军政制度本来是以女真部落为基础，在宁江州之战后设立的，原则上以三百户为一谋克，十谋克为一猛安（一猛安管辖三千户，所以任职者又有"千夫长"或"千户"之称）。早先实行这种制度的女真内地，管辖猛安、谋克的是万户（女真语为"忒母"），由上至下形成了六级编制。除了万户、猛安、谋克，依次有五十夫长（女真语为"蒲辇"）、十夫长与五夫长。

顺便提及，每一位女真正规军皆有一两名副手，叫作"阿里喜"，承担各种杂务，必要时也可以参战。由此可知，女真部队的人数已今非昔比，但包括猛安、谋克在内的一些编制单位，人数多寡不一，因为有的单位并不满员。《金史·兵志》亦承认，国初"壮者皆兵"，可"部伍之数，初无定制"。故此，不能以猛安、谋克等名号作为判断其兵数的准确依据。

《金虏图经》认为，女真人虽然"自万户至蒲辇"设立了各阶级，但其平日酒食无甚区别，彼此相处恰如"兄弟父子"，所以"上下情通，无隔塞之患"。战时他们各司其职，互相配合，正如《三朝北盟会编》所言，"伍长（五夫长）击柝，什长（十夫长）执旃，百长（谋克）挟鼓"，千长则预先准备"旗帜金鼓"等军械，做好后勤保障。伍长战死，同队的四人皆斩；什长战死，辖下的伍长皆斩；百长战死，辖下的什长皆斩，军纪严明。

其中五十夫长的作用不容忽视。《契丹国志》记载，女真骑兵以"五十人为一队"，前面二十人身披"全装重甲"，以枪或棍棒为武器，后面三十人身披轻甲，主要以弓矢为武器，这两种骑兵在战时受五十夫长直接指挥，成为一个基本的战术单位。

女真部队所用的军政制度，根植于历史，适合现实。猛安、谋克作为两级基层编制，在新的军政制度中起到了承上启下的作用，并随着女真势力不断扩张得到进一步发展。

女真出征渤海这一年年初，阿骨打指示"自破辽兵，四方来降者众"，包括契丹、奚、汉、渤海、系辽籍女真、室韦、达鲁古、兀惹、铁骊诸部在内的大批投降官民，皆"宜加优恤"，当中逃亡的战俘也既往不咎，"勿以为罪"。让这些部族在当地居住，保持原有的封建生产关系，尽快稳定统治秩序，而诸部酋长仍任命为官。故此，女真部队夺取越来越多的东京道土地，促使许多新归附者随之成为猛安、谋克。例如，在辽阳府之战时，打开城门迎降的渤海人张玄素被特授世袭铜州猛安。辰州熊岳人王政因受女真将领阇母赏识，被授予卢州渤海军谋克。曷苏馆系辽籍女真酋长秘刺来降，受任命为谋克。辰州渤海人六哥主动归附，也成为榆河州千户（猛安）。

不过，新占领区的猛安、谋克，其隶属关系有所变化，因为管辖猛安、谋克的不再是万户，而变成了军帅或都统（《金史·兵志》所述"军帅、都统"，都是女真语"勃极烈"的歧译）。

矢志反辽的阿骨打，早在金收国元年（1115）九月，便设置了女真历史上第一个军区黄龙府都统司，由完颜娄室出任都统，兼管军政和民政。三个月后，接着设置咸州军帅司，以完颜斡鲁古为军帅。占据辽阳府后，于次年五月设置南路都统司，以完颜斡鲁为都统。

必要时，这些前线指挥官有权任免猛安、谋克。例如，斡鲁古讨伐高永昌时，临时决定任命手下将领胡突古为千户，又根据具体情况免去斛拔鲁等将的权谋克（代理谋克）之职。但是，前线指挥官不能一手遮天，其决策在战后要受军事首领的复核。阿骨打认为斡鲁古处置不当，立即罢免了胡突古，让斛拔鲁等人官复原职。

阿骨打为了更牢固地掌握兵权，在九月间命令制造符牌。符牌可以佩戴在军人身上，作用比较广泛，既是职位级别象征，也是驿站通行证，甚至可以成为调动军队的凭证。阿骨打崛起之前，女真部落诸部长已刻信牌，手下往来通信时凭此物表明身份。如今，阿骨打传令诸部长不可擅制符牌，否则重罚。从这时起，各级军官统一佩戴由阿骨打监制的符牌。在各类符牌之中，最先制造的是"金牌"，后来又制造了"银牌""木牌"。按规定，金牌授予万户，银牌授予猛安，木牌授予谋克、蒲辇，各级泾渭分明，利于令行禁止。

阿骨打对前线事宜不敢掉以轻心，根据形势变化随时调整军事布置，他知道辽国统治者绝不会就此罢休。女真仅占领了一小部分辽国土地，契丹人还拥有辽阔的疆域和充足的人力、物力，远未到败亡之时。

天祚帝开始进行新一轮动员，于这一年六月下令在诸路大举征兵，规定凡拥有杂畜十头以上者皆要从军，并从燕、云、平三路挑选禁军五千人，同时劝谕三路富民出人出力，献武勇军两千人，后来又摊派财物，征收运输车三千辆，准备从征，搞得"境内骚然"。

征兵引起骚乱，但辽国没有停止军事上的动员，当时，一批又一批来自辽东等地的难民往南逃，有人呼吁从难民中募兵，他们必定愿意与女真决一死战，因为既可"报怨"，又可"报国"，可谓一举两得。辽廷采纳了这个建议，陆续招募了两万余难民，号之"怨军"。

张琳惨败而归，满朝文武依然济济一堂，却缺乏可用之人。辽国国内各阶层人士对时局忧心忡忡，各种小道消息甚嚣尘上，魏国王耶律淳又一次成为舆论焦点。许多人称赞耶律淳"贤而忠"，假若委以东征重任，将士必定乐于为之效劳。

耶律淳虽然牵涉耶律章奴之乱，但他坚决与叛军划清界限，仍旧在朝野内外保持崇高的声望。

在众望所归的情况下，天祚帝从谏如流，晋封耶律淳为秦晋国王，委以诸路兵马都元帅的重任。此外，北宰相兼殿前都点检萧挞不也为耶律淳的副手，永兴军宫使耶律佛顶、延昌宫使萧昂并兼监军。同时，上京留守萧兀纳因为挫败了耶律章奴夺城的图谋，升为契丹行宫都部署兼副元帅，成为朝中重臣。知北院枢密使事萧韩家奴改为上京留守。经过一系列布置，辽军准备在秋季举行反攻。

六马图（局部） ｜ 宋 ｜ 佚名 ｜ 大都会艺术博物馆藏

七月间，天祚帝仍旧不忘打猎，按惯例前往秋山。秋高马肥，正是打猎的绝好时候。谁知变生肘腋，又接连发生内乱。

长春州有两千户渤海人欲叛逃，被东北路统军使派出的追兵及时俘获。八月，乌古部造反，中丞耶律挞不也奉命前往招抚，该部在两个月后投降。

秋季到来，辽军展开筹备已久的反攻，耶律淳于八月率领一支由怨军、禁军、武勇军组成的队伍共三万人，从关内出发，向东京道进军，计划在东北路统军司等前线指挥机构的配合下，收复失地。

耶律淳所部出发的同一个月，东京道以东据守的残余辽军已精疲力竭，但拒绝投降，还在苦苦支撑，等待救援。此地毗邻鸭绿江，烽烟未息，连一直隔岸观火的高丽也受到波及。

高丽与辽朝渊源较深，有过历史恩怨。这个控制朝鲜半岛大部分地区的王朝始建于918年（后梁贞明四年，契丹神册三年），立国之初，一度与辽朝关系良好，双方互通消息，彼此馈赠礼物。辽圣宗耶律隆绪在位期间，两国关系突然恶化。契丹统治者自视甚高，难以容忍属国不够恭顺，对高丽和宋朝保持密切关系产生疑虑，遂于契丹统和十年（992）年底以东京留守萧恒德等人为将，出兵讨伐。次年初，高丽王遣使奉表谢罪，契丹在议和时显得慷慨大方，将女真人生活的鸭绿江以东数百里地划归高丽管辖，为日后的边境纠纷埋下伏笔。双方的和平维持了近二十年，直至1010年（宋大中祥符三年，辽统和二十八年）高丽发生内乱。当时，高丽君主王诵被权臣康肇弑杀，王诵从兄王询被立为新国王。辽圣宗以此为借口再次起兵，以北府宰相、驸马都尉萧排押为都统，北面林牙僧奴为都督出征。女真人积极响应，为此献万匹良马，并乞求"从征高丽"，得到了契丹宗主的批准。大批辽军于年底渡鸭绿江，经过战斗，生擒在边境抵抗的康肇及其副将李立，连下铜、霍、贵、宁诸州，焚烧开京，迫使高丽国王王询退往罗州。然而，高丽人没有放弃抵抗，诸多降辽的城池复叛。《辽史》记载，辽军在契丹统和二十九年（1011）正月班师，恰逢连日大雨，"马驼皆疲，甲仗多遗弃"，狼狈渡过鸭绿江，撤回辽国境内。辽圣宗不肯就此罢休，从契丹开泰元年（1012）起，不止一次向高丽讨还鸭绿江以东的"旧地"，未能达到目的，不惜发兵强取。契丹开泰三年（1014）夏，辽国舅详稳萧敌烈、东京留守耶律团石等人奉命出兵，造浮桥渡过鸭绿江，夺取保、定诸州，于此地设置榷场，将之隶属东京统军司。但是，江东仍有许多地方尚未夺回，为此，辽军分别在契丹开泰五年（1016）正月以及契丹开泰六年（1017）九月，攻击高丽驻守的郭州、兴化军。更激烈的战斗发生在契丹开泰七年（1018）下半年，辽东平郡王萧排押出任都统，萧虚烈为副统，东京留守耶律八哥为都监，率部过江，在十二月与高丽守军战于茶、陀二河，惨遭失败，辽天云、右皮室两军战死、溺死者颇众，天云军详稳海里、遥辇帐详稳阿里达、客省使酌古、渤海详稳高清明等随征将领战死。辽国损兵折将之际，高丽国王及时遣使"进降表""乞贡方物"，使辽圣宗找到了台阶下，两国就此议和，表面上保持良好关系。辽国无意再在江东大动干戈，但高丽统治者对在战争中失去的保州等地耿耿于怀。金、辽的战火蔓延至鸭绿江流域时，边境形势更加微妙。

早在阿骨打起兵反辽之初，辽国就向高丽提出协同作战的请求，因为按照惯例，附属国有配合宗主国的义务。过去辽圣宗讨伐高丽，女真曾经从征，"三十年河东，三十年河西"，如今高丽有可能站在辽国一边，合力攻打女真。当时，辽东京兵马都部署司已正式向高丽发出牒文，声称最近有生女真"作过"，计划"差官领兵讨伐"，因而希望高丽方面能予以配合，共同对付生活于保（今朝鲜半岛义州）、开（今辽宁省凤城市）二州一带的女真诸部，并策划具体布置，请求高丽军队伺机在"边界道路"展开军事行动，根据女真诸部的人口、财产和房舍采取针对性措施，务求在"收房荡除"的同时仍严加防备，切勿让女真残敌逃入高丽境内的"险要处所"躲避。不过，保、开二州附近没有立即爆发大规模战事，故高丽暂时按兵不动，静待时机。

等到辽军节节败退，女真将领夹谷撒改率领偏师挺进鸭绿江流域时，处东部一隅的辽军驻防部队困守保、开二州，独力难支，迫切希望邻近的高丽军能伸出援手。辽廷亦于辽天庆五年（1115）八月向高丽求援。

高丽统治者觉得乘乱夺回保州的时机到来了，迟迟不派出援兵，反而私下里与女真通好。同年九月，攻打保州的夹谷撒改派人向阿骨打报告："高丽王将遣使来。"阿骨打将信将疑，吩咐夹谷撒改出兵护送高丽使者前来，以免途中发生意外，并叮嘱道："边境之事，慎之毋忽。"毋庸讳言，若能分化辽与高丽的关系，必定对女真有利。

高丽使者果然以"祝捷"的名义，于辽天庆六年（1116）闰正月前来与阿骨打会面，毫不掩饰地提出，保州本是我国旧地，希望能物归原主。史载，阿骨打巧妙地回答："尔其自取之。"言下之意，高丽可以自行出兵攻占。为此，他特别叮嘱前线的夹谷撒改等将，假若高丽进攻保州，前线有关部队应该提高戒备，就算高丽请求联合作战，也不要理会，只需"谨守边戍"即可。毫无疑问，如果高丽单方面攻击边境辽军驻地，就意味着彼此反目成仇，这是阿骨打乐见其成的。

高丽犹豫不决，始终没有正式反辽。女真前线部队在此前后却攻势凌厉，尽管阿骨打难以抽调更多部队参与鸭绿江流域的军事行动，独当一面的夹谷撒改还是于辽天庆五年（1115）十一月取得很大进展，招纳系辽籍女真头目麻懑太弯等十五人。其间，曷苏馆一带部落酋长胡十门为了躲避东京道的战乱，率领部属前来投奔，并捐献粮饷，协助女真部队在十二月间攻取了开州。之后，夹谷撒改又收降保州诸部女真，因而被授予保州路都统。他屡战屡捷，很快连破开州附近的合主、顺化二城。

高丽不敢公开反辽，女真部队便顺势攻打鸭绿江以东的辽军残余据点。为了尽快拿下保州，夹谷撒改又提出增派援军的要求。阿骨打言听计从，欲令斡鲁率上千名甲士赴战。不等斡鲁到来，夹谷撒改已抢先渡江，于辽天庆六年（1116）二月包围了保州及其辖下的来远城。

辽军地方驻军没有能力进行野战，欲长期固守，又缺乏粮食，只好再度求救于高丽。来远城守将于三月三日发出牒文，声称生女真以及东京渤海人发生叛乱，导致经济凋敝，粮食失收，当地官府储存了一些谷粟等物资应急，但还有不少居民难以吃饱饭，故而向高丽提出"借米货五万石，赡济民户"，待来年秋收时节再偿还。《高丽史·睿宗世家》记载，主持高丽政务的睿宗看过牒文，非常重视，传命"两府、台省、侍臣、知制诰、文武三品、都兵马判官"等级别以上的高官召开会议商量对策。但救援辽军不是会议的主要议题，如何抢在女真人的前面取得保州，才是重点。最后决定由中书省命令判兵马事金缘等人出面，招降辽军地方守将，明确表示，假若来远、保州二城军民能够归附，不但会得到粮食援助，还不用偿还。然而，金缘以使者的身份再三往返，仍遭到辽国守将拒绝。

辽军凭着鸭绿江之险，在残存的据点中坚守了几个月，无奈女真的攻势持续不断，来远城以及附近鸭绿江岛中的大夫、乞打、柳白三营相继受到袭击，就连江中停泊的战舰也被焚烧，守船之人惨遭掳掠，剩余地盘已危在旦夕。

辽国素有贤名的耶律淳在这一年八月带着数万大军风尘仆仆地东征，但一时难以飞越万水千山，迅速赶到前线。八月十九日，据守鸭绿江流域的辽军到了山穷水尽的地步，再难支撑，统军右仆射开国伯耶律宁、来远城刺史检校尚书右仆射常孝孙等官员率领残兵败将，乘一百四十艘船突围而出，泊于鸭绿江口，又向附近宁德城的高丽守军发送牒文，重提乞粮之事，同时表示愿意交出驻地。对于辽军来说，丧失驻地是迟早的事，不如干脆做顺水人情，将之转赐高丽，万一高丽为此与围城的女真部队发生冲突，也许还有机会翻盘。

高丽睿宗得寸进尺，竟遣枢密院知奏事韩皦招谕辽将，欲收编这股残军。耶律宁等人疑虑重重，以睿宗没有正式下旨为借口，不肯归降。睿宗接报后，欲令枢密院发下札子（官方公文），但受到宰臣谏官阻止，理由是辽将真实用意难以猜测，切不可随便下旨，以免授人以柄。双方互不信任，招降之事就此搁置。

不过，辽残军还是如约把来远、保州两城防务移交高丽人，并将带不走的"兵仗及钱货宝物"全部相赠，随即乘舟从海路逃遁。高丽判兵马事金缘率部入城，把开疆的经过写成奏文上报。睿宗大喜，改保州为义州防御使，以鸭绿江为界，设关防。

女真将领夹谷撒改、阿实赍等人原以为保州等处唾手可得，不料被高丽军队抢占，为了避免冲突，只得在城外按兵不动，仅派胡十门带部分人追击突围的辽军。

高丽没有庇护辽军残部，也不打算干涉女真伐辽的军事行动，睿宗不希望和阿骨打发生冲突。奉命前往女真的高丽使者蒲马与阿骨打见面时，又一次重申保州乃本国旧地，应该物归原主。阿骨打只能接受既成事实，爽快地声明："保州近尔边境，听尔自取。"阿骨打不想节外生枝，毕竟讨伐辽国才是重中之重。这样一来，战争仍旧局限在辽东，没有向朝鲜半岛扩散。

辽国君臣对鸭绿江流域一系列据点的丧失显得束手无策，因为耶律淳的支援部队从关内出发，用了两个月时间才逐渐逼近东京道，远水难救近火。这支姗姗来迟的队伍于十月在乾州（今辽宁省锦州市北镇市东南）十三山安营扎寨，做临战准备。

由于部队来源复杂，其中还有前线溃退的败将残兵，耶律淳指挥起来困难重重。十一月二十四日夜间竟然还发生了哗变，百余名叛军骑马直闯中军帐，欲杀统帅耶律淳。

带头发难的是管押武勇军、太常少卿武朝彦，协同的有府属马僧办等人。武朝彦曾在1114年（宋政和四年，辽天庆四年）参加过张琳策划的四路反攻，隶属来流河路都统耶律斡离朵的帐下，惨败而归，如今又被朝廷起用，但他不服耶律淳管辖。耶律淳及时察觉，奔往旁边军营躲避，保全了性命。

武朝彦希望获得更多士卒响应，谁知其他驻地的军队皆紧闭营门，按兵不动。武朝彦只纠集了两千名骑兵南逃，被追击的武勇军将领张关羽杀死。

辽国策划的反攻横生枝节，变得虎头蛇尾，只能在年底组织小规模出击。东面行军副统耶律马哥等人于辽天庆六年（1116）十一月间袭击曷苏馆，失败而回，于十二月下旬被朝廷削职。

辽军还攻打过海州，女真将领麻吉勃董率众驰援，随征的完颜部小将阿鲁补智勇双全，痛击了狭路相逢的辽军，斩首千级，又一次挫败了辽国的图谋。南路招安副使术鲁也战胜了前来骚扰的辽兵，破其同刮营。

女真驻军应付辽国反攻时期，位于辽东半岛南端的苏州（今辽宁省大连市金州区）、复州（今辽宁省瓦房店市）发生动乱，当地汉人不满女真人的统治，进行武装反抗，众至十万人。

起事的地方位置偏僻，阿骨打没有把主力布防于此，显得被动。散处于周边的女真人为了保命，聚集于太尉胡沙家，筑垒固守。汉人重重围困，女真人的粮草消耗殆尽，急于求食的牛、马互相撕咬鬃毛、尾巴，甚至有饥民易子而食。两名守卒乘夜突围而出，欲向驻扎于附近的一股女真部队求援。

这股女真部队由一位猛安统率，此人名叫斜卯阿里，他得知情况危急，赶紧驰援，与坚守据点的胡沙里应外合，成功解围，转战至辟离密罕水，把来犯之敌"剿杀几尽"，史称"水为之不流"。

斜卯阿里扭转劣势绝非偶然，他参加过宁江州之役，是最早跟随阿骨打反辽的将领之一，多次为主分忧。此前斜卯阿里亦曾奋力救援同僚，当时女真另一位将领忽沙里的驻地正遭受辽军攻击，斜卯阿里手下仅有百余名骑兵，仍迅速赶来。由于兵力过少，难以硬拼，只能智斗，便令部属把戎衣撕裂，伪装多面旗帜摇晃于山谷间。数以万计的辽兵遥遥望见，误以为女真主力杀到，慌忙逃遁。久经沙场的斜卯阿里镇压苏、复地区的百姓，并非难事。他为胡沙解困之后，很快又立新功，连续在蒲离古胡什吉水、马韩岛等处打了十余仗，破敌颇众。

参加反抗活动的除了汉人，还有部分契丹人、奚人。现在，激烈的战斗从陆地蔓延至海上，大批契丹人、奚人乘舟千艘，欲退入海，避开女真骑兵的追击。

斜卯阿里收集船只继续追击，仓促间只收集到二十七条船，仅能运载少数士卒。前往堵截的过程中，斜卯阿里被流矢射中，一度昏迷，卧于船内，半夜才苏醒过来。这时，敌舟已退至王家岛，他不顾伤口尚未痊愈，连夜督兵沿着海路急赶，出其不意地登陆，发起突袭，打得对方措手不及。

残敌且战且退，负隅顽抗。女真士卒纷纷上马，施展擅长的骑战之技，穷追猛打。随军挺进的斜卯阿里再度被流矢射中，但仍坚持在前线指挥，终于打垮了敌人，缴获了全部舟船。

辽军在曷苏馆、海州等处行动失利，未能有效策应辽东半岛一带的暴动。女真分兵四出，用武力维持苏、复诸州和婆速路（鸭绿江口附近）等地的统治秩序。尽管如此，混乱的局面一直持续到辽天庆七年（1117），夹谷撒改等将在正月间镇压了开州的叛民，新占领的地区才逐渐恢复平静。

第七章

边打边谈

金天辅元年（1117）年初，女真镇压了东京道的各处叛乱，开始新的战略攻势，计划继续由北向南进军，目标是长春州，避开了驻扎在乾州附近的耶律淳所部，起到了"避实击虚"的作用。

长春州位于嫩江、松花江以西及洮儿河下游一带，军事上隶属东北路统军司，辖区内设置有名为"韶阳军节度使司"的次级军区。辽帝的春季"捺钵"之地鸭子河泺就分布于此。这一带长期直属皇帝，相继被辽圣宗的延庆宫（契丹语为"窝笃盌斡鲁朵"）、天祚帝的永昌宫（契丹语为"阿鲁盌斡鲁朵"）管辖。从上京临潢府前往女真根据地阿木火要途经长春州，所以，天祚帝于1115年（宋政和五年，辽天庆五年，金收国元年）指挥"七十万"辽军东征女真时，就是从这里路过，再"分道而进"。天祚帝败退后，这里成为女真人反攻的目标。

阿骨打早就企图经略长春州，两年前攻下黄龙府时，他本打算马不停蹄地向长春州扑过去，不料竟被长子宗干以士卒需要休整为由劝阻。现在，女真人既然在护步达冈击败了号称"七十万"之众的辽军，又占领了东京道，向长春州挺进的时机成熟了。宗干从来降的辽人之中获得情况，得知该州及其西边的泰州防备疏松。在阿骨打的批准之下，一场新的军事行动就此展开。

国论昃勃极烈完颜斜也率兵一万攻取长春、泰州等处。长春州自金收国二年（1116）以来，屡经动乱。七月，当地渤海人中有两千余户叛变，一个月后，附近的乌古部也发生造反事件。辽廷相继派兵镇压，但隐患仍在。布置于该州东北面的诸路辽军，正内外交困，现在难以抵挡女真的进攻，大多数人"不战自溃"，长春就此易手。

泰州成了下一个争夺目标，其地位于长春州以西，是女真通往上京临潢府的必经之地。完颜斜也直取泰州的同时，另一路偏师正策划攻打静州。

静州位于长春州西北，原本叫金山县，前一年由县升为州。天祚帝亲征失败后，为了防御对手东进，匆忙在长春州附近设置新的州城，以互为掎角，加强防御。

攻打静州的金军由谋良虎、宗幹、娄室等将率领，他们在途中的白鹰林抓获七名辽军斥候，故意释放一人回去报信，借此显示军威。静州守军得知女真人快要杀到，居然一哄而散。

谋良虎兵不血刃地占据静州，立即分兵，派宗幹率兵三千招抚附近尚未投降的部落，又令娄室带领两千人到周边的山区招抚溃散的州人。宗幹从当地人中选择一些才干过人者，携带金国诏书到处游说，于是，"女固脾室"四部及渤海人纷纷投诚。根据考证，"女固"是"挐古"的同音异写，指在泰州放牧的"涅剌挐古部"。"脾室"是"皮室"的意思，北宋沈括的《熙宁使虏图抄》认为，室韦部落活动于"澄州大山之西"，今称"皮室"。正史记载，"涅剌挐古部"源于"黄头室韦"，兴起于唐代的嫩江与松花江一带，归附辽国后被辽人分散为涅剌挐古部、突吕不室韦等部，分别在泰州以东及东北放牧，同时负责守御边境。

接着，谋良虎所部转往泰州，与完颜斜也会合，一举克城。他们把城里的积粟搬到郊外的乌林野，救济缺粮的投诚诸部，再把这些降人迁徙到金国内地安置。

后来，涅剌挐古部逐渐融入女真部落，《松漠纪闻》认为归降的"黄头室韦"慢慢便冒称"黄头女真"，时常执行军事任务，"金人每出战"，就让随行的"黄头女真"为前驱，他们身上披挂"重札"（札甲），号"硬军"。让降人打头阵当替死鬼的做法在历史上并不罕见，后世蒙古的"八都鲁硬军"也是类似的部队（详见南宋刘克庄的《杜尚书神道碑》）。

泰州等地易手，通往上京的道路畅通无阻，女真军一步步向辽国腹地深入。其间，辽国腹地又出现内乱，易州辽水人董才（又名董庞儿），在朝廷于前一年招募武勇军时入伍，因作战受挫，差点被主将处死，逃出军营后在山区沦为盗贼。他纠集了万余人，盘踞于涞水县一带，剽掠附近地方。此年二月，董才部转移到易水一带，被辽西京留守萧乙薛、南京统军都监查剌所率的军队击败，退至奉圣州（今河北省涿鹿县）。三月间，董才部又遭到追兵袭击，残部被迫南下，向云、应诸州退却，进入宋境，接受了岢岚军（今山西省岢岚县）守将解潜的招抚。

董才被驱逐之后，辽国腹地暂时恢复平静。紧接着，驻扎乾州附近的前线部队正式展开反攻。耶律淳奉命东征以来，辖下部队尚未正式打仗就先发生兵变，他不得不整军饬武，再在四月间督师出发。

关外人难耐溽热，辽军偏偏选择夏季进行反攻，正好说明参加行动者以征调的汉人为主。女真骑兵战力强，辽人避免在秋高马肥之际作战是合理的。

这路人马计划夺回沈州。沈州位于蒲河、浑河之间，在雨水充沛的夏季，河流时常会泛滥，这对女真骑兵不利，辽军或许有机可乘。这次出击谋划已久，随征的永兴宫使耶律佛顶在此前一年曾随张琳守御沈州，对当地情况很熟悉，能够发挥向导的作用。

耶律淳部仍要经黎树口渡过辽河，和张琳的东征路线差不多。女真人并未在这个要冲地点布防，辽军得以迅速过河，顺利抵达沈州城下。女真人屯集城中，一味防守。

辽军士卒用箭把降书射上城头，守将迪古乃没有回应。耶律淳下令进攻，从军中挑选精锐士卒用梯子强行攀登。无数矢、石如雨点般从头顶落下，辽军难以上城。耶律淳不能迅速克城，又得知敌援即将到来，顿感进退失据。

娄室、婆卢火等女真将领率兵两万，会合咸州路都统斡鲁古所部，已猛扑过来。辽军为了避免遭到前后夹击，抢在女真大队人马到来之前，果断离开沈州，退守辽河，保存了实力。史载其行动"虽无所得，亦无所失"，算是打了平手。

《金史·耶律余睹传》记载，辽东路都统耶律余睹、耶律马哥在此期间率部进至浑河一带，与银术可、希尹等金将对峙。其后，耶律余睹等人撤走，银术可与希尹行动"稽缓"，未能阻止辽军，受到阿骨打处罚，"所获生口、财、畜入于官"。

自战争爆发以来，辽国策划的每一次重要攻势，皆以失败告终。耶律淳指挥的这一次军事行动能进退自如，已经很了不起了。

辽军凭辽河固守，女真部队不能越雷池一步，双方陷入僵持状态。不久，耶律淳奉天祚帝之召赴阙述职，留在前线的将帅有北宰相萧德恭、太常衮耶律谛里姑、都元帅监军耶律佛顶，其副手分别是上京路都统耶律余睹，濠、懿州（今辽宁省阜新市东北）路都统延庆宫使萧和尚奴，显州路都统、四军太师萧干。辽军不敢松懈，陆续动员了上京、濠州、懿州、显州诸路人马，扼守从东京道通往上京、中京的枢纽地点，阻止女真部队深入辽国腹地，同时各部在驻地屯田，以图长久之计。

夏季很快过去，到了八月，天祚帝命令耶律淳返回前线，召集四路兵马"防秋"，这是为了防止女真人利用秋高马肥的时机大举南下。一行人马于九月从燕京（南京，耶律淳曾继任父职，担任守御此地的重任）匆匆出发。

有识之士皆知辽军没有必胜的把握，耶律淳尝试与对手化解纷争，并和耶律佛顶联名致书女真前线将领斡鲁古，请求和谈。斡鲁古不敢自作主张，派人把相关书信转交后方的阿骨打，询问对策。阿骨打同意讲和，但前提是辽国交还叛人阿疏以及遣返女真使者赛剌。赛剌已在两年之前被天祚帝处死，阿骨打尚未知情，还敦促辽国尽快释放自己的使者。

辽国不可能满足女真人的谈判条件，和议迟迟没有进展，双方依旧备战。耶律淳继续向前线出发，经过一个月的跋涉，来到了阴凉河，突然传来了怨军发生兵变的消息。

当时，怨军共设置八营，来自宜州的士卒被编为"前宜""后宜"两营，来自锦州的士卒被编为"前锦""后锦"两营，来自乾、显二州的士卒被编为乾、显两营，又设置了乾显大营、岩州营，总数达两万八千余人，屯于卫州（今辽宁省锦州市黑山县新立屯镇）蒺藜山。由于缺乏御寒的衣物，难以过冬，乾营、显营与前锦营的兵卒劫掠了乾州，都统萧干连忙进行招抚，以免事态进一步扩大。自从出师以来，前线部队连续出现内乱，继武朝彦策划哗变之后，现在怨军又近乎失控，需要抓紧时间进行整治。十一月，风尘仆仆的耶律淳终于到达卫州蒺藜山主持大局。

女真人得知耶律淳赶回前线，不敢怠慢，迪古乃、娄室等将奉命立即率兵一万驰援斡鲁古，东京驻军增至两万人。阿骨打传下动员令，指责天祚帝"失道"，叮嘱女真部队出征时"毋念俘掠，毋肆杀戮"，只可讨伐那些"拒命者"，而降服之人要采取安抚措施，以争取人心。他又专门致信耶律淳，声称要想"请和"，应当"废黜昏主（天祚帝）"，另外选择贤者作拥立对象。从信中激烈的言辞可以判断，阿骨打不想掩饰对天祚帝的厌恶之情。他或许知道耶律淳在辽国国内拥有很高的声望，因而公开呼吁耶律淳废黜天祚帝，这是一种挑拨离间的行为。最后，他在信中赤裸裸地威胁道，如不照办，就要用武力吞并辽国。

耶律淳继续努力促进和谈，在给斡鲁古的复信中做出让步，首次表示愿意归还女真叛人阿疏。这对阿骨打来说是破天荒的事，他早在战前便向辽国提出请求，但对方置若罔闻，经过三年奋勇作战，如今才有机会如愿以偿。不过，耶律淳提出了一个附加条件，就是女真应该送回辽军叛将痕孛，以交换阿疏。阿骨打经过考虑，断然予以拒绝，理由是痕孛在战争期间投降（痕孛曾跟随高永昌叛辽，其后投降女真），而阿疏在女真尚未伐辽之前"以罪亡去"，故两者不可相提并论，也不可交换。女真君主抓住对方急于讲和的心理，在答复的诏书中单方面要求耶律淳于十二月十三日把叛人阿疏送到辽军前线部队驻扎的显州，然后两国再各自派遣重臣会晤。

耶律淳正想从卫州蒺藜山奔赴显州处置参与哗变的怨军士卒，如果乘此机会与女真重臣见面，那就一举两得。他一面安排部属就粮于司农县，一面率领两千名轻骑上路。途经懿州时，耶律淳接到紧急情报，得知女真部队突然南进，其前锋竟然已过明王坟，不得不赶快召诸路大军聚集于徽州，准备应战。

女真人以和谈为幌子，欲出其不意进行突袭。大将斡鲁古督师会合知东京事完颜斡论的部属，以三千兵马为先锋，迅速渡过辽河，迫降千户辽民，向显州方向直扑过来。负责守卫显州的怨军将领郭药师主动出城发起夜袭，被完颜斡论击退，只能退回城内死守待援。耶律淳得报，亦率大军仓促赶来。

围城的女真部队分兵阻援，斡鲁古亲自出马，来到显州以北的蒺藜山，与驰援辽兵迎头相撞，于十二月十一日一较高低。斡鲁古在迪古乃、娄室等人的配合之下抢先进攻，乘辽军尚未列阵完毕，将其逼退。晚上，史载"有赤气若火光"，自东而起，"往来纷乱"，过了一段时间再消失。辽军将士以为此乃"凶兆"，皆无斗志，相继溃散。巧合的是，女真伐辽时经常天呈异象，《契丹国志》生动地叙述为"白气经天""白虹贯日""天狗夜坠""彗扫西南""赤气满空"，奇境轮流出现，辽军士气不振，动辄大败。

耶律淳自知势不可为，率麾下五百名骑兵向卫州东南方向而奔，沿途招揽溃卒，退保辽河附近的长泊鱼务。此处即《宣和乙巳奉使金国行程录》中的"梁鱼务"，在"兔儿涡"以东六十里，那一带皆是"地势卑下"的沼泽地。一年之前，高永昌所部保卫辽阳时，曾企图利用附近的沼泽地阻击女真人，但未能成功，现在辽军能否避免重蹈覆辙？

为了打赢这一仗，女真统帅不惜从围攻显州的部队抽兵。斜卯阿里率部奉命离开显州，顺道拿下灵山县（乾州属县），再赶往长泊鱼务参战。

新的较量即将在沼泽地展开，契丹人擅长在泥淖活动，耶律淳选择这一带进行对抗不无道理，可惜其辖下部队以汉军为主，战斗后连受重挫。混乱中，辽将耶律佛顶的家属在阿里真陂（《辽史·天祚帝纪》中的"阿里轸"与《金史·斡鲁古传》中的"阿里真陂"是同一处水泊，位于长泊鱼务附近）为追兵所俘。

耶律淳不得不带领数千名残卒且战且退，向中京方向退走。

女真追兵乘胜迫近新州（今辽宁省阜新市一带），辽节度使王从辅开门迎降，致使中京门户洞开。

驻跸中京的天祚帝对前线的失败感到震惊，连众望所归的耶律淳也遭受挫折，朝廷之内再难找到更好的统帅。他昼夜忧愁，恐惧不已，做了最坏的打算。他密令掌管内库的官员把珍藏的珠宝、玉器等名贵物品集中在一起，用五百个包囊装载，并调来两千匹骏马，喂养于飞龙院（负责牧马的机构），以防万一。天祚帝向随从透露，我有这么多能够"日行三百五十里"的骏马，不必担心女真人到来，又一厢情愿地说，我国与宋朝为兄弟之邦，与夏国（西夏）有舅甥之谊，此两国皆可以成为我的归宿，依旧不失荣华富贵，如今所忧虑的只是"军民受祸"。上述言论传开，有识之士忧心忡忡，认定"辽今亡矣"。自古以来君主一旦抛弃军民，仅为自身着想，便难以维持统治。

不久，传来女真焚掠新州之后撤退的消息，天祚帝松了一口气，自以为德隆望尊，余威犹在，令对方知难而退，又故态复萌，变得肆无忌惮。

其实，女真人没有在新州停留，可能是由于尚未夺取显州，不便分兵固守。

辽援军在蒺藜山崩溃之后，显州便陷入孤立无助的状态。围城的女真部队继续增添人马，阇母率领部属来到，会合完颜斡论等将，一起攻城。他们选择城的西南部作为突破口，经过血战，一位名叫神笃的女真士卒勇冠三军，首先逾城而入，乘乱放火焚烧毗邻城墙的佛寺。顿时，烈焰升腾，烟雾弥漫，城上不少守陴者受高温烘烤，不能站立，根本抵挡不住汹涌而至的女真人，显州就此失守。

辽显州路都统萧干逃到州城附近的医巫闾山（今辽宁省锦州市北镇市西）、牵马岭等处，收拢不足万人的残兵败卒，往南而退。在此前后，乾、懿、濠、卫、徽、成（今辽宁省义县北）、川（今辽宁省朝阳市）、惠（今内蒙古自治区赤峰市敖汉旗以西）诸州相继投降。至此，前线辽军的防线分崩离析，不可收拾。败讯传来，天祚帝下诏自责，临时派遣夷离毕查剌与大公鼎到诸路募兵，以应付燃眉之急。

女真部队没有乘胜长驱直入，其统帅斡鲁古禁止部属在刚刚攻占的乾州肆意妄为，因为这里是辽先帝诸陵所在地。这种善意的做法想必能为辽人所知晓，耶律淳不失时机地令人携书至女真军营请和。斡鲁古同意和谈，先决条件仍旧是索取阿疏，这也是阿骨打一贯的主张。既然开始和议，女真部队便驻军显州待命，冬季攻势就此结束。

阿骨打允许斡鲁古做和谈准备，并犒赏十匹马，还在诏书中表扬前线将士"力摧大敌，攻下诸城"的勇敢行为，但提醒"辽主未获"，故人心容易动摇，不能因胜利而麻痹大意，疏忽"备御"的重要性。

次年正月，辽使耶律休哥正式向东出发，于二月初一到达女真地盘，试图议和，但迟迟没有交还阿疏。阿骨打开始对暂停军事行动感到后悔，二月初九这一天，他竟然动用杖刑处罚返回根据地的迪古乃、娄室，指责二人不该随便离开前线，因为辽主仍在中京继续抵抗。接着，他又对前线统帅斡鲁古进行问责，起因是劾里保、双古等人状告斡鲁古在前线徇私枉法：一是没有及时出兵追袭在中京的辽帝，错过扩大战果的良机；二是故意隐瞒其辖地咸州囤积大批粮草的事实，使朝廷误以为军中粮食不足；三是攻打显州时擅自夺取俘获的"生口财畜"，中饱私囊。此外，蒯葛勃极烈、麻吉、窝论、赤闰、阿剌本、乙剌等前线将领亦涉嫌"多取生口财畜"。

自开战以来，阿骨打首次大规模惩罚部属，他亲自召问斡鲁古，处理案情。由于证据确凿，斡鲁古伏罪，于三月初被免去咸州都统的实职，降为谋克。其他人也受到相应的处理，如窝论受到"禁锢"。

耶律淳以讲和为缓兵之计，确有良效。他返回中京，没有被朝廷追究战败的责任，依旧受到推崇。天祚帝下令在耶律淳长期镇守的南京"刻石纪功"，以示敬意。

辽国没有即刻交还阿疏，但与女真的和谈没有中断。其间，天祚帝得到了阿骨打登基的确切消息。女真部队在辽东疆场上连连得胜，影响越来越大。位于中原腹地的宋朝士人也被这个消息惊动了。《裔夷谋夏录》《三朝北盟会编》诸书都记载了完颜阿骨打的崛起，有意思的是，诸书皆认为这位女真领袖是在占领东京道之后才登基的，与《金史》记载阿骨打在出河店获胜后称帝的事迹明显不同。宋人所著史籍指出，促成阿骨打登基的是一位名叫杨朴的渤海人。杨朴为人"慷慨有大志"，具有"多智善谋"的优点，其籍贯是铁州，乃进士出身，做过辽国秘书郎。女真部队挺进东京道讨伐高永昌时，杨朴顺应时势而归附，并力劝阿骨打为帝，说"大王"（阿骨打）建军立业，应该适时"变家为国"，图谋称霸天下，还引经据典指出先秦时的"万乘之国"（周朝），非"千乘之国"（诸侯国）所能比，鼓励阿骨打百尺竿头，更进一步，因为阿骨打如今实力强大，控制了"诸部兵众"，到了"力可拔山填海"的地步，为什么不能"革故鼎新"呢？杨朴希望阿骨打公开"册帝号，封诸番"，这样一来，以宗主国的名义传檄四方，会产生千里响应的效果。他预言疆域经过开拓，"东接海隅，南连大宋，西通西夏"，至于北面，则安抚远方属国民众，必定可以"建万世之滋基，立帝王之社稷"。这个计划能够实施的前提是辽国灭亡，尽管目前辽国灭亡的迹象不太明显，但杨朴还是告诫阿骨打切勿迟疑不决，否则会有不测之祸。阿骨打觉得言之有理，遂称帝，改元"天辅"，以"大金"为国号。阿骨打为何要定国号为"大金"？答案是"其国产金"。女真完颜部世代生活的按出虎水流域的特产就是金，"按出虎"正是"金"的意思。史籍评论，就像辽人以辽水为国名一样，女真人也以"按出虎"为国名。

不过，假如"大金"这个国号真的源于"其国产金"，就与《金史》记载相抵牾。前文说过，《金史》记载"辽以镔铁为号"，所以阿骨打将国名定为"大金"，原因是金比镔铁更胜一筹。哪一种说法更可靠？现代学者对"辽以镔铁为号"这句话提出了疑问。无论是"辽"还是"契丹"，意思都难以和"镔铁"画上等号，《金史》的言论可能属于杜撰。《金史》关于阿骨打在1115年（宋政和五年，辽天庆五年，金收国元年）建国的记载亦不可靠，彼时女真攻占辽国的土地有限，就连黄龙府也尚未拿下，金国真实的建立时间可能要推迟两三年，在阿骨打占领东京道之后。宋人所著的史书提到这一点，《辽史·天祚帝纪》也有佐证，指出在1117年（辽天庆七年）阿骨打采用铁州人杨朴之策，"即皇帝位，建元天辅，国号金"。

金国建立的具体时间在史籍里说法不一，但阿骨打在女真诸部中的政治地位确实无可替代，这是不容置疑的事实。顺便提及，女真崛起之初，各项规章制度尚未完善，诸事草创，缺乏相应的礼仪。有一次，国相撒改等要员在奏事时主动下跪，但被阿骨打扶起。这位领袖流着泪说，今日能够成功，皆由于诸君出力协助，我虽然上台，可是不会改变"旧俗"。撒改等人纷纷表示感谢。那时，人们相处融洽，诸部落的重要头目喜欢聚饮，阿骨打也会参加，假如做东的主人行拜礼以示致敬，阿骨打便立即还以拜礼。大家乐于以原始、朴质的方式交往。然而，《金史·撒改传》强调这种不加文饰的政治一直维持到天辅改元之后才发生了变化，"始正君臣之礼"，杨朴在这一过程中发挥了不可或缺的作用，他曾在朝议中毫不讳言地指出金国"兴自遐荒"，"朝仪、典章"尚未完备，因而应该参照中土先进的文化，"定朝仪，建典章"，强调要分清"上下尊卑"，欲使君臣相处井然有序。有关仪礼典章慢慢建立，比如阿骨打采纳杨朴的建议，率番汉群臣在都城的南北郊祭祀天地。在此前后，金国亦陆续"册命正、后妃"，除了封颇剌淑（追赠肃宗）遗妻蒲察氏为皇后，还追封了圣穆皇后唐括氏、光懿皇后裴满氏、钦宪皇后纥石烈氏、宣献皇后仆散氏四位。

这一切意味着大权在握的阿骨打，能够在天辅年间奠定至尊无上的地位，确实是大势所趋。

第八章

三国博弈

辽、金两国紧锣密鼓进行和谈，尚未达成协议，横生波折，因为宋朝试图联金伐辽，从而引发了另一次巨变。

宋朝与辽国的积怨可追溯至一百三十多年前。五代时期，后晋石敬瑭为乞求契丹人的保护，向塞外的契丹君主耶律德光称臣，割让燕云诸州，导致中原门户洞开。契丹人控制燕云诸州，就控制了横亘河北与蒙古草原之间的燕山山脉，从此可以轻而易举地越过长城雄关，长驱直入一马平川的中原腹地。

宋、辽为了争夺燕云诸州，鏖战连年，死伤无数，双方在1104（宋崇宁三年，辽乾统四年）年达成和平协议，订下了"澶渊之盟"。不少宋人仍为国家的安全忧心忡忡。名臣富弼出任河北宣抚使时，一针见血地说，"河北一路"乃"天下之根本"，以往未失燕、蓟之地，北有松亭关、古北口、居庸关为"中原险要"，起到屏障作用，而"匈奴（泛指塞外游牧族群）不敢南下"。自从失去燕地之后，"北方关险尽属契丹"，使契丹南下之路变得"荡然无阻"，一旦有变，后患无穷。

燕云之地的纠纷未能彻底解决，宋、辽两国就不排除重新打仗的可能。和议达成四十年之后，风波再起。继承辽圣宗之位的辽兴宗，乘宋朝与西夏关系恶化之机，派遣萧特末等人出使宋朝，进行战争恫吓，为早已灭亡的附属国北汉鸣不平，扬言要夺回宋朝在山西开拓的土地，重新收复"瓦桥以南十县地"（这是周世宗柴荣北伐后从辽国取回的土地）。当时在位的宋仁宗无意再战，沿用故智，花钱买平安。宋朝每年奉送给辽国的财物，增至银二十万两、绢三十万匹。

此后，两国为领土问题进行过多次交涉。宋神宗在位期间，任用名臣王安石为相，进行大刀阔斧的变法，力图富国强兵，并对西北、西南边陲的外夷动武，屡有所获，特别是在雍宁年间出师平定河湟番部，收复了熙、河、洮、岷、迭、宕诸州，取得了辉煌的胜利。这一切引起了契丹统治者的警惕，遂有意制造事端，陈兵边境，加以牵制。辽国正式提出山西北部的边界划分问题，指责宋朝在河东路沿边的空地"增修戍堡"，侵入了辽国的蔚、应、

《景德四图》之"契丹使朝聘"，描绘景德二年（1005）辽使来贺宋真宗生日

朔三州界内,要求拆毁相关建筑,同时认为应该以三州分水岭上的土垒为界,欲把边界南移至宋境。故此,两国要员在代州多次商议,争执不决。宋朝使臣沈括力图早日解决难题,翻阅了一批枢密院档案,查出两国原来以古长城为界,凭着确凿证据驳斥辽方的无理要求,最后在边界划分上做了一些让步,提出了一个双方都能接受的方案。宋、辽于1075年(宋熙宁八年,辽大康元年)达成协议,避免了兵戎相见。

契丹咄咄逼人,引起宋朝君臣不满。宋朝欲消弭边患,必须收复燕、云,但谈何容易。对于辽国在宋、辽边境布置重兵的情况,宋人做过调查,江少虞在《宋朝事实类苑》认为,辽国在国境西南至"山后"(太行山以北的西侧地区)布置两万名"控弦之士",由"南大王、北大王统之",设防范围达八百余里,戒备森严。"南大王、北大王"皆为耶律氏,是北王府、南王府的贵族,统率的五院、六院等部族军主要戍守于河北北部与河东中部,必要时在乡丁的配合下执行守御任务。

屯驻辽宋边境的不只部族军,还有其他林林总总的部队,这种情况在天祚帝主政时比较明显。以《契丹国志》记载的"燕山路"(南京路)为例,该路设置了"燕京都总管府",具体节制马步军控鹤指挥使、都统军司、石门详稳司、牛栏监军寨、南北皮室军司、猛拽刺司。

"马步军控鹤指挥使"中的"控鹤"一词,指的是汉军番号,类似的名称还有"羽林""神武""雄捷""骁武"等。按照《乘轺录》的说法,控鹤军早在辽圣宗执政时已驻守南京城内。

"都统军司"的全称是"南京都统军司","石门详稳司"是"南京都元帅府"辖下机构。都统军司与都元帅府均隶属都总管府。

"牛栏监军寨"又称"牛栏寨",驻地位于涿州与易州之间。涿、易二州在燕京以南,与宋朝雄州等地对峙,牛栏寨处于其间,成了重要的前沿据点。

值得注意的是南北皮室军司,"皮室"就是"金刚",含有"坚利"之意。皮室军司辖下的皮室军,历史可追溯至辽开国初,《辽史·百官志》记载辽太祖"以行营为官",从诸部当中挑选千余名"豪健"之辈,设置为"腹心部",并任命"右皮室详稳"等将官。辽太宗又挑选"天下精甲"补充这支部队,谓之"大帐",人数约三万,对外号称"三十万",可见皮室军并非宫帐、部族等系统的军队,而是从所有部队中挑选精锐将士组成,是当之无愧的主力。辽廷没有动用过支部队抵御女真,而是布置于南边监视宋朝,表明始终视宋军为劲敌。

"猛拽剌司"辖下"猛拽剌军"亦属精锐部队。"拽剌"又称"曳落河",唐代时就在北方诸外族中流传,《新唐书·同罗传》解释道:"'曳落河'犹言'健儿'。"契丹人用此词形容军中壮士或走卒,辽军以"拽剌"为番号的有"拽剌军""旗鼓拽剌军""千拽剌军"等,是从诸宫帐、部族中挑选壮士组成军队,主要在边境巡警、侦察以及传递军令,其中猛拽剌军活动于辽宋边境。

由此可知,尽管辽国抽调大量人力物力抗击金军,但没有放松对南边国境的管控,仍屯集精兵良将,监视宋朝。辽国在和女真人作战时败讯频传,宋朝统治者以为有机可乘,能插手燕云事宜。此时,一位名叫马植的人起了推动的作用。

马植出身燕京汉人大族,祖辈出仕者不少,本人也官居光禄卿,有机会接近天祚帝,对辽国军政内情有一定的了解,但他不忘故国,酝酿叛辽归宋。宋政和元年(1111)年初,宋朝例行公事派遣使者前往辽国贺新春,出任副使的检校太尉童贯下榻于城外卢沟桥一带的驿馆,夜间意外与摸黑而来的不速之客相见。这位不速之客,就是马植,他先在驿馆接触童贯的侍从,自诩有"灭燕之策",得以顺利拜谒童贯。两人会晤时,马植摆出弃暗投明的样子,充分利用自己口才好并擅长文辞的优点,透露了关于辽国的边防事务,献上"取燕之策"。童贯奉密旨侦探辽国虚实,竟然有此意外收获,可说正中下怀,可谁也不敢贸然从辽国带人南返,童贯让马植继续潜伏,约定日期再归宋。

转眼到了宋政和五年(1115)三月上旬,宋朝边防重镇雄州知州和诜突然收到一颗神秘的蜡丸,内藏一封长信,托人寄信的自称"辽国光禄卿李良嗣",收信人是时任陕西、河东、河北宣抚使童贯。李良嗣自称汉人,居住于"燕京霍阴",世代仕辽,却未尝忘记华夷之别,埋怨自从"国君(天祚帝)嗣位以来",倒行逆施,"排斥忠良,引用群小",遭受"女真侵凌",军队惨败。再加上"盗贼蜂起，攻陷州县"，导致内外交困，"民罹涂炭，宗社倾危"，国家灭亡"指日可待"。又批评天祚帝下诏亲征女真的鲁莽行为，而辽国军民"闻之无不惶骇"，皆揣测军情，"无有斗志"。他本人对局势进行评估，得出"辽国必亡"的结论，因而"日夜筹思"，为求生路，如今欲举家南归宋朝，完成穿"汉家衣裳"的夙愿，希望童贯"代奏朝廷，速俾向化"。

这个化名"李良嗣"的人，其实就是五年前在卢沟桥与童贯会晤的马植。雄州知州和诜得信，不敢怠慢，当即上报。宋朝君臣商议时，童贯和掌握大权的太师蔡京均建议皇帝尽快接纳李良嗣，就算"招降纳叛"的行为违反宋、辽之间的和议也在所不惜。

这时宋神宗已亡，其第六子宋哲宗继位后英年早逝，第十一子宋徽宗登基。徽宗在任之初心存励精图治之志，尝试重振国威，以恢复旧疆，遂果断拍板，坚决接纳李良嗣。

边臣和诜刻不容缓地执行朝廷之令，秘密派人协助李良嗣携带家属，于四月一日从雄州辖区的白沟界冒险越境，归顺宋朝。接着，李良嗣进京赴阙，于同月中旬步入皇宫延庆殿觐见皇帝，在上奏时又一次痛心疾首，细数辽天祚帝"耽酒嗜音，禽色俱荒；斥逐忠良，任用群小；远近生灵，悉被苛政"，还不忘提到女真阿骨打伐辽，由于连年用兵，许多州县失守，溃卒四处作乱，"万民罹苦"，认为内忧外患的"辽国必亡"。因而，他郑重建议宋徽宗"念旧民遭涂炭之苦，复中国往昔之疆"，彻底收复燕云失地。他乐观地认为宋朝一旦"代天谴责，以顺伐逆"，重新进行北伐，"王师一出"，燕云百姓必定"壶浆来迎"。他最后提醒宋徽宗应该迅速行动，假若迁延时日，会被女真抢占先机。不能先发制人，就会受制于人。

这是首次有人在宋徽宗面前提到阿骨打的大名。李良嗣把这位金国领袖视为宋徽宗的最大竞争对手，特别强调要先下手为强。

此时此刻，宋朝君臣不一定了解关外宁江州、出河店、达鲁古城等一系列战事的详情，也未听说过"女真满万不可敌"这一谚语，但早已知道辽国出了乱子，部分地区处于失控状况，因为就在这一年年初，罗选、侯益二人

宋徽宗坐像 | 宋 | 佚名 | 台北故宫博物院藏

依照惯例出任生辰正旦使前往辽国祝贺时，途中为贼所阻，在中京滞留了两个月，始终见不到天祚帝，怏怏而回。如今，宋徽宗听李良嗣的慷慨陈词，觉得有理，当即予以嘉奖，先授朝请大夫秘阁待诏之职，其后又迁龙图阁，提点万寿观，加右文殿撰修，以示器重。更有甚者，李良嗣还受赐"国姓赵氏"，从此更名赵良嗣。

毫无疑问，赵良嗣是揭开宋辽战争序幕的重要人物，但宋辽战争的爆发还需要一个酝酿过程。之后，亲自东征的辽天祚帝在护步达冈惨败，境内又连接发生了耶律章奴、高永昌之叛，国势每况愈下。

本来辽国的内乱仅限中京、东京一带，到了 1117 年（宋政和七年，辽天庆七年，金天辅元年），宋朝收到探报，燕山山脉以南霸州、易州等处有变。

霸州位于宋辽交界之外，而霸州西北的易州本来属于宋朝，但在宋辽缔结"澶渊之盟"的十七年前，已被辽军攻陷。假如这些地方真的陷于动乱，就很可能意味着战火已从关外的辽河以东，一直蔓延到了长城以南的宋辽边境，由此不难得出辽国岌岌可危的结论。

宋朝主政者认为这是收复失地的机会。据《三朝北盟会编》收录的《使北录》记载，童贯就在这一年倡议北伐，计划大规模出动禁旅，同时告诫河北诸帅做好备战工作。二月中旬，前军已发。童贯计划于三月上旬选择良辰吉日督部上路。宋徽宗比较谨慎，欲等待前往辽国祝贺正旦的使者回来，再决定下一步行动。

当时出使的陶悦于二月二十五日回国，次日被童贯召至府中议事。童贯耐心发问：辽国境内果真"有寇"？陶悦回复：闻所未闻。接着详细解释道：出使时"日行一程"，既未逗留，又没有改路，故此可以做出判断。他还以财物贿赂当地人，探听其国中之事宜，只知道辽军与女真打仗，"别无他寇"。所经之路"皆有居人，田皆耕垦"，所过之处满是围观者，没有发现因战乱而流亡的难民。童贯又问是否有人占据易州。陶悦认为这是假消息，因为他在路上采访了不少当地人，他们从来没听说过。童贯声色俱厉地质问：霸州被围，朝廷已发兵，你为何不说真话？陶悦老老实实回答：自雄、莫二州前往霸州甚近，没听说霸州被围。他只承认听过一位名叫谭襄的叛民，欲拥立另一名绰号为"九大王"的人。谭襄已被"即时捕获",而"九大王"逃入深山躲藏,可见这是一次小骚乱,由此可知辽国人心未散。他特别强调宋朝边军的探报有时"乖缪",未可轻信。童贯大怒,质问陶悦是否得到辽人厚待,所以刻意为对方隐瞒。陶悦镇定自若,辩解道:我辈乃知书达理的士人,岂能以对方接待的"礼数稍厚""遂隐虏情"?

童贯对这番谈话很不满意,但也不能不上奏。宋徽宗获悉,认为打仗的时机不成熟,果断下诏调回已出动的禁军,中止北伐。

宋徽宗有意赶在金军占领燕云之前收复失地,但悍然撕毁宋辽盟约的后果难以预料,万一北伐受挫,又该如何善后?宋朝尚未做好充分准备,难怪主政者犹豫不决。事有凑巧,当时辽国蓟州汉人高药师、曹孝才、僧郎荣等率家属二百人乘船欲往高丽避乱,遭遇飓风,于同年七月初漂流至宋境,遂向宋人提供确切的情报,声言女真人屡战屡胜,已一路杀到辽河之西,占领了海岸以北的大片土地,从苏、复至兴(位于今辽宁省沈阳市与铁岭市之间)、沈(今辽宁省沈阳市)、同、咸诸州,如今已全部属于女真。登州知州王师中得此消息,赶紧上奏朝廷。宋徽宗如获至宝,立即令童贯、蔡京两位股肱之臣研究最新局势。童、蔡两人揣摩上意,及时献上奇策,指出:开国之初,女真常奉贡,而太宗皇帝亦屡次向女真购买马匹,只不过后来断绝了联系。现在可以参照旧例,派人以买马的名义前往女真地盘,"访其事体虚实如何",待探个究竟再做定夺。

一些女真人在百年前时常从辽东半岛的苏州乘船经海路进入宋境,至登州(今山东省蓬莱市)贩卖马匹,后来,女真人不再跨海而来,但宋人始终没有忘记旧事。如今,童贯、蔡京暗示可以派人走海路与女真重新取得联系,宋徽宗经过深思熟虑,认为此策可行,便命令登州守臣王师中募人和误入宋境的高药师等一起,携带朝廷颁下的"市马诏",乘船泛海至辽东,执行结交女真的特殊任务。此举标志着宋朝开始筹划"通好女真",意图促成"夹攻灭辽",如能顺利实行,辽国势必陷入两线作战的困境,并在战略上处于腹背受敌状态,金辽战争的局势由此将发生巨大变化。

登州守臣王师中奉命选择七名将吏,会同高药师等人乘坐兵船于八月

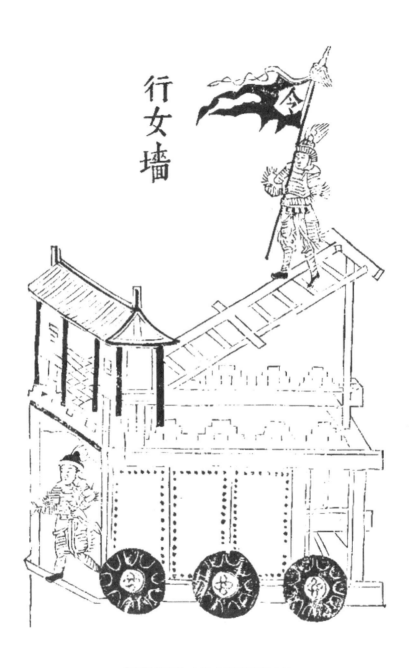

《武经总要》中的攻城武器行女墙

二十二日出海。谁知这些人到达金军控制的区域后，遥遥望见女真士卒在海岸一带巡逻，不敢前行靠近，竟然打了退堂鼓，在沿海一带徘徊了一段时间，于宋政和八年（1118）正月初三返回青州（今山东省青州市）。宋徽宗收到青州安抚使崔直躬的调查报告，极为恼怒，惩罚了受差遣的将校，再敦促王师中遴选得力人士，带领高药师泛舟过海，务必与女真人取得联系。

王师中这次挑选了一位名叫马政的武官出行，以懂些女真语的平海军卒长呼延庆为其副手，率领将校、士卒等八十余人，仍由高药师带路，于八月四日乘船从登州起航。

宋朝想方设法要与金国取得联系，但金人全然不知，在此前后，辽、金双方的使者从辽天庆八年（1118）年初开始，往来不断。

阿骨打希望和辽国偃武休兵，有意促成和议。《三朝北盟会编》记载，金国谋臣杨朴献策，"自古英雄开国，或受禅，或求大国封册"，应该如法炮制，以获得名正言顺的政治地位。阿骨打被说服了，依照传统的繁文缛节行事，正式向辽国提出封册。不过，他附加多项要求，乞请对方给加封"大圣大明"的徽号以及承认"大金"国，并索取玉辂、衮冕、玉刻印御前之宝等君主御用物品，同时，还要求与天祚帝用"弟兄"的名分互通音信，每逢"生辰（君主生日）、正旦（春节）"等喜庆日子，须派遣使者道贺。值得注意的是女真提出的和平先决条件——辽国每年交出"二十五万两银、二十五万匹绢"。阿骨打知道宋朝每年要向辽国输送大量银、绢，要分一杯羹。此外，辽国还要割让辽东、长春等处。至于阿骨打念念不忘的叛人阿疏，也要对方送还。

《辽史》的记载有所不同，辽使奴哥于辽天庆八年（1118）二月返国，带回阿骨打复信，当中提出一系列要求，要与天祚帝以"兄弟"相称，要对方"岁贡方物"，这实际把天祚帝当成了附庸。阿骨打还提出了一系列苛刻的议和条件，他不满足于仅仅控制东京道，还要辽国割让上京、中京与兴中府三路州县，企图兵不血刃地吞并更多土地。更加霸道的是，他还要天祚帝交出亲王、公主、驸马、大臣子孙为质，方可议和。这简直把辽国视为战败国。

天祚帝当然不肯接受过分的要求，但在屡战屡败的情况下又不想继续打下去，只得暂且放下架子，准备和对手继续商议，以便寻找一个双方都能接

辽代壁画中的贵妇人

受的和平方案。就这样，辽使奴哥从三月起多次出使金国，加紧沟通。辽国执政者有鉴于在战场上受挫的事实，愿意做出适当让步，故此，辽使奴哥在五月中旬前往金国时，表态"要以酌中（折中）之议"，暗示可以接受对方的部分要求。在同一个月，金国任命胡突衮为新的使者，携带书信前往辽国，阿骨打在信中声明，如果和议不成，辽方将胡突衮送至边界，并开玩笑说辽方也可以杀掉胡突衮，正如过去处死金使赛剌一样。这实际是对辽国的严词警告，显示阿骨打已经知道赛剌的死讯，但他暂时不想追究此事，因为和议要紧。

两国使者往来，经过两个月反复磋商，金方终于做出让步，不再要求天祚帝交出亲王、公主、驸马、大臣子孙为人质，也无意索取"上京、兴中府所属州郡"，同时"裁减岁币之数"。阿骨打认为如果天祚帝能把自己当作兄长看待，那么可以采取汉人礼仪进行册封，正式签订和约。

双方的分歧越来越少了。胡突衮在八月间回国，辽使奴哥等奉命前往金国"议册礼"。此后的日子里，两国继续商谈和议细节，和平似乎快要来临。

在这个关键时刻，奉宋朝之命从登州出发的马政、呼延庆与高药师等人，为了执行"联金灭辽"的任务，经过一个多月航行，于九月底到达渤海海岸，在二十九日登陆。

他们的行程不太顺利，刚一上岸就被巡逻的女真士卒捉住，财物被掠夺，还差点被杀。高药师再三辩白，坚称有要事启告女真领袖，侥幸保命。女真人用绳子绑着他们，向北走了半个多月，来到了目的地来流河一带。

宋人终于如愿以偿地见到了阿骨打及其部将粘罕、阿忽、兀室，解释不请自来的原因。《三朝北盟会编》记载，马政企图拉近彼此关系，一开口就说，早在"大宋太祖皇帝建隆二年（961）时"，我国曾接待过"贵朝"（金朝）的使者，进行过买卖马匹的交易。他当面吹捧金朝建立超过百年，显然是牵强附会，事实上，那时与宋朝进行贸易的并非金国使者，而是女真部落人士。但马政知道金国统治者对恭维之言不会深究，便继续说下去，直接点明来意：如今"主上"（宋徽宗）得知"贵朝攻陷契丹五十余城"，欲与贵朝恢复以前的友好关系，对付辽国。接着批评契丹统治者倒行逆施，以致"天怒人怨"，

"本朝（宋朝）欲行吊伐，以救生灵涂炭之苦"，表示愿意与金国"共伐大辽"。最后，马政承认这一次出使未携带符合外交惯例的国书，假若对方同意与宋朝友好往来，宋朝必定正式派遣国使前来共商大计。《金史·太祖本纪》的叙述有所不同，误载马政到访时间为宋政和七年（1117）十二月，并认为马政带来了国书，具体内容是："日出之分，实生圣人（阿骨打）。窃闻征辽，屡破劲敌。"值得注意的是，国书中还有如此言论，假若金国"克辽之后，五代时陷入契丹汉地（燕云诸州），愿界下邑（宋朝）"，显示宋朝君臣对收复燕云失地的迫切之情。其实，马政没有携带什么国书，只是传口信，修史者误把口信当成了国书。

阿骨打早已有意联络宋朝，谋臣杨朴也建议"南连大宋，西通西夏，北安远国之民"，为金国建立"万世之镃基"。故此，宋朝主动遣人泛海而来，被认为符合女真的利益，但金国君臣对马政的相关言论持保留态度，经过商议，决定进一步与宋朝沟通，遂于同年年底派渤海人李善庆及女真人小散多、渤达等，携带国书和北珠、生金、貂革、人参、松子等特产陪同马政、呼延庆乘船渡海，向登州方向而去，最终目的地是宋朝京城。与此同时，跟随马政赴金的小校王美、刘亮等人继续滞留遥远的来流河流域，成为人质。

十二月初，马政、呼延庆与李善庆等回到登州，于次年正月上旬抵达东京。

蔡京、童贯、邓文诰奉宋徽宗之命前来接见，笼统地提到"夹攻辽人"及"取燕地"之意，但双方暂时没有为此签订协议。

不少朝臣反对宋廷的"联金攻辽"之策。太宰郑居中在宋政和八年（1118）四月和蔡京发生争论，认为蔡京作为国家"元老"却不遵守宋、辽两国盟约，"辄造事端"，并不妥当。他侃侃而谈，内容大致如下："章圣皇帝"（宋真宗）与辽国订约至今，已近二百年，国内和平，"兵不识刃，农不加役"，形势很好，就算汉唐的和戎之策也有所不及。假若蔡京引导"主上（宋徽宗）弃约"而使用武力"复燕"，恐怕天怨人怒，况且"用兵之道，胜负不常"，即使打了胜仗，也会带来"府库乏于犒赏，编户困于供役"等不良后果，万一打了败仗，更有不测之祸。蔡京透露宋徽宗不想每年再给岁币于辽，有毁约之意。郑居中则认为本朝岁币不多，不算失策。两人话不投机，不欢而散。

金明池竞舟图（局部） ｜ 元 ｜ 佚名 ｜ 台北故宫博物院藏

另外，知枢密院事邓洵武亦曾上奏晓以利害，并以史为鉴，回顾了宋太宗在位时北伐受挫的事实，发出一连串疑问：陛下（宋徽宗）审视今日谋议之臣，能与开国谋臣赵普相比吗？而今日将帅，能与开国大将曹彬、潘美相比吗？今日的军队，能与国初劲旅相比吗？过去，"太宗之神武，赵普之谋略，彬、美之为将"，皆人中翘楚，战争"百战百胜，征伐四克"，唯独收复燕云受挫，如今岂可轻率再与辽国打仗。何况"百年盟誓一朝弃之"，又如何能理直气壮昭告天下？恐怕"兵革一动，中国昆虫草木皆不得而休息矣"。

类似谏言还有，无奈难以令宋徽宗、蔡京、童贯等人回心转意。随着金使到来，宋朝推行的"联金灭辽"之策眼看成为事实。然而，宋徽宗对金国的实力不是很了解，似乎把对方视为处于夷蛮之地的蕞尔小邦，竟然宣布封授金使李善庆为职位较低的"修武郎、散都从义郎、勃达秉义郎"，享受"全俸"待遇。这相当于将金国当作附庸国。李善庆表示接受，装出平庸无能的样子。

宋朝准备再次派遣使者赴金，朝议大夫直秘阁赵有开将要出任正使，自负地认为"女真之酋"（阿骨打）虽然"世受契丹封爵"，不过"节度使"而已，且"常慕中朝，恨不得臣属"，所以不必过于尊崇，携带诏书出使即可。赵良嗣有不同意见，主张朝廷使者应该持国书出访，将金国当作平等的国家进行交往。相反，所谓"诏书"，是天朝对附庸国下达的命令，而金国尚未正式臣服宋朝，不宜使用。

两种意见相持不下，宋廷征求李善庆的意见。李善庆含含糊糊地回答："二者皆可用，惟朝廷择之。"这样一来，他更加被赵有开看不起，最终宋廷采纳了赵有开的意见。

赵有开赍着诏书、礼物，会同马政、忠翊郎王瓌（王师中之子）等离京出发，金使李善庆在东京仅仅逗留了十多天，也随之一起返国。

一行人正欲从登州下海，赵有开突然染疾而逝。巧合的是，河北守臣向朝廷上奏，言之凿凿，称获得谍报，"契丹已割辽东地，封女真为'东怀王'"，称窃取了女真向辽国请求册封的表章，据此判断"女真常祈契丹修好"。宋徽宗鉴于形势突变，紧急中止"联金灭辽"的计划，传令马政等人停止出使行动，仅差遣呼延庆携带登州地方官府的牒文，送李善庆回国了事。

女真统治者在与宋朝交涉期间，确实继续与辽国议和，并且不断取得进展，眼看就要化干戈为玉帛。就在上一年年底，辽国正式"议定册礼"，遣使通知金国。这一年正月，金遣乌林答赞谟持书来迎册礼。三月初一，天祚帝再遣知右夷离毕事（辽官名，掌刑狱）萧习泥烈等出使，计划册封阿骨打为"东怀国皇帝"。所以，宋朝获得的情报比较准确，不过，假若据此认定辽与金从此重归于好则为时尚早，因为金国尚未正式接受辽国册封。

金国君臣似乎对和议成功持乐观态度，阿骨打于五月间诏令咸州路都统司，声称在金辽战争爆发之前，生活于曷苏馆、回怕里与这些地方的"系辽籍、不系辽籍"女真户民，有的因犯法畏罪"流窜边境"，逃入辽国境内，如今和议即将达成，辽国应送回这些逃人。故此，诸路千户、谋克应调查逃人情况，将"官称、名氏、地里"等资料整理好，送上朝廷。

辽金和议就快成功之际，呼延庆等人陪同金使于六月初三来到金军大本营所在地，受到阿骨打、粘罕等人的责难。金国君臣对宋朝单方面中止谈判感到不满，阿骨打还当面批评呼延庆不应用登州牒文作为外交行文，登州乃宋朝州一级地方官府，没资格和金国进行平等的外交往来。

呼延庆随机应变，言本朝已知贵朝和契丹通好，暗示宋朝中止和金朝谈判事出有因。接着，他对使用登州牒文进行解释，归咎出任正使的赵有开在途中意外病死，重返朝廷换文会耽误时间，所以临时决定改用登州牒文，以便早日到达金国。呼延庆特别强调，本朝在改用牒文前征求过金使李善庆等人的意见，没有被拒绝。呼延庆反过来建议金国不要和契丹"通好"，如果做到这一点，宋朝必定重新遣使前来共议大计。阿骨打一时语塞，得知自己派出的使者擅自接受宋朝官职，不禁怒气填胸。阿骨打严惩李善庆，同时下令拘留呼延庆。

经此波折，宋金的外交联系就此中断。

同月十六日，辽使萧习泥烈等到达金国，奉上"封金主为东怀国皇帝"册文。天祚帝在文中自诩"九州四海，属在统临"，把阿骨打视为出自"肃慎之区"，继承"扶余之俗"的化外夷蛮，"语涉轻侮"。熟知礼仪的金国谋臣杨朴觉得册文言辞不妥，如实禀告阿骨打，勃然大怒的阿骨打拒绝接受"东怀国至圣至明皇帝"的封号,辽金和议遭受重大挫折。

不过,辽国只要放弃妄自尊大的立场,和议似乎仍有一线希望。金国派遣乌林答赞谟于七月间使辽,表达了对辽国册文的不满,指出文中"无'兄事'之语",又"不言'大金'而云'东怀'",这明显是把金国当作"小邦"看待,此外还存在一些缺乏"善意"以及"殊乖体式"的言辞,需要重新更改。

这时,辽使萧习泥烈已回国,而根据和议双方的约定,他必须在七月中旬携带修改过的册文赴金,进一步讨论。

遗憾的是,阿骨打一直等到九月,仍不见辽使踪影。阿骨打极不耐烦,诏令"诸路军过江屯驻"。《金史·银术可传》记载,其间辽国派出"拽剌、麻答十三人,兵士八人",活动在浑河一带。"麻答"或许是某一辽将的私名,其部队便约定俗成称为"麻答军",按照《辽史·兵卫志》的记录,"麻答"与"拽剌"一样,属于部队番号。辽边吏萧乙薛指使辽兵在浑河一带纵火焚烧牧地,防止金兵在河岸放养牲畜,但被银术可捕获。阿骨打经过衡量,又一次做出让步,下令释放俘虏。

两军既然爆发了冲突,就意味着和议可能破裂。辽国统治者无意再战,在九月间委派习泥烈、杨立忠携带改好的册文赴金,征求意见。习泥烈等人磨磨蹭蹭,十一月才风尘仆仆地赶到,与金方就册封细节问题反复商酌,仍未取得统一意见。

时间拖得越久,和议的变数就越大。到了十二月二十五日,金国突然决定释放呼延庆,有意恢复和宋朝的联系。呼延庆在被拘留的半年里,与阿骨打多次会面,彼此交换看法,增进了解。阿骨打让呼延庆回国时转告宋徽宗,"若果欲结好,共灭辽,请早示国书"。

呼延庆及随从一路颠簸,冒着严寒回国,有的随从遭受"裂肤坠指"之苦,几经周折,才于宋宣和二年(1120)二月二十六日回到京师,并立即上奏,向皇帝转交金人的书信。书信中写道,"契丹讲好不成,请(宋朝)复别遣人通好",同时透露了一个惊人的消息,金军"已起兵攻(辽国)上京"。当时金国还没有正式出兵伐辽,但所有迹象都显示阿骨打准备大打出手,变化的形势促使宋朝做出反应。宋徽宗于三月六日令时任中奉大夫、右文殿修撰赵良嗣为正使，忠翊郎王瓌为副使，由登州出海，以买马的名义赴金，欲与女真商议夹攻辽国。宋徽宗御笔指示赵良嗣，"燕京并所管州城，原是汉地"，若金国"许复旧地"，可将岁赐契丹的银、绢转交金人。赴金宋使将按上述原则进行谈判，以完成收复失地的夙愿。

赵良嗣被宋朝委以重任的前两日，阿骨打为重新开战而动员，对群臣说道：屡经失败的辽国遣使求和，施展"缓师之计"，缺乏诚意，只是"惟饰虚辞"。故此，现在的任务是商量"进讨"辽国，阿骨打传令咸州路统军司"治军派、修器械，具数以闻"，为大战做准备。

此前，金国即使与辽国和议，也时刻保持警惕。金天辅二年（1118）三月，大将娄室上奏称黄龙府"地僻且远，宜重戍守"，阿骨打同意增兵，任命娄室为万户镇守。更重要的是，金国始终没有停止招降辽人。同年六月，辽国"通（今吉林省四平市）、祺（今辽宁省康平县一带）、双、辽（今辽宁省新民市东北）等州八百余户来归"，阿骨打下令选择"膏腴之地"安置。七月，"辽户二百来归"，安置泰州。同时，金将阿里骨、李家奴、特里底奉诏"招谕未降者"。阿骨打传令达鲁古部勃堇辞列，"凡降附新民"，要妥善"存抚"，让他们"从便安居"，而且"给以官粮"救济，"毋辄动扰"。十月，龙化州（今内蒙古自治区开鲁县西南）降人张应古、刘仲良被任命为千户。汉人李孝功、渤海二哥率众投降，亦被授予千户之职，隶属咸州都统司。十二月，辽懿州节度使刘宏带领三千户来降，并捉拿辽斥候以示诚意，同样被任命为千户。川州地区有二万人"已降复叛"，被金将纥古烈照里镇压。金天辅三年（1119）七月，"辽人杨询卿、罗子韦各率众来降"，均被收编为谋克。

辽国君臣麻痹大意，一厢情愿要促成和议。1120年（宋宣和二年，辽天庆十年，金天辅四年）二月，金使乌林答赞谟来到辽国，继续讨论册文问题。天祚帝认为阿骨打坚持在封号中加上"大圣"二字不妥，因为"与先世称号同"，难以接受，为此又令萧习泥烈于三月二十日使金，进行解释。但这一切都是徒劳。阿骨打于二十一日正式下达作战命令，督促咸州路都统司，定于"四月二十五日进师"。至此，持续两年多的辽金和议破裂。

辽国自战争爆发以来，内政一直混乱不堪，由于屡战屡败，朝野内外皆归咎北枢密使萧奉先，天祚帝罢免了萧奉先，以耶律大悲奴取而代之，又任命萧查剌为同知枢密院使。同时，天祚帝倚重南面宰相吴庸、马人望、柴谊等，经常与他们商量军国大事，无奈这些人都上了年纪，庸碌无为，遇事常不能裁决。当时辽国流行一首歌谣，生动地讽刺道："五箇翁翁四百岁，南面北面顿瞌睡。自己精神管不得，有甚心情杀女直。"一时之间，远近传为笑谈。好事者上报天祚帝，天祚帝亦笑。后来，耶律大悲奴、吴庸、马人望、柴谊相继被免职，萧查剌另授西京留守事。朝中缺乏人才，萧奉先重新出任枢密使。

辽金和议的这段时间里，辽国并不太平。辽天庆八年（1118）五月，安生儿、张高儿聚众二十万人起事，遭到耶律马哥等将镇压。安生儿在龙化州被杀，张高儿逃入懿州，与另一名义军头目霍六哥会合，继续抗争。之后，霍六哥攻陷海北州（今辽宁省义县南），再杀向义州（今辽宁省义县），但被辽军帅萧干（又称回离保）击败。辽人纷纷投降金国。年底，《辽史》记载"山前诸路大饥"，"乾、显、宜、锦、兴中等路"斗粟价值数缣（一种纺织物，可作实物货品），饥肠辘辘的百姓割削榆树皮而食，甚至发生人相食的惨剧。辽天庆九年（1119）二月，张撒八欲诱中京射粮军造反，为南面军帅余睹所擒。五月，阻卜人补疏只等叛变，杀辽招讨使耶律斡离朵、都监萧斜里。十月，耶律陈图奴等二十余人谋反，伏诛。

辽天庆十年（1120）三月，由于辽金和议不太顺利，辽国君臣开始备战，天祚帝下令"民有群马者，十取其一"，以补充东路军。

四月到来，战争终于爆发了。阿骨打冒着溽热，在夏季亲自率军伐辽，按计划与咸州路主将阁母在浑河会合，只留下斜葛带着一千名士兵镇守大营。辽国使者萧习泥烈是来就册文问题与阿骨打进行新一轮讨论的，一来到金国便失去了人身自由，被迫随军观战。宋使赵良嗣也于四月十四日抵达苏州关下，得知女真已兵分三路奔向上京，连忙转道咸州，终于在上京城外的青牛山与阿骨打会面，也有机会观看金军攻城的过程。

上京过去受过耶律章奴叛军的骚扰，如今又即将面临金军的猛烈攻击，危在旦夕。正在胡土白山狩猎的天祚帝知道金军重整旗鼓杀将过来，立即让耶律白斯不等人选三千名精兵前往救援。

激烈的攻防战于五月初五打响。金军大部队驻营浑河以西,谋良虎奉命为先锋,扑向上京,遭到五千名辽军拦阻。谋良虎得到后继部队配合,赢得初战。之后,谋良虎派遣一位名叫马乙的辽国叛人携带金国诏书入城劝降,守军迟迟没有回应。

五月十三日,阿骨打亲自前来招降,在公开颁布的诏书中指责"辽主失道,上下同怨",自称起兵以来,所过城邑,凡是守军"负固不服",立即攻拔,投降则加以"抚恤",这些事实众所周知,如今"尔国"(辽国)在议和时反复无常,蒙骗欺诈,为了不让"天下生灵久罹涂炭",遂决策讨伐。谋良虎等人已相继招谕,可你们仍不听从,假若现在进攻,必定破城而入。一再重申"吊伐之义",是不想残害百姓,故公开昭示,"晓以祸福",希望你们审时度势,做出抉择。

辽上京守军自恃已有准备,储存物资可以应急,打算继续固守。

金军劝降不成,于五月十五日展开进攻。辽使萧习泥烈和宋使赵良嗣皆在阵前观战,阿骨打有意显示实力,亲自督促将士"鼓噪而进",从早上一直打到中午,犹未罢手。代替斡鲁古指挥咸州路兵马的阇母,率部先登,拿下上京外城,迫使辽留守挞不野投降。

辽使萧习泥烈五味杂陈。相反,宋使赵良嗣得意忘形。他跟随阿骨打由西偏门入城,游览五銮宣政等殿,在延和楼宴饮,当场赋诗《上京诗》助兴:"建国旧碑朝日暗,兴王故地野风乾。回头笑谓王公子,骑马随京上五銮。"当时,"五銮"与"开皇""安德"并列城中三大殿,里面供奉着辽景宗及宣献皇后之像,如今成为女真人的庆功场所。

攻克城池这一天,阿骨打摆出宽宏大量的姿态,宣布赦免上京官民,以收拢人心,又招谕驻兵附近的辽将耶律余睹:汝(耶律余睹)屯军东路,前前后后打的仗不止一次,"未尝不败",竟然企图继续抵抗,我军已于"今月十五日克上京",即将"往取辽主",汝若率兵前来一决胜负,可以指定时间、地点,再通知我军。汝假若自知打不过我军,应"率众来降",以免后悔。耶律余睹于1118年(宋政和八年,辽天庆八年,金天辅二年)进军龙化州,攻击过投降金国的张应古等人,得到阿骨打的关注。

金代骑兵浮雕

五月二十三日，金军挺进至沃黑河，宗斡率群臣劝谏道，暑天远征，兵马疲乏，若深入敌境，"粮馈乏绝，恐有后艰"。阿骨打觉得众意难违，传令班师，但同时分遣部分将士攻打防备疏松的庆州等处。

阇母督部撤到辽河，在渡河时遭到耶律余睹所部袭击，完颜特虎战死。负责断后的完颜背答、乌塔等人与追兵厮杀，经过激烈搏斗才打退了辽军，缴获战马五百匹。随着金军主力的撤退，杀声连连的沙场终于平静下来。

这次战事波及上京路许多州城，散于附近的契丹皇室祖宗与亲属的冢茔受到严重破坏。其中，祖州（今内蒙古自治区赤峰市巴林左旗林东镇西南）境内祭奠辽太祖耶律阿保机的天膳堂，怀州（今内蒙古自治区赤峰市巴林右旗一带）境内祭奠辽太宗耶律德光的崇元殿，庆州境内祭奠辽圣宗耶律隆绪、辽兴宗耶律宗真、辽道宗耶律洪基的望圣、仙神、坤仪三殿，乾州境内祭奠辽景宗耶律贤的凝神殿及宜福殿，显州境内祭奠辽世宗耶律阮的安元殿及安圣殿，永州境内木叶山的辽世祖殿及诸陵，以及皇妃、子弟影堂（奉祀遗像之处），皆被"焚烧略尽"。史载，女真将士乘机"发掘陵寝，取其金银、珠玉"。三年之前，金军攻克辽先帝诸陵所在地乾州时，还受到统帅斡鲁古的约束而不敢肆意妄行，如今时过境迁，女真人不打算和辽国谈下去，因而无所顾忌，为所欲为。

上京路遭受如此摧残，天祚帝似乎不太了解。因为按照辽国惯例，军政大事皆先上报北枢密院，然后由北院官员择要奏报辽帝。把持朝政的北枢密使萧奉先知道天祚帝讨厌听到金军进犯之事，没有及时奏报上京失守的消息。时任广陵军节度使的左企弓自作主张，越级上报，被天祚帝视为越权，他分辩道，国家形势如此危急，岂可因循旧例？萧奉先刻意封锁消息，还诡言欺君。天祚帝担忧祖先陵寝受到战火波及，萧奉先谎称金军只在进犯上京之初"侵犯元宫，劫掠诸物"，但"尚惧列圣威灵，不敢毁坏灵柩"，声称已指挥地方官员在金军撤退后"修葺巡护"，就此蒙骗过关。

金军已停止进攻，天祚帝于六月任命北府宰相萧乙薛为上京留守，收拾残局。

第九章

海上盟约

辽、金和议彻底失败，宋、金和议却进行得如火如荼。阿骨打攻破上京，在辽、宋两国使者之前耀武扬威，之后专门在龙冈接见宋使赵良嗣，开始商谈结盟。

赵良嗣后来在《燕云奉使录》中回忆了谈判过程。他坦言宋朝欲与金国联合作战，"相约夹攻契丹"，具体办法是分进合击，"女真取中京，本朝取燕京一带"。宋军为何要攻打燕京？宋徽宗早用御笔将理由写得很清楚，"燕京一带本是旧汉地"。阿骨打回复，契丹无道，已被打败，契丹辖下的"州城""全我家田地"，为了感谢"南朝（宋朝）皇帝"的好意，又顾及"燕京本是汉地"的事实，同意交还燕地。赵良嗣完全认可"契丹无道"的结论，并指出其"运尽数穷"，一旦遭到宋、金"南北夹攻""不亡何待"。又认为金国可以经略辽西京，但不忘提醒对方"约议既定"，不能再与契丹议和。阿骨打表示认同，言就算契丹再来"乞和"，也必须执行宋金之约，把燕京交还宋朝才议和。

双方还讨论了"岁赐"问题。赵良嗣称宋朝每年会给金国三十万两银及三十万匹绢。阿骨打反对道：契丹占有燕京，还从南朝取得五十万，如今我方承诺交还燕京，为何岁赐的数目只有三十万？经过一番辩论，赵良嗣同意事成之后把交给契丹的岁赐旧额全部转送金国。两国在夹攻辽朝及岁赐等问题上取得一致意见。金国亦同意把燕京交还宋朝。金、宋的主政者对未来皆持乐观态度，似乎辽国灭亡已成定局。

除了燕京，赵良嗣还要求取回辽国西京（今山西省大同市）。阿骨打爽快地说，将来擒了"阿适"（天祚帝的小字），可以交还西京。

但是，在燕京管辖范围这个至关重要的问题上，双方发生了极为严重的分歧。赵良嗣认为河北的平、营等州亦属燕京辖区，宋朝全部取回上述失地才意味着光复燕云诸州的宏伟事业大功告成。这个一厢情愿的设想现在难以落实，因为参与谈判的宋人对辽国相关辖区的地理变更情况不太清楚。

当年，辽太祖耶律阿保机控制平（今河北省卢龙县）、营（今河北省昌黎县）、滦（今河北省滦州市）诸州之时，早已设立平州路，到辽太宗耶律德光主政时才增设燕京路，此路仅管辖檀、顺诸郡，平、营、滦三州均不在管辖范围之内。由此可知，宋朝不收回平、营、滦诸州，即使恢复燕京，掌握紫金关、居庸关、古北口、松亭关等要点，也难以确保关内河北等处安全。平州以东的榆关（今山海关），历来是关外通往中原的枢纽。策划谈判的宋朝君臣要么粗心大意，要么不明地理，犯下大错。一年前金使李善庆至宋东京时，先后与之会谈的蔡京、童贯、邓文诰皆含糊其词地要求取回燕地，宋徽宗御笔指示谈判也是希望收回"燕京并所管州城"，并未详细提及具体地理范围，掉以轻心，贻祸将来。

赵良嗣以收复燕京的名义顺势将西京与平、营诸州收入囊中，当即遭到对方回绝。金国翻译高庆裔（渤海人）认定现在讨论的仅仅是"燕地"，平、滦诸州属于另外一路，与燕京路无关。阿骨打斩钉截铁地指出"书约已定，更不可改"。至此，赵良嗣再也难以据理力争。

接着，阿骨打扬言本国兵马预计在八月九日打到辽朝西京，目的是提醒赵良嗣，宋朝应该及时起兵响应。他将军事计划罗列于纸上，交付赵良嗣携带返国，约定"女真兵自平州松林（今内蒙古自治区赤峰市克什克腾旗附近）趋古北口，南朝兵（指宋军）自雄州趋白沟"，共同夹攻辽国，"不可违约"，否则"难依已许之约"。

女真领袖下令以两百名骑兵护送赵良嗣东归。赵良嗣等人刚过了铁州（今辽宁省盖州市东北），阿骨打又派人骑快马赶上，寄言另有要事商量，请宋使返回相见。赵良嗣只得掉头回到阿木火金军大营。阿骨打声称计划有变，本来约好要打西京，与宋军互相策应，谁知国内发生了牛疫，唯有等候来年再约定日期，共同举兵。阿骨打的重要谋臣杨朴也在场，强调说，"郎君们"的意思是不肯将平州划入燕京管辖范围，又一次明确表示欲控制平州的意图。赵良嗣见对方态度强硬，没有再争论。

赵良嗣稍后与金国权贵粘罕见面，提出了几点要求：一、将来两国共同伐辽时，金兵不得越过松亭关、古北口、榆关之南，以免两军将士相见，产生"不测纷争"；二、暂且以古北口、松亭关以及平州以东的榆关为界；三、两国结盟，皆不可与契丹讲和；四、西京辖下的蔚、应、朔三州，可由宋军攻取，其余西京、归化、奉圣等州，可由金军攻取，待捉到天祚帝，再交还宋朝；五、将来宋朝取燕京，金国不应再索取额外财物；六、事成之后，宋、金两国应当在榆关以东设置榷场，以方便贸易。粘罕基本同意，同时认为天祚帝可能逃往蔚、应诸州，待金军赶到，再商量未迟。至于金人索取财物的问题，则表示应慎重行事。粘罕以及参与会见的兀术等人坚称"不与契丹讲和"，先前攻打上京时已把契丹墓坟、宫室庙像一齐烧了，如今契丹人还有什么面目来讲和，希望宋朝君臣不要像以前一样中止与金国的外交往来。

金国君臣认为宋朝具备一定军事实力，能够对辽国造成威胁，有利用价值。粘罕在言谈间还说出了这么一句话，听说数年之前，宋朝曾派兵到宋辽边境活动，毫不讳言地表明金国早知辽宋关系并不和谐。他甚至言之凿凿，讲出了宋军统帅童贯之名。

童贯是宋徽宗最为倚重的统帅。那时大多数人根本想不到，童贯后来会声名狼藉，他在《水浒传》这部家喻户晓的古典小说里成了十恶不赦的奸臣。其实，童贯最初在政坛崛起时，也曾建功立业。他本为宦官，由于善于揣摩上意，获得皇帝青睐，出仕供奉官时又结交了能人蔡京，在官场上如鱼得水。蔡京在 1102 年（宋崇宁元年，辽乾统二年）为相，认为童贯多次出使陕右，熟知西北鄜延（治所在延州，今陕西省延安市）、环庆（治所在庆州，今甘肃省庆阳市）、泾原（治所在渭州，今甘肃省平凉市）、秦凤、熙河等五路情况，力荐其为监军，与大将王厚一起策划攻取青唐（鄯州，今青海省西宁市一带）。军事行动从宋崇宁二年（1103）六月开始，童贯协助王厚指挥数万大军从熙州出发，断断续续打了将近一年的仗，击败了河湟地区的吐蕃部落，前后作战六次，斩获万人，占据了湟州、鄯州、廓州（今青海省尖扎县北）等处，开拓疆土三千余里，招降诸部首领二千七百余人，户口七十余万，赢得了辉煌的胜利。自此，童贯更受重用，出任熙河兰湟、秦凤路经略安抚制置使，累迁武康军节度使。后再获佳绩，于 1108 年（宋大观二年，辽乾统八年）出师讨豁哥城（今青海省贵德县西）王子臧征，收复积石军（治豁哥城）、洮州，因功加检校司空，一路青云直上，负责经略西夏。

宋徽宗书赐童贯《千字文》（局部）

西夏是党项人建立的国家,以西北夏州(今陕西省靖边县)等处为根据地,毗邻辽、宋,长期与宋朝交恶,处于时和时战的状态。宋徽宗在位期间,彼此关系再度紧张,冲突不断。西夏交结辽国为外援,天祚帝于辽乾统五年(1105)四月派萧良出使宋朝进行游说,请求宋朝不要"出兵侵夏国",并"还所侵之地"。宋朝礼尚往来,于五月间派林摅访辽,在天祚帝面前斥责西夏的罪行,劝辽国不要袒护西夏。天祚帝充耳不闻,又于辽乾统六年(1106)派人赴宋为西夏说项。宋徽宗暂且让步,承诺愿意交回崇宁年间占领的西夏土地。然而,宋、夏两国在宋政和四年(1114)春季又发生了新的矛盾。西夏统治者在叛宋将领李讹哆的唆使下,突然出兵袭扰宋定边(今甘肃省张家川回族自治县)、观化堡(今陕西省吴起县一带),然后撤走。宋朝当即展开大规模报复,童贯亲自挂帅,于次年二月总领永兴(今陕西省西安市)、鄜延、环庆、泾原、秦凤、熙河等六路边事,掌握西北军政大权,并在此前后调集二十万人以上军队,分别从湟州、会州出发讨伐,先后战于古骨龙城(今青海省西宁市一带)、臧底河城、仁多泉城等处,各有胜负。当时,宋军执行"出寨进筑"、步步为营的策略,在边境修筑许多城寨与西夏对峙。西夏缺乏充足的人力物力打旷日持久的消耗战,不得不央求辽国出面请和,表示愿意纳款谢罪。宋朝在宋宣和元年(1119)下令全线停战,战后论功行赏,童贯升为太傅,封泾国公,权倾天下。

正史记载,早在政和年间,童贯已名震四方,曾以检校太尉的身份出使辽国,宋徽宗知道"契丹闻贯(童贯)破羌,故欲见之",所以令其访辽,满足一下对方的好奇心。同时,顺便让童贯观察一下邻国情况,有利于将来制定边疆政策。也是在这一次出访中,童贯秘密会见叛辽的马植(赵良嗣),开始酝酿"取燕之策",为"联金灭辽"打下了基础。

转眼过了八年。现在赵良嗣以宋使的身份在金国积极落实"联金灭辽"之策,当他从粘罕的口中听到"童贯"之名,恐怕不会觉得诧异,这个显赫的威名既然传到了契丹人那里,如今被女真人知晓也属正常。

粘罕显然对宋军统帅的活动很感兴趣,询问童贯既然曾领兵到宋辽边境,为何"恁空回"。赵良嗣不想过多谈论宋军动向,简单答道,此乃"探报传言之误"。粘罕难辨虚实。

　　毫无疑问，宋朝是大国，宋军亦具有一定的实力。此时此刻，金国君臣对"联宋灭辽"之策确实有信心，因而热情招待宋使。双方在宴饮时，女真人必召契丹吴王妃跳舞献酒。此王妃本来已配吴王，但被天祚帝看中，不但"私纳之"，还以违法的名义将她"幽囚于上京"。金军攻克上京后，王妃便成为俘虏。阿骨打在命令吴王妃劝酒时，明确告诉赵良嗣"此是契丹男妇媳"，可作为"两国欢好"的见证，觥筹交错之间，又奉承宋徽宗"有道有德"，一再保证要把燕京交还宋朝。他特别指示要把攻破上京时所俘的辽盐铁使苏寿吉献给宋朝，理由是既然要将燕京交还，也要将苏寿吉这个燕人交给赵良嗣处置。值得一提的是，跟随马政访金而被扣为人质的登州小校刘亮等六人，经过两年多等待，终于获释，因遭遇大风而漂流至辽东的二十名宋军水师将士也将与赵良嗣一起返国。

　　七月十八日，赵良嗣一行终于回到宋朝，同行的还有金国正使辞列、副使曷鲁等。金使向宋帝奉上国书，承认宋徽宗御笔所说"燕京并所管州城，原是汉地"，同意交还"燕地并所管汉民"，也愿意接受宋朝转交原先岁赐契丹的银、绢，并承诺不与契丹讲和。不过，国书中特别强调"若是将来举军，贵朝不为夹攻，不能依得已许"，宋朝如果违约导致女真人孤军作战，金国不再承认燕地属于宋朝。

　　值得注意的是，国书中对平、营、滦诸州以及西京等地归属避而不谈。宋朝君臣没有立即提出异议。宋徽宗只在九月八日传谕金使辞列："今来所约，惟是贵国兵马早到西京，最为大事。"宋徽宗认为金军挺进西京才是最重要的事。辞列依照外交惯例回答："如一切约定，本国兵马必不失信。"女真使者在谈判中维护了本国利益，任务完成后正式告辞，于同月二十日离开宋朝首都东京返国。

　　宋朝君臣派遣文州团练使、武显大夫马政携带"国书"及"事目"伴随金使回去，准备和金国重新讨论有争议的领土。双方你来我往，互不让步。

　　宋朝企图亡羊补牢。国书内容经过左仆射王黼等人审议，明明白白指出，"所有五代以后所陷幽、蓟等州、旧汉地及汉民"与居庸关、古北口、松亭关、榆关"已议收复"，彼此的兵马皆"不得侵越过关，外据诸邑"，毫不掩饰要收复所有燕云失地的意图。在解释国书的"事目"里更是详细阐述，所谓"五代以后所陷幽、蓟等州"，是指"蓟、涿、易、檀、顺、营、平诸州"以及"山后"的"云（西京）、寰、应、朔、妫、儒、新（奉圣州）、武（归化）"，声明宋朝要收回上述失地，才能把"旧日所与契丹"的"五十万银、绢之数"转交金国。同时提到夹攻辽国的战略计划，认为金国兵马进军西京，宋军便从燕京、应州、朔州前往助战。国书不忘提到宋国将派遣太傅、知枢密院事童贯出征，"领兵相应"。童贯威名已传到金国，若能正式挂帅，对于粘罕等女真将领而言，肯定是一个好消息。不过，宋朝预先声明，假若金国兵马没有到达西京，即是失约，就不能依照议定的条约行事。

　　就这样，宋使多次千里迢迢地从海路赴金，宋、金之间的谈判被称为"海上之盟"。双方在达成协议之前，势必经历新的唇枪舌剑。

第十章

经略中京

女真人攻克上京，战争处于暂停状态。随着辽金和议的中断，宋金谈判成了影响历史走向的重要事件，而宋军能否参战，取决于双方能否达成协议。

宋、金两国使者不辞劳苦，轮流跨海互访。宋宣和二年（1120）年底，宋朝派遣使者跟随金使返国，经过一番跋涉，于十一月二十九日抵达来流河流域，在金国地盘上展开了新一轮谈判。马政首先出示"国书"及"事目"，提醒阿骨打不要忘记数月之前的口头承诺，因为这位女真领袖当时对赵良嗣说"我本不要西京"，等待将来"拿了阿适"，就把这个地方还给宋朝。现在，宋人把这些话写在"事目"中，作为领土谈判的依据。但口头承诺是靠不住的，阿骨打否认向赵良嗣讲过这番话，不认可"所许西京之语"，声称"平、滦、营三州不系燕京所管"。双方谈判陷入僵局。

又过了一个月，双方仍未能达成共识。金国君臣亦议论纷纷，意见不一。有人反对向宋朝让步，理由如下：一、"南朝无兵戎之备"，只想以银、绢赎回失地，不要相信宋朝会认真执行"夹攻辽国"之策；二、辽国强大，与控制燕地及汉人有关，一旦把这些地方割还宋朝，实力就会被削弱，要退守紫金关、居庸关、古北口、松亭关以北，失去地利就会受制于南方，贻害将来；三、倘若大金国能灭契丹，尽有其地，宋朝岂敢不奉送币帛？大金国欲向南开拓疆土，对方又有何力抗拒？如今又何必跨海讲好，等到大金国平定契丹，占据燕地，与宋为邻，再兵临其境，开疆扩土，有何不可？

粘罕与众不同，态度谨慎地分析道，"南朝四面被边"，其军队若无实力，岂能建立强大的国家？事实正是如此，宋朝自立国以来，东征西讨，分别与周围的辽、西夏、河湟地区的吐蕃部落以及南方的交趾都打过仗。粘罕认为不可草率从事，应谋求良策，先把宋使留下来从长计议。

阿骨打听了各方意见，没有匆忙做出决定，他借着率众"出荒漠打围猎"的机会，指定要马扩随行，以便对宋人有更多的了解。

马扩是宋使马政之子，现任承节郎、京西北路武学教谕，来到金国参与两国谈判。金国君臣给他留下了深刻的印象，他后来将这一段难忘的经历写入《茆斋自叙》中。最先试探马扩的是粘罕。某一天，两人并辔而行，粘罕命令陪同的翻译人员询问道：听说宋朝人"止会文章，不会武艺"，到底是否属实？马扩解释说：宋朝乃大国，文武官员常分两阶，有的武官兼顾文墨，有的文官精通军务，不可一概而论。其实，马扩属于武官，他在1118年（宋政和八年，辽天庆八年，金天辅二年）的武举殿试中成绩优异，获得"上舍出身"的高级身份，是文武双全的人物。粘罕想知道马扩的骑射水平，遂将所佩之弓递过来，麻烦马扩"走马开弓"，以便看看"南人射弓手段"。《三朝北盟会编》记载，女真骑兵所用的弓，其斗力"不过七斗"（一说不过五斗），不算强劲。那么，参加过武举的马扩能否拉开呢？宋代武举考试的科目中也有"马射"。宋治平元年（1064）八月枢密院规定，武举考试者能在"马射"科目中拉开"八斗力"之弓，有资格评为"优等"，而拉开"七斗力之弓"有可能评为"末等"。由此判断，在武举考试中取得优异成绩的马扩应该能拉开女真人的弓。

天气晴朗，日悬于空，可时值寒冬，积雪不消。马扩一边策马踏雪而行，一边挽弓，摆出射击的姿势，轻轻松松地通过了这一特别的考试。粘罕见其身手娴熟，不禁愕然。为此，阿骨打于当晚专门召问马扩：听说宋使"会开弓"，明天跟随我去射猎，如何？马扩谦虚地回答：射猎并非武举所长，容许我试射一次，或有所得。次日早上，新的考试开始了，阿骨打亲自来到现场，坐在雪地上铺设的虎皮里，下令将一弓一矢授予马扩，并指着远处一堆积雪，示意作为箭靶。这同样难不倒马扩，因为武举考试本来就有骑马射"箭垛"（固定目标）的项目。只见他从容弯弓，射中了目标。阿骨打笑着表扬射得好，又好奇地问：宋朝会射箭者都能打得这样准吗？马扩巧妙回答了这个问题，先谦称在拉开大弓箭时觉得自己"软弱不堪"，接着详细介绍大宋境内真正善射之人，例如在东京，擅长此道者可入选"诸班直"，成为皇帝宿卫或仪仗，或加入正规军"禁军"，英雄不愁无用武之地，连驻扎边境的弓箭手、保甲等地方武装都有不少"武艺精壮之人"，他自认不能与这些高手相比。

马扩出于外交需要，言辞难免夸张。老于世故的阿骨打当然不会尽信，他沉思良久，突然翻身上马，同时让身边的随从授予马扩一把弓、一支射生箭，

麻背弓　　白桦弓　　木撲頭箭　　鉄骨麗錐箭　　點銅箭

《武经总要》中的弓和箭

并与马扩约定：途中发现野兽，立即射击。也就是说，这一次要射击的不再是固定目标，而是活动目标，难度比较高。

马扩跟随阿骨打上路。一行人向前搜索了二里多路，冷不防，路旁有一只受惊的黄獐跃起，阿骨打马上传话："诸将未许射，令南使先射。"马扩不敢怠慢，跃马追逐，一箭射中猎物。阿骨打及其部属见状，皆喝起彩来。

马扩这次表现非凡，事前可能经过精心准备。因为当时宋朝有"较射"这项外交礼仪，例如《东京梦华录》记载辽使在每年正月初访宋贺岁时，通常会去京城南御苑与宋人进行射弓比赛，获胜者将得到赏赐。而马政这次访金，有意让精于骑射的马扩随行，或许是为"较射"做准备。不过，这次"较射"是非正式的，直到五年之后，宋使许亢中访金时，两国才正式确定"较射"礼仪。

当天晚上，粘罕来到马扩住处，转述了阿骨打的话，说他这一箭"射得煞好"，打死了猎物，让人心情愉快。次日，返回使馆时，金臣大迪乌与马扩的父亲马政相谈甚欢，气氛融洽。又过了一日，阿骨打派遣亲信携带貂裘、锦袍、犀带等七件宝贵衣物前来使馆，赏赐在打猎时表现出色的马扩。粘罕的父亲撒改相公也听说了这件事，评论说，南使射中猎物，名声远播，可以为他取一个显赫的称号，今后就叫"也力麻立"（善射之人）。

金国君臣对打猎有浓厚的兴趣，阿骨打想让马扩见识一下女真人的武艺，又一次带着这位年轻人行动。长长的狩猎队伍择日离开来流河营地，马不停蹄地行了五百余里。马扩在途中留心观察，发现所过之处皆地形平坦，四处遍布草木，人烟稀少，每隔三五里就会碰上一两处聚居点，每处不过三五十家。自咸州至混同江以北的土地，不种谷麦，只种稗子，这种耐寒的农作物可在来年春季收割，以作粮食。部队宿营期间煮饭充饥，阿骨打召集辖下诸酋长坐于炕上一起用餐。他们面前摆放着矮台子或木盘，每人分一份稗子饭，用"匕"（类似匙）进食，佐以荠韭、野蒜、长瓜等盐渍的咸菜，另外还用木制的碟子装着猪、羊、鸡、鹿、兔、狼、獐、麂、狐狸、牛、驴、犬、马、鹅、雁、鱼、鸭、虾蟆等肉。烹饪方法多种多样，或烤或煮，有的东西可以直接生食，并以芥、蒜汁调味。参与宴会者各自取出佩刀，割切食物。吃饱之后，大家意犹未尽，互相传递杯子，喝的都是冷酒。金国所谓"御宴"，如此简单。

马扩跟随队伍而行，从嫔州、辰州进至东京以北地区，极少吃到麦面，也没有宰杀羊之类的饲养牲口。日复一日，从早到晚，用来果腹的食物以捕获的飞禽走兽为主。

正式的狩猎通常在早晨开始，由阿骨打亲自指挥，他先让人在积雪上面铺垫虎皮，背风而坐，面前点燃堆放的草木取暖，便发号施令。女真诸酋长各自取出所佩的一支箭，向外投掷，然后按照每支箭坠落的远近位置划分各支部队的屯聚地点，为下一步的狩猎做准备。所有参与者均需要统一行动，他们骑着马循序渐进，排成一行向前行，每位骑手之间相距五至七步，长长的队伍连接不断，首尾相望，竟达一二十里，阿骨打来到后队一二里处竖起旗帜，进行指挥，这样的行动叫作"放围"。到了正式狩猎的时候，阿骨打以旗帜为号，引导分为两翼的骑兵队伍向前冲，接着包抄，逐渐形成一个包围圈。这个包围圈的前端留着一个缺口，以便让更多野兽自投罗网，假如野兽从外面闯入包围圈之内，则必须由带队的酋长先射，其他人不可轻举妄动。不过，困于包围圈中的野兽若由内向外突围，参与狩猎的任何人皆有权射箭阻拦。

女真队伍保持着包围圈的形状，徐徐而进，一直走了三四十里，抵达可以宿营的地方，包围圈的两翼便逐渐靠拢，使圈内的野兽成为瓮中之鳖，捕杀即刻展开。四面八方的女真人同时向中心攻击，整个包围圈也不断缩小，由最初的一匝变成二三十匝，在如此密集的攻击之下，圈内的野兽逃脱不了被一网打尽的命运。女真人把这样的围猎称为"打围"。

行动结束之后，众人聚餐。阿骨打坐在虎皮上品尝烧烤的猎物，有时又把兽肉切块生吃，饮一两杯酒。酒足饭饱，大家便四散休息。其间，阿骨打说过一句话：我国中最快乐的事，无过于"打围"。马扩牢牢地记住了，并认为女真部队"行军布阵，大概出此"。事实正是这样，反辽战争的第一仗宁江州之役中，女真人就使用过这种打法。而在达鲁古城、护步达冈等处的生死较量时，类似的打法一再克敌制胜。如今，久经沙场的金军在行军布阵方面更加得心应手。阿骨打有意借狩猎之机在马扩面前展示实力，或许是想让对方相信自己的部属有能力打胜仗，这支训练有素的队伍将来若能与宋军夹攻辽国，必定有所表现。

当时女真人的文化水平不高，国中无人把"打围"的详细过程记录下来，幸而当时在场的马扩过目不忘，将之写入了自己的著作里，才得以传之后世，让后人有机会从全新的角度了解女真军队的真实一面。

顺便提一下，金国直到建国之初仍没有女真文字，正如《大金国志》所载，那时的女真与契丹"语言不通"，在尚未创制文字的情况下，国内凡是涉及"赋敛科发"等公务，皆"刻箭为号"，遇到需要紧急筹办的事情，则"三刻之"，以示刻不容缓。女真伐辽期间，前线诸将要上报情况时，先口授给记忆力强的耨盌温敦思宗，再由思宗用俗语上奏给阿骨打。每当阿骨打下达诏令时，也当面向思宗讲清楚，然后通过思宗传达给诸将。至于官府的档案文件以及外交文书，可由少数通晓契丹字或汉字的女真人撰写。随着各类政务不断增加，创制女真文字已是大势所趋，阿骨打命令完颜希尹办理。希尹乃"依仿汉字楷字，因契丹字制度，合本国语，制女真字"，直至金天辅三年（1119）八月才正式颁布，史称"女真大字"。但"女真大字"需要一个完善的过程，十余年之后又另外颁行一种"女真小字"，大字和小字并行不悖。由此可知，要想更详细了解金初历史，不能仅靠稀少的女真文献资料，还须参考相关汉籍。

金军的狩猎既毕，参加者都返回了驻地。阿骨打对宋使有了更多的了解，特别指示"诸郎君家各具酒肴，请南使赴饮"。过了十余日，到了新一年的元旦，金国开始组织人员撰写国书，表明与宋朝结盟的意图不变。次日晚，金臣大迪乌奉令"具车仗"，以隆重的仪式将宋使接来阿骨打的家中参加宴饮。宋使住宿的使馆距离阿骨打的住所约五里，很快到达。只见阿骨打与大夫人并坐于炕上的两张交椅里，显得雍容华贵。阿骨打的二夫人也露面了，她挽起衣襟，亲自端出食物接待来宾，又奉上"名马、弓矢、剑槊"等礼品，说道："臣下有邪诏奸佞不忠不孝者，愿皇帝（指宋帝）代上天以此剑、此弓诛杀之。"二夫人跪在地上向阿骨打与大夫人献"寿杯"，阿骨打回赐了一杯酒。宋使也向阿骨打及其夫人献"寿杯"，阿骨打礼尚往来，亲手递过两杯酒赏赐宋使，还即兴讲了一番话，大意是我家自祖上相传，只有这样的简朴风俗，"只得这个屋子，冬暖夏凉，更不别修宫殿劳费百姓也"，故请"南使勿笑"。

《女真进士题名碑》中的女真文字

阿骨打崇尚俭朴的生活。

以前，金国君臣接待宋使赵良嗣的时候，时常召来在上京被俘的契丹吴王妃跳舞助兴。如今也有类似的节目，同样在上京被俘的辽国宫廷乐工被带了过来，排列于屋外奏曲、献酒。宋使注意到阿骨打的左右亲信酒后失态，随意玩狎乐工以寻开心，但阿骨打习以为常。

宴会结束时，阿骨打督促马政前往粘罕家，加紧商量两国结盟之事。经过斟酌，国书终于修成了，这样写道：宋朝要想取回"燕京并所管州城"，必须拿出实际行动，且明明白白地提醒宋朝若不夹攻辽国，金国的相关承诺就难以兑现。至于宋朝欲求的西京，金国建议宋朝君臣"就便计度收取"，宋朝可以自行派兵夺取西京。末尾还小心翼翼地加了一句话，如果宋朝对这样的答复不满意，希望告知，至于具体的出兵日期，则在深思熟虑后再决定。

金国暗示在燕京所管州城以及西京归属问题上可以通融，条件是宋军必须在夹攻辽国的战争中有所表现。金国君臣的态度开始软化，这是马扩等人努力争取的结果。

金国以曷鲁为正使、大迪乌为副，携带国书，于宋宣和三年（1121）正月陪随马政等人返回宋境，力求早日落实结盟之事。不料金使一直不返回，几个月得不到确切的音信，金国君臣唯有耐心等待。

在这段时间里，辽国又发生了一系列内乱，前线将领耶律余睹被卷入政治旋涡。耶律余睹是宗室子弟，因功累迁至金吾卫大将军，为东路都统。他在辽天庆七年（1117）曾参与反攻浑河的行动，之后又攻打降金的龙化州人张应古以及镇压以张撒八为首的中京射粮军之叛。而在辽天庆十年（1120）五月的上京之战中，他乘金军撤退之机进行追击，在辽河河畔打死金将完颜特虎，是一位具有丰富作战经验的将军。

金军结束在上京一带的军事行动后，一直到年底都没再发动新的攻势，主要忙于维持内部稳定。辽国仍旧在前线屯驻部队，以防患于未然。这段时间，东南路怨军将领董小丑讨伐平利州反辽武装时逗留不进，被朝廷诛杀。由此激起兵变，两营怨军士卒在本部队长罗青汉、董仲孙等人的带领下，掉转矛头围攻锦州，时间长达月余。耶律余睹又一次临危受命，率援兵赶至，欲与锦州守军里应外合，一举解围。怨军在强大的压力之下发生内讧，郭药师杀死罗青汉等数人，接受了朝廷的招安。

到底该如何处置怨军？耶律余睹与同僚萧干发生了严重的分歧。耶律余睹认为怨军桀骜不驯，"前年两营叛，劫掠乾州，已从招安；今岁全军复叛，而攻锦州"，假若"我军不来"，城破之后"则数万居民被害"，他愤愤不平地指责道，"所谓怨军，未能报怨于金人，而屡怨叛于我家"，如今宜"乘其解甲"，派遣士兵将之"掩杀净尽"，"永绝后患"。萧干反对杀降，强辩道：怨军之中亦有忠义之士，只不过迫于形势成为叛乱者的"协从"，岂可不分青红皂白全部诛杀？二人看法不同，各自上奏，朝廷正值用人之际，最终支持了萧干的意见。萧干从怨军之中挑选两千人编为四营，以郭药师、张令徽、刘舜仁、甄五臣为将，其余六千人，悉送燕、云、平三路补充禁军，以分其势。

这件事说明，久经沙场的耶律余睹虽然在军中拥有一定的威望，但仍存在萧干这样的竞争对手，并未能乾纲独断。不久，他又牵涉嗣位之争，掀起了一场轩然大波。

金辽战争爆发以来，辽国天下郡县所失几乎过半，生灵涂炭，宗庙沦为丘墟，可天祚帝仍热衷于"四时游畋为乐"，挥霍无度，让朝野内外很多人大失所望。天祚帝越来越厌倦处理繁忙的公务，在这种情况下，立嗣势必提上议事日程。当时天祚帝有四子：长子赵王，母亲是赵昭容；次子晋王，母亲是文妃；而秦王、许王，皆元妃所生。其中，晋王之贤广为人知，乃众望所归。然而，秦王得到权臣萧奉先的鼎力支持，因为秦王的母亲元妃正是萧奉先的妹妹。萧奉先暗中策划拥立秦王。

文妃有姐妹三人，姐姐嫁给耶律挞葛里，妹妹嫁给耶律余睹。耶律余睹认为"文妃长子晋王素系人望，宜为储副（太子）"，成为萧奉先的政敌。为了及时处理军情，耶律余睹常以营地为家。一日，耶律挞葛里之妻前来拜访，与耶律余睹之妻在军中会面。萧奉先得知后，大做文章，指使人指控耶律余睹勾结耶律挞葛里与驸马萧昱，谋立晋王，事成之后，尊天祚帝为太上皇。天祚帝信以为真，诛杀耶律挞葛里之妻与驸马萧昱等涉事者，赐文妃死，唯独不忍加罪晋王。

凶讯传来，耶律余睹在军营中恐惧不已，他确实曾经和晋王、驸马等商议，欲与萧奉先争权，想不到萧奉先先下手为强，现在为了保命，他立即决定逃跑。仓促之间，耶律余睹来不及召集所有手下，只带了三千部族户、五千辆车以及数万头牲畜，叛逃金国。时值盛夏，途中为霖雨所阻，耶律余睹一时未能逃出辽境。

天祚帝派遣奚王府事萧遐买、北府宰相萧德恭、大常衮耶律谛里姑、归州观察使萧和尚奴、四军太师萧干率部急追。追兵来到闾山县，与耶律余睹的距离越来越近，诸将不愿再前进，认为"主上"（天祚帝）信任的萧奉先一向蔑视我辈，相反，耶律余睹不肯屈居奉先之下，乃"宗室豪俊"。如今若擒余睹，以后我辈的下场也会和余睹一样，不如网开一面，让余睹逃命。于是，众人皆掉转马头回去，以"追之不及"为借口欺骗朝廷。

这是继耶律章奴叛乱之后，辽国发生的又一次严重内讧，暴露出其内部矛盾益发严重。由于内外交困，人心不稳，权臣萧奉先只好接受耶律余睹成功出逃的事实，而不敢追究诸将纵敌的责任。他害怕诸将日后效仿耶律余睹，遂以加官晋爵笼络人心，任用萧遐买为奚王、萧德恭为中书门下平章事兼上京留守事、耶律谛里姑为龙虎卫上将军、萧和尚奴为金吾卫上将军、萧干为镇国大将军。

耶律余睹所部一路向东奔跑，在途中抛弃辎重，轻装而进，终于在同年五月顺利进入了金军的控制区域，向金咸州路都统司传递投降的意图，乞求对方派援兵到桑林渡接应。阿骨打接到都统司的报告，同意受降，命令前线将领把耶律余睹及其官属送到自己的驻地来，至于其他降众，可安置于适当地方。一个月后，耶律余睹以及亲近的韩福奴、阿八、谢老、太师奴、萧庆、丑和尚、高佛留、蒲答、谢家奴、五哥等辽国将吏，来到女真大本营觐见阿骨打。

阿骨打对耶律余睹采取抚慰的态度，并赐座，让他享受宰相待遇，又设宴进行了热情接待，仍让耶律余睹统率旧部，还鼓励说若能为国立功，则另有奖赏，更受重用。

尽管此前已有不少契丹人、渤海人及汉人归附女真，但辽室外戚来降还是第一次，这将使阿骨打如虎添翼。耶律余睹对辽国军政情况极为熟悉，投降后透露了不少内幕消息，批评"辽主（天祚帝）沉湎荒于游畋，不恤政事"，亲近佞人，滥用刑罚，又舍不得赏赐下属，由于"政烦赋重"，搞得民不聊生，特别提到辽枢密使萧得里底，指责其任人唯亲，让儿子磨哥在军中任职，并阻挠自己向天祚帝献策建言。应该说明的是，萧得里底与萧奉先均为辽枢密使，同样尸位素餐，在任时战乱波及诸路，各地"飞章告急络绎而至"，但会被枢密院截留，难以上达天听。耶律余睹鄙视萧得里底，认为他"本无材能"，只善于"阿谀取容"，两人长期不和，势不两立。同时，耶律余睹还将辽国的立嗣之争造成的矛盾和盘托出，言知辽国大势已去，早有异志，曾在去春与朝中重臣耶律慎思等人秘密商议，约定今夏投靠金国，不料朝中政敌先发制人，不得已仓促来降。

这样一来，金国统治者便对辽国内政的腐败情况有了更深入的了解，《金史》为此中肯地评论，自从耶律余睹投降后，金国"益知辽人之虚实"。金室产生灭辽的信心，是在耶律余睹降于金军之后，耶律余睹在未来战争中必定会成为金军伐辽的好向导。

形势的急剧变化促使阿骨打更加坚定了伐辽的决心。这时，金将斡鲁派遣胡剌古、乌春所部，于金天辅五年（1121）正月平定了烛隈水部实里古达的叛乱，在合挞剌山打死其首恶四人，维护了地方的统治秩序，出兵西进的时机日渐成熟。

不过，金使仍滞留宋朝，致使金宋联合伐辽的战略悬而未决。为此，有的金将越来越不耐烦，粘罕在四月初便提议单方面出兵伐辽，上奏道："辽主失德，中外离心"，我朝兴师至今，可谓"大业既定"，然而，不斩草除根，必有后患，故此应乘势袭取辽国，如今天时人事有利于我方，机不可失。阿骨打对此表示同意，即刻命令诸路部队加强戒备。五月上旬，金国诸臣举行宴会，阿骨打专门对粘罕说：你前前后后提出不少西征建议，"多合朕意"，而宗室之中虽然有人年纪比你大，但若挂帅，无人可以代替你。最后，他还叮嘱粘罕努力治军，等待出师日期。两人把酒言欢，谈到动情之处，阿骨打甚至脱下衣服欲披在粘罕身上，以示器重。群臣见状，纷纷劝止，理由是正值暑天，比较闷热。阿骨打醒悟过来，才没有硬让粘罕多穿一件衣服。

粘罕的父亲撒改在这一年的闰五月死亡，阿骨打痛失股肱，亲自前往吊唁。他骑乘白马，用刀劙额，任由鲜血淌于脸上，痛哭不已。六月，阿骨打调整人事，任命粘罕为移赉勃极烈，进一步重用。此外，还诏令谙班勃极烈吴乞买辅佐国政，以昊勃极烈斜也为忽鲁勃极烈，以蒲家奴为昊勃极烈。

耶律余睹投降，金国更加了解"辽人之虚实"。水到渠成，阿骨打决定动手了，七月，他正式诏令前线咸州都统司，言"已决议亲征"，敦促该司"治军以俟师期"。不料天公不作美，连连下雨，阿骨打只得暂且搁置亲征计划，命令昊勃极烈蒲家奴为都统，以移赉勃极烈粘罕为副，率先头部队西进，仍为大规模出征在做准备。

金军紧锣密鼓地准备伐辽，而宋朝出师配合遥遥无期。金国使者希望早日完成出访任务，但宋朝君臣拖延时间，两国联合伐辽的计划迟迟未能落实。金使自从金天辅五年（1121）正月陪同宋使马政等人渡海赴宋后，顺利于二月十七日抵达登州，却未能如愿前往宋朝京城。

宋朝联合女真之策一直都由童贯主持制定，赵良嗣访金与阿骨打达成初步协议后，宋朝就着手准备起兵伐辽，挑选了一批具有作战经验的西北宿将，同时诏令环庆、鄜延两路战斗力比较强的驻军开往河北与当地禁军换防。在这个关键时刻，南方发生了严重的内乱。

睦州青溪（今浙江省淳安县西北）人方腊，于宋宣和二年（1120）十月揭竿而起，短时间内聚众数万，连克青溪、睦州（今浙江省建德市一带）、寿昌（今浙江省建德市以南）、分水（今浙江省桐庐县西北）、桐庐、遂安（今浙江省淳安县一带）、休宁、歙州、绩溪、祁门、黟县、婺源、富阳等地，逼近杭州。吴中百姓不满官府横征暴敛，纷纷响应。童贯连忙改变计划，放弃河北换防的打算，转而率领西北军队赶往浙江镇压方腊。

熟悉宋金结盟之事的童贯离开了京城，登州守臣奉命将金使曷鲁等人强留在当地，两国的外交协商处于中止状态。曷鲁等得不耐烦，脾气变得暴躁，屡次闯出使馆，欲徒步前往京城。宋廷只好诏令马政、王瓌带金使入京。宋宣和三年（1121）五月十三日，曷鲁终于到达目的地，但浪费了几个月的时间。

金国国书对燕京所管州城以及西京等争议地方采取了通融的态度，但宋

《武经总要》中的宋军攻城器械填壕皮车

徽宗似乎不是很满意，因为对方没有明确承诺要交回所有存在争议的土地。这时，宋朝收到情报，怀疑宋、金两国的密切联系已被辽国侦知。宋徽宗顿时有点后悔，以此为借口，竟下达了毁约的诏令，"大辽已知金人海上往还"，故"难以复如前议"，忙不迭地要遣返曷鲁等人回国。负责接待金使的权邦彦等臣僚觉得并不妥当，连忙劝谏。宋徽宗传旨"候童贯回"，再做打算。就这样，曷鲁继续在京城滞留。

童贯出师之后，在两浙路频频奏捷，连破杭州、桐庐、睦州等处，到了宋宣和三年（1121）四月，擒方腊于青溪帮源洞（今浙江省淳安县西北），镇压了这次起义，并于七月返京献俘。一个月后，方腊被处死。

南方既已平定，宋朝君臣便有更多时间处理北方事宜，然而，在讨论涉及金国的外交时，童贯与太宰王黼的意见不一。宋徽宗想观察形势发展再做定夺，让人简单草拟了答复金国的国书，声称"所有汉地等事并如初议"，而金国"举军到西京"要有确切的日期，宋朝获得通知后，才能以此作为出师夹攻辽国的凭证。也就是说，虽然宋、金两国进行了多次交涉，取得了一些成果，但在平、营、滦三州以及西京的归属问题始终未能达成一致。

曷鲁等人在宋朝滞留了大半年，终于在八月二十日携带宋朝国书踏上归程。据《皇宋通鉴长编纪事本末》收录的《封氏编年》所载，他们经海路回国，于十一月二十日抵达金军大本营。

阿骨打获悉宋朝的答复，又知宋朝不再派使者前来商量，对联宋攻辽的计划没有期望过高，便与诸将讨论下一步。粘罕一再请求攻辽，上奏道，"诸军久驻，人思自奋，马亦壮健"，应该抓紧时机"进取中京"。这个建议遭到群臣反对，理由竟然是天气寒冷，不便出师。众所周知，生活在"白山黑水"地区的女真人，历来以耐寒著称，习惯选择秋、冬两季展开军事行动，想不到如今有这么多人怕冷，或许当时的关外地区正受到极端严寒天气的肆虐。不过，粘罕的意见获得了阿骨打的坚决支持，反对者噤若寒蝉。

十二月中旬，阿骨打正式任命忽鲁勃极烈完颜斜也为内外诸军都统，蒲家奴、粘罕、宗幹、斡离不、蒲鲁虎等为副，即将大举西进。

斡离不，是阿骨打的次子，世称"二太子"，《金史》称其"每从太祖征伐，常在左右"，如今出任副都统，正接受栽培，未来将更受重用。此外，阿骨打的第四个儿子兀术，也随军出征。这两人在多年以后爆发的宋金战争中都成为独当一面的统帅，扬名立万。

此外，参与此役的还有赛里、习室、阇母、挞懒、娄室、希尹、银术可、麻吉、活女、习古乃、蒲察、胡巴鲁、稍合、胡拾答别、欢都、王伯龙、高彪、温迪罕蒲里特等，可说是猛将如云。而归附不久的耶律余睹则担任向导。

必须提及的是，绳果率领"合扎猛安"，亦有份参战。所谓"合扎"，是亲军的意思，《金史·宗峻传》指出"合扎猛安"乃"太祖之猛安"，由此可见，阿骨打虽然没有亲自出马，但派出了亲军随征。

出发前夕，阿骨打下达诏令，称"辽政不纲，人神共弃"，如今朕"欲中外一统"，故命大军讨伐。出征诸将应该做到"慎重兵事，择用善谋，赏罚必行，粮饷必继"，不要骚扰降服之人，必须防止俘虏逃跑，见机而进，切勿拖延出兵时间。他还特别叮嘱诸将，遇事可以临机处置，无须一一请示。

值得注意的是，诏令中提到"中外一统"，就是要灭掉辽国并取而代之。这意味着最初反抗辽国统治者剥削压迫的女真人，现在已雄心勃勃，准备为改朝换代而战。

《建炎以来系年要录》称金军"悉其众"渡过辽河而向西。这一仗的主要攻击目标是中京，此地是辽国五京之一，统十州、九县，府治在大定，是辽圣宗于1007年（宋景德四年，契丹统和二十五年）所建。外城高丈余，幅员三十里，此外还有内城、宫掖、楼阁、府库、市肆、廊庑等建筑，契丹统治者迁来一些汉户在城中居住。考古学者在1959年、1960年对蒙古草原上的中京遗址进行发掘，证实其有外城、内城与皇城等三重城，城中有坊市、笔直的大道以及排水沟，存在布局对称、井然有序的特点，认为此城"是完全模仿北宋汴京开封城的制度"。

阿骨打对拿下中京充满了信心，在诏书中专门提及，若克中京，"所得礼乐仪仗图书文籍"，首先要从水路运回来备用。

当时守卫中京的辽军兵力有限，天祚帝似乎正调集重兵准备南下，对付宋朝。《北征纪实》记载，这一年年底，宋朝北部边境的守军探得情报，上奏"天祚以兵十万屯燕京（辽南京）"，以游猎为借口，直抵雄、霸两州边界。朝廷君臣为此颇为惊骇。事实上，早在五月间，宋朝在接待金使曷鲁时曾通知对方："大辽已知金人海上往还。"宋徽宗对宋、金谈判消息的泄露感到不安，害怕辽国报复。次年春，边臣再次获得谍报，认为天祚帝本来"欲大举讨女真"，但惧怕宋军袭其后，转而南下"耀武"。宋朝接二连三获得这类情报，《辽史》记载天祚帝确实在同年九月来到燕京并一直逗留。

也就是说，当金军准备攻打中京时，天祚帝还远在燕京。但前线辽军异常警觉，事先侦察得知金国即将发动进攻，开始焚烧中京大定府城内的粮食与喂养牲畜的饲料，疏散城内居民，做好了撤退的准备。负责防御的奚王萧遏买不想一味后退，打算采取灵活机动的打法，金军人少则迎战，金军确实人多势众就退保山西。

金帅斜也为了速战速决，干脆不携带辎重，督部轻装上阵，风驰电掣般向前扑去。金天辅六年（1122）正月，麻吉、稍合、胡拾答别诸将迫降楚里迪部，屯兵高州，又派兵支援蒙刮勃堇，连战皆捷，打败恩州守军数万人。至十四日已连克高、恩、回纥（其地不详，或许是恩州附近一个回鹘商人的聚居点）三城。到了十六日，抵达中京大定府。阇母带领手下自城西沿土河而进，察觉城中守军仅有三千人，遂以破竹之势迅速控制城池。

许多辽军士卒不战而退，抛弃大量辎重。金军掳获一千二百匹马、五百头牛、一百七十头骆驼、四万七千只羊以及三百五十辆车，接着，拿下泽州（今河北省平泉市西南），再分兵屯要害之处。

银术可、习古乃、蒲察、胡巴鲁率兵三千继续追击，在京西七十里处猛攻奚王萧遏买所部，打得萧遏买抛弃部属落荒而逃。希尹、迪古乃、娄室、耶律余睹带领部分金军，计划突袭从中京撤退的迪六、和尚、雅里斯等辽将，虽然扑了空，但乘势招抚了不少当地百姓。

金军夺取了中京大定府，附近许多地方仍有辽兵出没，所以金军忙于四处招降纳叛。渤海人高彪带领一个谋克跟从主将斡鲁转战于高、惠之境，破辽将合鲁燥及韩庆民所部，然后驻军武安。合鲁燥纠集"劲敌二万"卷土重来，协助斡鲁作战的高彪索性命令部属下马与辽军厮杀，挫败了辽军的反攻。其间，

辽中京遗址的大明塔

经 略 中 京

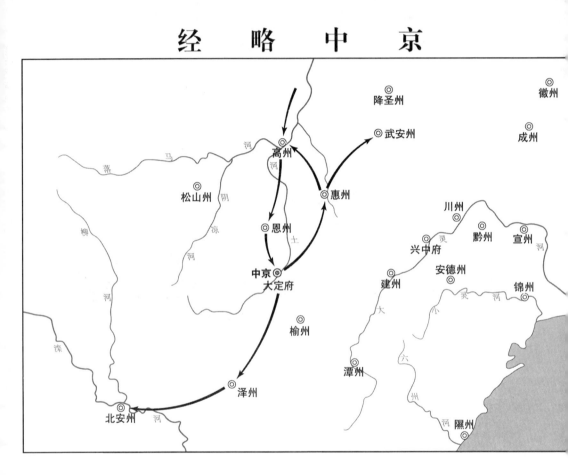

降圣州

徽州

武安州

成州

高州

松山州

惠州

川州

恩州

黔州 宣州

兴中府

中京
大定府

安德州

建州

锦州

榆州

潭州

泽州

隰州

北安州

权猛安温迪罕蒲里特领兵五千，也打败了"契丹贼万余"。

金军所向披靡，似乎大局已定。统帅斜也本来就信心十足，他早已判断辽军"无斗志"，果然，对手在战斗中"皆不战而溃"，这次战事即将顺利结束。

此时，完颜欢都奉命带领少数游骑在中京以南巡逻，突遇三十余名辽骑，对方似有归附之意。经过沟通，辽骑果然表示愿意投降，但为了安全起见，金军大队人马要依约在次日早晨前来此地接应。斜也接到报告，信以为真，命令温迪罕阿里出、纳合钝恩、蒲察婆罗偎、诸甲拔剔邻等人按时前往迎降，不料到达目的地后中了埋伏，被辽奚王萧遐买所部围困，只好抢占山坡，下马竭力抵抗，一时颇为狼狈。纳合钝恩诸将奋勇搏斗，击退围攻辽兵，杀至日暮时分撤还。

银术可的弟弟麻吉负责清除占领区的反抗力量，讨伐匿藏中京周围山谷中的辽人，招降三千余众，随后转战至高州境内，被辽伏兵用箭射中眼睛而死，成为在中京地区阵亡的唯一猛安。辽军灵活机动的游击战有时确实难以对付。

金军吸取经验教训，调集兵力进行反击，先由粘罕率偏师直捣中京西南的北安州（今河北省承德市以西），然后与娄室、徒单绰里所部会合，集中力量攻打奚王萧遐买。其中，娄室的儿子活女表现出色，以三百名士卒败辽军两千人，又一次创造了奇迹。战至二月十日，占领了北安州，大获全胜，基本肃清了中京及其周围地区的辽军。

附近部落纷纷接受招抚。奚人落虎归顺之后，又奉希尹之令游说其父讹里剌来降。讹里剌虽为辽西节度使，却懂得良禽择木而栖的道理，适时率领本部投诚。

长驱直入的金军由奚西过平地松林，驻于白水，别遣精骑五百人直抵燕山山脉的隘口松亭关，拦截从中京乘车西逃的辽国官、民。在此前后，温迪罕蒲里特所部出衮古里道，败辽兵八千余人，又至腊门华道设伏，败辽兵万人，距离燕山以南的居庸关、儒州等处越来越近。至此，中原门户洞开。

第十一章 穷追猛打

金天辅六年（1122）二月十三日，远在后方的阿骨打收到前线捷报和斜也派人献上的战利品，专门下诏表扬道，"汝等提兵于外"，能够完成任务，"攻下城邑，抚安人民"，值得嘉奖，至于"分遣将士招降山前（泛指太行山以东，军都山、燕山以南地区）诸部"，当全部抚定时，可遣使前来报告。又叮嘱"山后（泛指太行山北端以及军都山以北地区）若未可往"，暂且在部队驻地"营田牧马"，等待秋收，再图谋大举出击，并认为前线将帅应该对此仔细计议，加以落实。如果需要增兵，就上报具体数字，切不可恃"一战之胜"而懈怠轻忽，最后不忘提醒要善于抚存新附之人。

这封诏书实际为前线金军制定了新的战略，即暂且在山前地区行动，至于山后地区，待秋收之后再经略。

这个时候，天祚帝逃到了山后地区，苟延残喘。他此前滞留燕京，获悉前线败讯，知道一路过关斩将的金军逐渐迫近燕京，与宋人遥相呼应，即将对这个军事重镇形成夹攻之势，因而慌忙离京，于辽保大二年（1122）正月从居庸关北逃至鸳鸯泺（今河北省张北县安固里淖）。

鸳鸯泺是辽朝的春季"捺钵"地点之一，辽圣宗、辽道宗和天祚帝都到过这里。《读史方舆纪要》记载，此地"周八十里，其水停积不流"，虽然是描述清初的情况，但仍可作参考，湖泊周围的泥淖区能够成为辽国小朝廷的临时庇护所。

天祚帝仍旧不忘狩猎，由此诱发了一场宫廷政变。耶律撒八、习骑撒跋等臣僚对时政不满，秘密谋立晋王，不料事泄而成为阶下囚。为此，天祚帝赶紧召萧得里底商量，担心地说：反叛者必以拥立此儿为借口，"若不除去，何以获安"。看来，这个恋权的皇帝为了保住大位，有意除掉自己的儿子。萧得里底唯唯诺诺，没有据理力争。萧奉先则借题发挥，指出已收到耶律余睹即将引导金军杀到的消息，分析道：耶律余睹乃契丹宗室，岂欲亡辽？此来只不过为了拥立其外甥晋王，如今"若为社稷计"，不能爱惜儿子。他建议天祚帝杀死晋王，这样一来，耶律余睹就可不战而回。

天祚帝狠心下令缢杀晋王，并装模作样一连三日身穿素服以示哀。行刑之前，有人劝晋王逃跑。晋王回复"安忍为蕞尔之躯，而失臣子之大节"，竟从容就死。耶律撒八等人也伏诛。晋王在朝野内外有很高的声望，被处死的消息传出时，"从行百官，诸局承应人及军士"皆哭泣流涕，此后"人心解体"。

金军前锋抵达松亭关，控制这个位于燕山的关隘，随时可以南下中原，直接威胁燕京，但是宋朝与金国商议夹攻辽国时，曾达成以燕山古北口、松亭关、榆关这一线为界的协议，彼此的部队不可擅自逾越。故此，金军没有立即南下，暂且观望。

希尹在北安州附近捉获辽护卫耶律习泥烈，得知天祚帝行猎于鸳鸯泺，并杀其子晋王，导致内部人心涣散，此外，辽西北、西南两路"兵马皆羸弱"，不能担当重任，便将这些重要情报告知坐镇北安州的粘罕。《金史·宗翰传》记载，粘罕连忙使人上报统帅斜也，指出辽主逃往山西，"犹事畋猎，不恤危亡"，且杀掉儿子，致使"臣民失望"，建议斜也迅速制定"攻取之策"。他求战心切，对斜也说，若有异议，自己将率偏师单独行动。

斜也马上派人前来阻止，理由是阿骨打在二月的诏书中没有下达进军山后之令，不能随便远征山西，希望粘罕能"审详徐议"，三思而后行。粘罕回复说，虽然没有接到进军山西的诏令，但朝廷允许前线将帅"便宜从事"，如今"辽人可取，其势已见"，一旦错失机会，以后更难图谋，我已决定率偏师前进，但不知到底应该与主力在什么地方会合。

粘罕一意孤行，斜也很难袖手旁观，他听从宗幹的劝告，决定约粘罕到奚王岭举行军事会议，制订具体的行动计划。

粘罕从驻地前往奚王岭，准备顺便攻打辽军屯驻的古北口，便指派猛将婆卢火率两百名士兵发起进攻，另一将领浑黜带着两百人做后援。浑黜临战之前察觉辽军人多势众，请求增兵。粘罕一听，准备亲自出马，希尹、娄室二人毛遂自荐，声称驻守古北口的不过是"小寇"，出动千人应付即可，不必派遣过多部队。经过重新调整布置，金军发起进攻，冲锋在前的浑黜将古北口的辽军游兵驱逐入山谷里，但随即遭遇反扑，被辽万余步骑打得步步后退，最后死守关口，凭着地利周旋，所幸损失不大，仅付出死亡数人的轻微代价。希尹、娄室指挥援军及时赶到，扭转劣势，参战的拔离速、讹谋罕、胡实海等将"推锋奋击"，斩馘甚众，缴获了大批甲胄辎重。之后，希尹、裴满突捻二人再接再厉，败辽伏兵，又杀千余人，获马百匹，彻底控制了古北口。这是金军继夺取松亭关之后，在燕山山脉控制的第二个关隘。

南下中原之路已畅通无阻，但粘罕目前只想西进，他如期抵达奚王岭，与斜也会面。经过讨论，双方达成了共识，决定兵分两路挺进，斜也所部出青岭，粘罕所部出瓢岭，规定在羊城泺（今河北省沽源县北）会师。这个计划没有违反宋、金两国的协议，因为山西本来是金军经略的目标。

金军紧锣密鼓策划突袭鸳鸯泺时，天祚帝已有应变的打算，并在二月初五任命知北院大王事耶律马哥、汉人行宫都部署萧特末二人为都统，太和宫使耶律补得为副。其中，耶律马哥的履新意味着辽部族军将会执行护卫任务，因为北大王院统领着五院部的部族军。

实际上，除了五院部的部族军，南大王院统领的六院部部族军以及乙室部部族军，也长期驻守燕云地区防御宋朝。宋人《乘轺录》记载，上京临潢府"西南至山后八军八余里"，历来由耶律氏担任的北大王、南大王统领，辖下各有"控弦之士"万人。此外，《辽史》记载乙室部亦有军队负责"镇驻西南境"，上述部族军原本属于辽军中的精锐和主力。然而，金辽战争爆发以来，一些部族军因参与东征而损兵折将，连耶律马哥也曾在曷苏馆打过败仗，希尹等金将据情报判断辽国西南路兵马羸弱并非毫无道理。尽管如此，一旦金军奔袭山后地区，驻扎当地的辽部族军在汉军、乡丁等地方部队的辅助下，可能会协同宫卫军作战，以保护天祚帝的安全。

金军希望宋朝能出兵配合。《宋史·徽宗本纪》记载，这一年三月中旬，"金人来约夹攻"。宋徽宗命令童贯挂帅，屯兵边境以便接应，同时"诏谕幽燕"，由此对镇守幽燕的辽军产生牵制作用，这对金军挺进山后地区无疑是有利的。

金军在三月初行动。斜也所部越过青岭，意外得知有三百名辽兵在附近抢掠降金百姓的财物，随军的二太子认为若能生擒此辈，可审知辽主所在的确切位置，遂与兀术率百余名骑兵执行这个特别任务。许多战马经过长途行军已经疲乏，不能迅速跟上来，仅有二太子、兀术、马和尚逐越卢、孛古、野里斯等少数人走在前头，他们没有停下来等待，只留下一骑在后面催促掉队者。经过一番艰难的跋涉，他们终于追上抢掠财物的辽兵，立即开始打斗。兀术射光了所有的箭，又奋力把辽兵的枪夺过来，独自杀死八人，立下大功。最终，金军如愿以偿地活捉五名辽兵，经过审讯，知道天祚帝依然逗留在鸳鸯泺行猎。

据此，斜也决定由粘罕、宗幹率六千名精兵发起长途奔袭，随征的还有希尹、娄室，仍旧以耶律余睹为向导。这时，他们又得到了新的情报，知道即将碰上辽部族军，因为"辽主自五院司来拒战"。所谓"五院司"，就是五院部部族军的指挥机构。一场生死较量似乎难以避免，这路金军精干部队求战心切，为了争取时间，快马加鞭，倍道兼行。其中希尹身先士卒，带着八名骑兵连续三次击退拦截的辽人，乘夜到达天祚帝曾经驻跸的五院司。眼看大功告成，但不管怎样搜索，也难觅天祚帝的影踪。

原来早在三月初二，天祚帝已从情报中得知金军潜出岭西，并以耶律余睹为前锋，带领娄室所部骑兵正疾驰而来。他大惊失色，没有集中力量组织抵抗，因为辽军即使在鸳鸯泺周围的泥淖区，亦无必胜把握。契丹人擅长在沼泽地活动，可屡战屡败，士气低落。有鉴于此，天祚帝率五千名骑兵侍卫，飞也似的离开鸳鸯泺驻地，向着西京大同府方向急逃。

金军抵达鸳鸯泺次日，终于从降人麻哲的供词中得知天祚帝丢弃辎重而取道大漠，欲逃往西京。希尹、娄室等将急追，差点在白水泺（又称白水泊，今内蒙古自治区乌兰察布市察哈尔右翼前旗黄旗海）以南赶上目标。虽然天祚帝还是逃脱了，但金军尽获其内库宝物。

据辽末进士史愿记载，天祚帝损失的内库宝物，包括"应行宫内三局珍宝库、祖宗二百年所有珠玉、金银、疋帛、皮毛之类，莫知其数"，"尽为金人所掠"。坊间传言，天祚帝在逃亡途中把传国玺丢入了桑干河里，随从不断溃散，最后这位皇帝只与诸王、长公主、驸马、诸子弟等三百余骑，经石窟寺到达西京城下，在接见留守萧查刺、转运刘企常等官僚时传旨："贼马（金骑）不远"，要与军民好好守城。然后，天祚帝索取三十匹马，沿路

追袭天祚

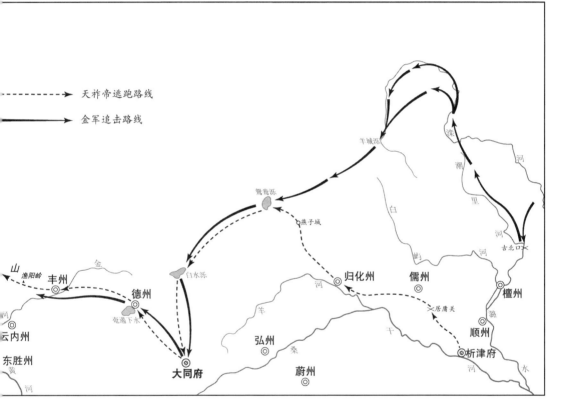

- - - - → 天祚帝逃跑路线

──────→ 金军追击路线

羊城泺

鸳鸯泺
燕子城

白水泺

山 渔阳岭
丰州
金
云内州
德州
奄遏下水
大同府

弘州
蔚州

归化州
儒州

羊
河
桑

居庸关

顺州
潞

析津府

古北口
檀州

滦河

潮

里
河

白河

黄河
东胜州

迤逦而行，进入天德军（今内蒙古自治区巴彦淖尔市乌拉特前旗附近）境内暂避。其间，附近土豪出动二百余骑前来护卫。

三月初六，辽群牧使谟鲁斡投降追击的金军。初七，天祚帝所部转移到女古底仓（今内蒙古自治区武川县以东），传闻追兵将至，又经渔阳岭（今内蒙古自治区武川县东南）逃到夹山（今内蒙古自治区呼和浩特市土默特右旗西北的大青山山谷）。

金军的追击行动一直持续到十二日，希尹甚至经过乙室部牧地，没有遇到抵抗，可始终捉拿不到天祚帝，徒劳无功。这与夹山的地理形势有莫大关系。

《三朝北盟会编》记载，夹山一带位于"沙漠之北"，有宽达六十里的"泥淖之地"。对契丹人而言，其地理环境远胜鸳鸯泺，因为鸳鸯泺的范围仅仅八十里，而且大部分是积水区，附近泥淖区面积肯定要小得多。值得注意的是，书中特别强调："独契丹能达，他虏所不能至。"契丹人自古以来习惯生活于这类泥淖区，现在恰似鸟入林、鹿还山，进退自如。由此不难理解，天祚帝出逃之后，所部为何相续流连鸳鸯泺、白水泺这些存在沼泽的地方，最后干脆躲入夹山附近的泥淖中。相反，长期在黑龙江、松花江、乌苏里江、鸭绿江等环境居住的女真诸部，对沼泽湿地的了解有限。《建炎以来系年要录》中肯地评论道："金人每以力不能入夹山为恨。"毫无疑问，宽阔的泥淖区成为辽国小朝廷极好的避难所。

饱受颠沛之苦的天祚帝驻跸夹山四部族衙，获得了喘息之机，开始痛定思痛，追究军事失败的责任。他大发雷霆，迁怒身边亲信，不留情面地呵斥萧奉先。萧奉先此前为了奉迎君主，曾大言不惭地说，女真虽能攻上京，但"终不能远离巢穴"。不料女真人突然跨越三千里，直捣云中（西京大同），以致辽人束手无策，唯有逃进夹山躲避。现在天祚帝醒悟过来，指责萧奉先"避敌苟安"，骂道：你父子误我，虽欲杀你，却无补于事！请你们不要再随行，如今恐怕"军心忿怒……祸必及我"。

萧奉先父子只得下马，哭拜而去，被迫离开夹山庇护所，但仅行了数里，便被左右所执，缚送给了追击的金兵。金人斩杀萧奉先的长子萧昂，欲押解萧奉先及其次子萧昱回国处置，途中被辽军劫走。最后，萧氏父子难逃国法，被天祚帝赐死。

另一位枢密使萧得里底也未能置身事外，遭到元妃萧氏批评"尔任国政"，致君主沦落，又有何面目继续生存于世。萧得里底只是谢罪，无言以对，不久便与儿子麽撒一起被天祚帝驱逐。父子俩在流亡途中众叛亲离，被耶律高山奴当作投名状献给金兵，身陷困境的麽撒死于非命。之后，萧得里底与节度使和尚、雅里斯、余里野等俘虏一起被金将阿邻押送回金国，他乘看守不备，在半路逃脱，不料又落入辽将耶律九斤的手上，辗转之间竟被转送给坐镇燕京的耶律淳。这时，耶律淳另起炉灶，与天祚帝分庭抗礼，萧得里底自知难以幸免，称不能臣服"僭窃之君"，遂绝食而亡。

耶律淳历来被国内臣民认为是取代天祚帝的合适人选，耶律章奴在七年前为了达到拥立目的不惜发动叛乱，付出身家性命的惨重代价。然而，耶律淳一直以来都以忠于天祚帝的面目示人，与叛乱者划清界限，因而长期受到重用。他在六年前已晋封秦晋国王，挂帅东征，之后坐镇燕京，担承防御宋朝的责任，是一位掌握重兵的实权人物。天祚帝于辽保大二年（1122）年初逃离燕京时，留下宰相张琳、李处温等协同耶律淳守御驻地。天祚帝逃入夹山之后，连续多日与燕京失去联系，政令不通。时局混乱，人心思变，李处温当机立断，与其弟李处能、儿子李奭一起密谋废立之事，欲立耶律淳为帝。为此，李氏父子与朝内的大将萧干互通消息，获得城外怨军的支持。时机成熟，他们便会同耶律大石、左企弓、虞仲文、曹勇义、康公弼诸臣，召集番汉百官、各路部队及地方父老共数万人，一齐来到秦晋王府，欲仿效"唐灵武故事"。

所谓"唐灵武故事"，是指唐代爆发安史之乱，太子李亨在军队拥护下即位于灵武（今宁夏回族自治区灵武县），表面尊唐玄宗为太上皇，实际把持军政大权，然后积极平乱，使唐朝的国祚又延续了一百多年。如今，李处温以史为鉴，希望拥立耶律淳为新君，从而在这山河倾覆之际，能奇迹般力挽狂澜。

宰相张琳也被请到现场。张琳知道事关重大，犹豫不决，拿出了一个折中方案，说"王"（耶律淳）虽为帝胄，但只可以摄政，不可登基，况且"主上"（天祚帝）没有禅让的命令。李处温不接受这个保守的意见，斩钉截铁地说，今日之事乃"天人所与",不可改变。张琳便勉为其难地同意了。

众人在王府外面一再恳请,耶律淳终于露面了,谁知刚踏出府门,身上就多了一件衣服,原来是李奭给他披上了赭袍。顿时,百官或拜或舞,欢声雷动。耶律淳似乎有点惊骇,再三推辞,无奈众望所归,只得顺水推舟,于三月十七日做了新君。接着,耶律淳任命拥立有功的李处温为守太尉、左企弓为守司徒、曹勇义为知枢密院事、虞仲文为参知政事、张琳为守太师、李处能为直枢密院、李奭为少府少监。参与拥立的提举翰林医官李爽、陈秘等十余人,均获赐进士及第,各自授官。同时,奚六部大王兼总知东路兵马事萧干为知北院枢密使事,驸马都尉萧旦为知枢密院事,怨军改名"常胜军"。

耶律淳自称"天锡皇帝",改元"建福",公布"继位革弊诏",批评天祚帝耽于娱乐,国政废弛,招致难以平息的外患,在"敌垒尚远"的情况下,竟然出现了王师自溃的荒谬景象,表明天祚帝从燕京一路跑去了夹山,其实是不战而逃。故此,打败仗并非辽兵不精锐,而是主政者指挥失当。天祚帝只顾逃亡,"旬余莫知所归",在这么长的时间里,"百姓震慑,惧不相保",鉴于国家"不可一日无主",只好另选贤能。耶律淳承诺"自今以后,革弊为先",不像天祚帝那样"以万乘为乐"而尸位素餐。同时,颁布降封天祚帝为"王"的诏书,罗列天祚帝倒行逆施的许多事实,不厌其烦地指责此人在位时"权臣壅隔,政事纠纷,左右离心,遐尔解体",且未能及时反省,以致播迁在外,颠沛流离。天祚帝"辜四海之望","安得冒一人之称",所以不宜再为君主,可降封为"湘阴王"。

耶律淳的政权被后人称为"北辽"。史载,他据有的地方包括"燕、云、平及上京、辽西六路"。天祚帝实际控制的地方仅剩"沙漠以北,西南、西北路两都招讨府、诸番部族而已"。至此,辽国的残山剩水又分裂为两部分,形势更加错综复杂。

其间,金军的攻势并未停止,山后重镇西京成为新的目标。西京是辽国五京之一,位于山西北部盆地之间,东边是管涔山,南边是恒山,北方毗邻蒙古草原,扼守南北交通往来之道。此地原本是五代时期燕云十六州的云州,晋高祖石敬瑭为了获得契丹人的支援,不惜割让。其后,辽国在此建西京道,统辖二州、七县。府治大同城广袤达二十里，城北还残留北魏宫垣的双阙，彰显此地悠久的历史。城池共有迎春、朝阳、定西、拱极四个城门，而城墙敌楼修筑了棚橹等防御工事。辽人崇佛，故城内有华严、善化诸寺，还耸立着佛塔，那些比城墙还高的佛塔，在战时便成了具有军事价值的制高点。

天祚帝西逃夹山之前路过此地，引来了追击的金军。金天辅七年（1123）三月初十，金将希尹所部抵达西京，迫使留守萧查剌在两日之后投降。然而，金军主力没有在此久驻，留下耶律余睹的部将移剌按答等人，便继续追击天祚帝，且迟迟未归。

三月十六日，西京一部分驻军哗变，推举马权、韩执谦为都统，把萧查剌及其卫兵逐出城外，杀死移剌按答，闭门拒守，并派人向燕京的耶律淳求救。可是，耶律淳一时抽调不了足够的兵力应付危局，只令蔚州发兵。辽将耿守忠以五千名士兵应援。

金军统帅斜也派人前往西京劝降，遭到拒绝，遂兵临城下，准备强取。当时，山西金军的粮饷差不多耗尽，一些将士不想再战，谋良虎却认为西京是都会，若放弃，降者则心存异志，而残敌与附近的西夏会乘机窥伺。对策是"立重赏"，以鼓舞士气。恰巧，有人在晚上看见空中一个"大如斗"的火花坠于城中，谋良虎借题发挥，宣扬天色异常乃"城破之象"，目的是增加参战将士的必胜信心。

金将夹谷射奴在围城时俘获城中生口，得知守军曾秘密派人向外求救。都统府为此抽调人马负责阻援，并在金将蒲察乌烈、谷赦的率领之下，在城东四十里处成功拦截耿守忠所部，与之作战，斩首千余级。很快，粘罕、谋良虎、宗幹、绳果相继赶来。粘罕指挥若定，按照传统战法将部队分作两部分，照例由"硬军"冲锋陷阵，弓箭手随后跟进，并亲自带领一部分士兵闯向敌阵，其余士兵则下马射箭，在旁边掩护。类似打法以前在护步达冈之战中使用过，能够有效克敌制胜。激战中，粘罕的弟弟扎保迪战死，但金军勇往直前，最终击退了耿守忠。

接着，西京城下爆发了攻防战。阇母、娄室等将在城东用木材制作"洞子"，以遮挡矢、石。洞子是一种比较常见的攻城器械，先在车轮上面安装巨木，形状似屋，再在外面悬挂生牛皮做成的幔子，裹着铁叶，让士兵躲藏于内，推着轮子向前行，运送着干草，慢慢迫近城墙的北隅，准备填塞城壕，为总攻铺路。

辽军不想坐以待毙，抽调万余人杀出城外，欲焚烧金军的洞子。身在前线的金将温迪罕蒲匣竭力组织抵抗，他看见手执军旗的士卒受伤，便亲自拿起旗帜，号令左右，奋勇打退攻来的辽军。之后，金军又制造四轮革车攻城，这种车比城堞还高，阇母与属下乘车抢先登上城墙，诸军随后而至，成功在望。

然而，守军负隅顽抗，占据城西浮图（佛塔），居高临下地用弓箭射伤许多攀登城墙的金兵。金将绳果见机行事，认为只有先夺取浮图，方才有克城的希望。斡鲁、鹘巴鲁等人奉命率众仰攻，终于完成了夺取浮图的重要任务，再派精锐部队驻扎在这个制高点上，用箭向下射击，打得辽军狼狈不堪。城内辽军被打垮，西京于四月初三换了主人。

阇母乘势直扑西京以南的应州，一时未能拿下，撤至州北十余里处扎营，阿鲁补奉命于晚上率四百人侦察，果然发现三千名辽兵从城中潜出，企图发动夜袭，遂迎头拦截，斩首百余级，获马六十匹，大败辽军。

阇母再接再厉，突入朔州境内，与辽军步骑五千人鏖战，斩首三百级，又在河阴击败辽骑三百人，一路打到朔州以西的马邑县，击破县城以南的五千名辽兵，"隳其营垒，尽得其车、马、器械"。其后，三万名辽兵策划反攻，从马邑北上，列营于西京之西。阇母以三千人阻击，命令士卒皆下马，在沟堑之间布阵，认为要想"以一敌十"，应该把军队布置在无法退却而只有死战的地方。他明明白白地对部属说："若不胜敌，不可以求生！"于是，金军每个人皆殊死搏斗，逼退辽军，追至其营而止。次日，金军又打垮了七百名辽兵。其间，阿鲁补带兵千余人，阵斩辽将，出色地完成了任务。

金帅斜也继续着手肃清周围残敌，他率部于四月十九日再次直趋天祚帝驻跸过的白水泺搜索，分遣诸将招抚附近未降州郡以及诸部族。

辽都统耶律马哥没有追随天祚帝逃往夹山，而是转移到了捣里。粘罕探知，派遣挞懒率一千名士兵追击，掳获了耶律马哥所部遗弃的大批牧马。但挞懒自认兵力不足，难以继续执行任务，向统帅斜也求援，斜也遂令蒲家奴

尖 頭 木 驢

《武经总要》中的尖头木驴，即洞子

以一千名士兵前往协助。蒲家奴出发后，联络不上挞懒，只得见机行事，指派赛里、斜野、裴满胡挞、达鲁古厮列、耶律吴十等人分散招谕，获辽留守迪越家人辎重，招降了群牧官木卢瓦，得马甚多。

西北延居不少部众降而复叛，四处逃跑。蒲家奴率部制止，并袭击了叛逃的毗室部，在进至铁吕州时遇敌八千人，"为敌所败"。察剌所部及时前来增援，追赶敌人至黄水以北获捷，掠得畜物甚众。在这场遭遇战中，女真勇士奥敦按打海受伤十一处，打败对手。

蒲家奴的部将赛里等人一直追到遥远的业迭，由于孤军深入，被辽军邀击，撒合战死。随后，蒲家奴赶至旺国崖西，与赛里所部会合。

金军分散行动时，遭到辽军袭击，相继在铁吕州、业迭等处受挫。《金史》坦率地承认了铁吕州的失败，这是比较罕见的。由此可知，辽军在旷日持久的战争中，也积累了不少行之有效的经验。多年以后，被金国扣押的宋人沈琯在给朝臣李纲的信中提到金辽战争时，指出"金贼"（金军）头上戴的兜鍪极为坚固，面上"止露两目"，所以枪、箭不能入，契丹转而使用棍棒这种砸击类兵器，打击金兵头领的面部，被击中者"多有坠马"。

辽军在局部地区取胜，但战果有限，未能阻止金军继续西进，这样一来，辽国在山西的统治难以避免土崩瓦解。

拱护西京的辽西南招讨司属于地方军区，自辽代中期以来，辖区向西南延伸至丰州、云内州（今内蒙古自治区呼和浩特市土默特左旗东南）、宁边州（今内蒙古自治区鄂尔多斯市准格尔旗东南）、东胜州、金肃州与河清军，辖下有涅剌越兀、斡突盌乌古、梅古悉、颉的、匿讫唐古、鹤剌唐古诸部（这些都是小部族，与五院、六院以及乙室诸大部族不同），其职责在于守护辽西南边境，监视西夏、吐谷浑以及宋军的动向。

现在，金帅斜也令耶律坦招抚辽西南诸部，一路西行至西夏边境。于四月初三成功劝降辽西南招讨使耶律佛顶。但金肃、西平二郡随即发生动乱，有四千名汉军叛逃，耶律坦、阿沙兀野、挞不野从降人中挑选壮丁，在夜色掩护下发动追袭，于次日早晨战于河上，大败其众，叛军皆丢弃武器束手就擒。

战争爆发八年以来，女真人从东边的宁江州起，一直打到西夏边境，由

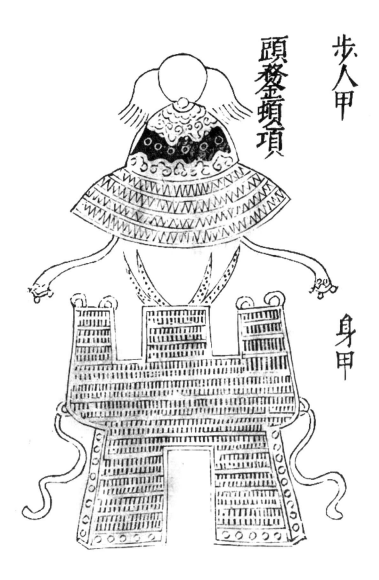

步人甲

頣髮金頓項

身甲

《武经总要》中的步人甲，为宋朝重型铁铠，全套铠甲由头鍪（盔）、

顿项（护颈）、披膊、胄甲、身甲组成

东向西贯穿了整个辽国。然而,辽国尚未灭亡,因为天祚帝仍在夹山一带活动,此外,在燕京称帝的耶律淳在辽人中也颇有声望。故此,山西城邑、诸部虽降,可人心不稳,许多投降的军民摇摆不定。鉴于此,斜也派遣二太子回去禀报,同时请求阿骨打亲至前线主持大局。

二太子于五月初四返回朝廷,受到热烈欢迎,百官到贺。阿骨打当众表扬他与十余骑"经涉兵寇数千里",值得嘉奖,立即设宴款待。欢声笑语之间,二太子分析了前线形势,上奏道:如今云中新定,可诸路辽兵尚存数万,而辽主(天祚帝)、捏里(耶律淳)也未放弃抵抗,要想稳定人心,需要"陛下"亲临前方。阿骨打爽快地表态,要在六月初启行,亲临前线指挥。

第十二章

和战风波

金天辅五年（1121）年底，金军持续发动攻势，至次年四月连克中、西两京，战果丰硕。至此，辽国上京、东京、中京、西京均陷金人之手，只剩燕京（南京）。宋朝由于按兵不动，没有收复寸土。金国在金天辅六年（1122）三月派人赴宋，希望两国如约夹攻辽国，宋朝仍在观望。不过，与辽国毗邻的河北诸路帅司已提高警惕，集结兵马，以防不测。

金军成功突进山后地区时，在三月间给镇守代州的宋朝边臣发了一个牒告，扬言已在"白水泊"（白水泺）附近击溃"契丹放鹅行帐"，迫使天祚帝北逃，还透露"本国军马已到山后，平定州县"，并提醒代州的宋朝边臣不得收容辽逃亡者。

毫无疑问，辽国打了大败仗，宋朝何去何从？宋人众说纷纭。知真定府路安抚使赵遹上疏"乞抚存辽人"，他认为"累年以来，虏酋（天祚帝）失德，上下离叛，人不为用"，在抵挡女真、渤海进犯时，"败衄相继，境土侵削，士马凋残，财力匮耗"，辽人"常疑中国，密有窥伺"，害怕遭到金、宋两军前后夹击，故"左支右吾，困弊日甚"。他援引边关情报内容，称"虏酋猎于白水川"时受到女真袭击而全军陷没，如今"虏酋不知存亡"，也没有收到契丹人另立新君的消息。假若天祚帝真的从此消失，他建议宋徽宗派遣重臣访辽，在慰谕辽帝宗族臣下的同时，协助辽国人"择贤立孤"，拥立新君登基，这种攻心的策略若能实施成功，辽人必然会感激。因而，他乐观地预测，即使宋徽宗不责令辽国"归故地，减岁币"，辽人亦必定主动有所回报，故宋朝"不待汗马之劳，遗镞之费"便可不战而胜。

有趣的是，赵遹竟然认为女真乃"蕞尔小夷"，往昔臣属辽国，相当于辽国的一大族，本来不值得重视，能够"以寡敌众，以弱凌强"，其实是辽国咎由自取，因为天祚帝失德导致众叛亲离，让女真人有机可乘。这番话表明，虽然金辽战争历时八年，"女真满万不可敌"的谚语也在关外流传，但中原人士对此不太了解。

赵遹看不起女真人，却重视契丹人。他分析道，辽国是大国，其国人本来不畏惧女真，现在女真得志一时，"岂能久横行于虏中"，一旦辽国新君登基，获得国人之心将易如反掌。辽国很快就会扭转不利形势，宋朝应该把握时机主动示好，停止向边界增兵，并协助辽人拥立新君，以"守盟存国之大义"，促使"蛮貊"革面洗心，达到"用力少而成功多"的目的。

事实证明，赵遹打的如意算盘是一厢情愿，因为辽秦晋国王耶律淳已于三月中旬迅速在燕京称帝，宋朝失去了参与拥立的机会。况且，耶律淳在发布的诏书中贬天祚帝为"湘阴王"，这意味着天祚帝尚在人世，辽国帝位之争还未分出胜负，宋朝当然不会贸然向耶律淳示好。

耶律淳登基之后，派遣知宣徽南院事萧挞勃也、枢密副承旨王居元为使，欲赴宋相告，可是来到与宋境近在咫尺的白沟时，被拒绝入境。宋朝雄州守臣按照宋徽宗旨意办事，与北辽划清界限。

宋朝要员估计辽国难以反败为胜，力倡尽快出兵抢占地盘。当朝宰相王黼的意见很有代表性，他说，"南北虽通好百年"，但辽国与宋朝交往时常桀骜不驯。他还强调"兼弱攻昧"乃制胜之道，如今不出兵夺取辽国土地，女真必强，那么"中原故地将不复为我有"。他专门写信给主战派的重要人物童贯，声称"太师若北行，愿尽死力"。在王黼的鼓动之下，宋徽宗有意动武，童贯将被委以重任。

参议官宇文虚中极力反对北伐，批评这种轻率的做法是庙算失策，再加上"主帅非人"，将有"纳侮自焚"之祸。他直言不讳地上书道，用兵之策，必先"计强弱，策虚实"，才能知己知彼，以求万全。可是，如今"边圉无应敌之具，府库无数月之储"，尚未为北伐做好准备，出师关系国家"安危存亡"，岂可轻举妄动。何况，"中国与契丹讲和，今逾百年"，契丹遭到女真进犯，开始向往仰慕宋朝，一切恭顺，不料如今朝廷要舍弃"恭顺之契丹"，拒绝其"为我藩篱"，反而派人到海外结交强悍的女真，以之为新邻。须知"女真借百胜之势"，正是"虚喝骄矜"、自以为是的时候，不会服从传统的礼仪规范，也不会被说客的高谈阔论诱导。可叹的是，有人企图乘契丹与女真交战的机会坐收渔利，竟引导女真士卒逾境，一旦弄巧成拙，必会引火烧身。到时，宋朝"以百年怠惰之兵，当新锐难抗之敌，以寡谋安逸之将，角逐于血肉之林"，恐怕"中国之祸，未有宁息之期"。

宇文虚中对女真极为重视，与赵遹鄙视"蕞尔小夷"的态度有异，他的担忧不无道理，但言辞过于激烈，无助于化解分歧。他旁敲侧击地责备了童贯，坦言主帅非人，甚至怀疑宋军的作战能力，使用"寡谋安逸之将""百年怠惰之兵"等刺耳的言辞大加嘲讽，难以令人口服心服。王黼大怒，将宇文虚中降为集英殿修撰。宇文虚中不肯罢休，又固执地建言"十一策"与"二十议"，但主政者不予理睬。

宋朝经历了上百年稳定，处于极盛时期，正如《宋史·地理志》所载，宋徽宗继位十年后（大观四年），"天下有户二千八十八万二千二百五十八"，男丁超过四千万人。许多地方经济得到发展。《宋史·蔡京传》记载，当时各库封桩钱帛一度达到五千万贯。不过，蔡京为相之后，以制礼作乐为借口，怂恿君主奢侈享受，大兴土木（例如每年派人到苏杭等处搜集奇花异石，长途运输至京，以装饰皇家宫殿，"花石纲"应运而生），又无节制地增加官吏人数以及滥加赏赐，浪费了不少财物。同时，宋朝拥有庞大的常备军，并相继在西北以及南方用兵，致使近年来的军费支出有增无减，确实给财政添了不少负担，因而苛捐杂税出现。朝廷一旦决策经略燕京，肯定要想方设法解决北伐军的后勤供应问题，这当然不能仅仅依靠前线诸州提供保障，必要时需要后方支援物资。后来的历史表明，王黼等人采取的主要办法是在国内许多地方按丁口征收临时性赋税，即"免夫钱"。

光从兵籍上计算，宋军人数近百万人，远远超过辽军的残兵败将。其中，童贯辖下的部队长期驻扎西北，在与西夏等连续不断的战争中积累了丰富经验，被时人视为精兵强将，冠之"西军"（或西兵）的称号。《北征纪实》记载，连金人也久仰西军的威名，称"中国独西兵可用"。这支精锐之师刚刚在南方平定方腊之乱，假若再接再厉北伐燕京，并非没有胜算。

回溯历史，宋军与辽军交战时打过不少胜仗，涌现出许多声名显赫的将领，如家喻户晓的"杨家将"。杨家将的具体成员有杨业、杨延昭、杨文广等人。杨业在986年（宋雍熙三年，契丹统和四年）的北伐之役中殉难，宋太宗下诏赞为"劲果猋厉，有死不回"的良将。杨业之子杨延昭"智勇善战"，镇守边防二十年，先后在遂城（今河北省保定市徐水区）、羊山（今河北省保定市徐水区西）以西、保州（今河北省保定市）、古城（今山西省广灵县附近）等处御敌，颇有战果，受过宋真宗的嘉奖，被誉"治兵护塞有父风"。宋、辽缔结"澶渊之盟"后，杨延昭陆续在保州、高阳关为将，于1014年（宋大中祥符七年，契丹开泰三年）辞世。杨延昭之子杨文广秉承父志，先后在陕西、广西等处参与征伐西夏及平叛。宋仁宗主政时，与契丹人就代州地界等问题发生领土争端，之后和平解决。史载杨文广于其间"献阵图""取幽燕策"，未等朝廷回复而病逝，可谓壮志未酬。

时人欧阳修在《供备库副使杨君墓志铭》提到杨业、杨延昭，说"父子皆为名将，其智勇号称无敌，至今天下之士，至于野儿里竖，皆能道之"。论名气，杨氏父子远胜号称"宋良将第一"的曹彬，成为后世无数演义小说、戏剧、评书的主角。

杨家将作战过的山西、河北等处，处于防御契丹前线，被视为精兵良将麇集之地，可自从宋、辽议和，许多地方长期偃兵息甲，武备废弛，杨家将后人不再参与伐辽，逐渐湮没无闻。不过，与西夏接壤的陕西烽火不断，西军逐渐脱颖而出，成为宋朝最能打仗的队伍。西军内部出现了不少绵延数代的将门，取代杨家将成为中流砥柱。典型的有"种家将"。种家将最早建功的是种世衡，他在宋仁宗执政期间镇守延州青涧城，防御西夏。此后，家族代代有人从军，代表性人物是种师道、种师中。明代演义小说《水浒传》经常提及的"老种经略相公"与"小种经略相公"，皆属种家。这两人究竟是谁？有人认为是种谔及其侄子种师道，但种谔死于宋神宗在位时期，而《水浒传》的故事背景发生在宋徽宗主政时期。清人程穆衡在《水浒传注略》中认为"老种"和"小种"分别指种师道和种师中两兄弟。据推测，水浒英雄鲁智深曾在种师道及其父种记的帐下当过差。种记事迹不详。种师道先后在西北熙河、秦凤、泾原诸路任职，一直升迁至保静军节度使，在西军诸将里乃首屈一指的人物。种师中也是军中翘楚，相继守御环州、滨州、邠州、庆阳府、秦州等处，官至奉宁军承宣使。朝廷一旦决策进行新的北伐，这两兄弟不可能袖手旁观。

为了完成收复失地的百年夙愿，宋朝的主战派终于决定单方面毁掉与辽国在1005年（宋景德二年，契丹统和二十三年）订立的"澶渊之盟"，准备兵戎相见。宋宣和四年（1122）四月初十是具有历史意义的一天，童贯以太

楊延昭

《绣像杨家将全传》中的杨延昭

师领枢密院事的显赫身份正式奉宋徽宗之令，出任陕西、河东、河北路宣抚使，率领重兵巡边。到底有多少宋军参与行动？《三朝北盟会编》《建炎以来系年要录》均记载为十万人，而《东都事略》记载为十五万人，看来总人数应当在十万人以上。

为了彰显师出有名，宋徽宗给"燕京管内官吏军民百姓等"下了一个诏令，声明幽燕之地其实是宋朝"故壤"，五代时期"陷于北戎（契丹）"，如今辽国主政者胡作非为，以致"倾国丧家，自取逋审"，遭受白水之败，境内盗贼蜂起，四处骚扰。为了拯救黎民，遂选将出师，现已派遣领枢密院事童贯统领百万之师，以收复幽燕失地。同时，还透露宋朝已和大金国计议，并"划定封疆"，两国部队要互相配合，"中举外应"。而宋军即将"霆击雷驱，数路并进，前角后犄，万旅一心"，谁敢阻挡？本着天道好生之念，劝告辽国军民"举城自归，望风响应"，避免覆巢之危。值得注意的是，宋徽宗依旧不承认北辽，而称耶律淳为"秦晋国王"，要其"纳土来朝"，将"待以殊礼，世享王爵"。并承诺"应收州县城寨文武长官"，可以留任，有功者可升迁以及赏赐，而愿意继续当兵的归附军人，将获得厚待，解甲归田者则免除三年赋税徭役，收复失地之后，民户亦可得到相应优待。又告诫北伐的宋军要纪律严明，务必安抚官吏百姓，不得"误有杀伤"或"焚毁庐舍"以及"掳掠人畜"，违反命令者军法处置。

童贯奉命以环庆军为中军，述古殿学士刘韐为行军参谋。需要注意的是，种师道现在成为都统制，以武泰军承宣使王禀、华州观察使杨可世为副手，准备参与北伐。

起兵前夕，宋徽宗微服出斋宫端圣园巡视，在为童贯饯行时付以"御笔三策"：出师之后，"如燕人悦而从之"，顺利恢复旧疆，是为上策；中策是耶律淳"纳款称藩"，虽未能光复失地，但也有所收获；万一"燕人未即悦服"，那么宋军"按兵巡边"之后，要"全师而还"，即使没有大的损失，可是由于战果未能称心如意，只能算下策。

宋徽宗具有艺术天赋，无论是书法、诗词还是绘画，均造诣精深，如今又研究军事韬略，意欲在深宫之中运筹帷幄，遥控指挥前线部队，以克敌于千里之外。

童贯带着宋徽宗的"御笔三策"，踌躇满志地向宋、辽边境出发，于四月二十三日来到重镇高阳关（今河北省高阳县以东），高调地在宣抚司揭榜示众，老调重弹，"幽燕一方本为吾境"，陷没至今接近两百年，辽国"汉番离心，内外变乱"，天祚帝未灭，新君耶律淳篡立，致使生灵涂炭。自称统率重兵前来问罪，以救民为要务，而非专事杀戮，并呼吁辽人投降，当官者可以复职，有田产者可以复业，如果有人"率豪杰"立功，将获重赏，"以一州一县来归者，即以其州、县任之"，"如有豪杰以燕京来献"，即使是士卒或平民，也马上授予节度使，成为封疆大吏，同时赏钱十万贯以及大宅以供居住，希望重奖之下出勇夫。不但鼓励辽人归汉，就算"契丹诸番归顺"，亦平等对待，而辽国原有的苛捐杂税一律废除，归附之民免征赋税，并一再重申宋军军纪严明，虽然进入辽界，但所需"粮草及车牛脚价"之类的粮饷，自行筹备，不增加燕人的负担。

遗憾的是，无论是宋徽宗给"燕京管内官吏军民百姓等"下的招降诏令，还是童贯在出征途中张贴的榜文，都暂时未能达到传檄而定的目的，宋徽宗所颁"御笔三策"中的"上策"——促使"燕人悦而从之"，难以迅速实行，需要进一步落实备战措施。

童贯在高阳关发现前线备战情况不容乐观，"河朔将兵，骄惰不练"，打仗的军需器具"百无一有"。比如，军粮"粗不堪食"，必须重新"舂簸"，去除皮壳后"仅得其半"，而且粮食多数散布于距离比较远的地方，运输不便。更离谱的是缺乏军器，在大原、大名、开德（今河南省濮阳市）支取封桩库里蓄存的各件军器，数量不足，又不适用，至于"版筑之具"以及"城戍守御之物"，全部没有准备。种种不足应该归咎河朔地区两百年来"未尝讲兵"，加上仓促备战，守臣自然难以完成任务。为此，童贯于五月十三日上奏朝廷，报告最近得到的情报，知道辽易州"军民万人，延颈引兵"，正打算献城投降，可是由于宋朝西军尚未抵达，迟迟不敢响应，这一切应该归咎军需不足，造成北伐之师"迁延旬日"，错失时机，期望负有相关责任的河北漕臣与中山、真定、高阳关诸路将帅能够专心办事，不再有所稽延。

宋徽宗对前线事务不敢等闲视之，早在同月九日任命蔡京之子蔡攸为河北、河东宣抚副使，赶赴前线监军，以协助童贯完成任务。《清波杂志》记载，年少气盛的蔡攸在陛辞时，竟然口出冒昧之言，与宋徽宗谈论女子。原来，皇帝身边有两位女子，分别名叫"念四"（阎婕好）和"五都知"。蔡攸一眼看中，放胆上奏，恳求凯旋之后皇帝慷慨相赠。这两人是宠嫔，宋徽宗一时难以割爱，便在事后转告蔡京，还故意称赞蔡攸"其英气如此"。蔡京诚惶诚恐地回复："小子无状。"

知子莫若父，蔡京本来支持北伐，现在却忧心忡忡，他给从军的儿子写了一首送别诗：

> 老惯人间不解愁，封书寄与泪横流。
> 百年信誓当深念，三伏修涂好少休。
> 目送旌旗如昨梦，身非帷幄若为筹。
> 缁衣堂下清风满，早早归来醉一瓯。

此诗传入皇宫，宋徽宗明知其流露出维护宋辽"百年信誓"之意，却未深究，只把"三伏修涂"改作"六月王师"，以示师出有名。

童贯等人抵达河间府，制订具体的进军计划，欲把集中于雄州、广信军的部队分为东、西两路。东路军的主将是种师道，其辖下的王禀、杨惟忠、种师中、王坪分别统领前军、左军、右军、后军，与赵明、杨志统领的选锋军（主力）一起，皆屯于白沟待命。西路军的主将是辛兴宗，其辖下的杨可世、王渊统领前军，焦安节统领左军，刘光国、冀景统领右军，曲奇、王育统领后军，吴子厚、刘光世统领选锋军，屯于范村。两路军并听刘延庆节制。

由此可知，东、西两路军皆分为前、左、右、后等部分，将在选锋军的协助下作战。这种阵法源于《李卫公问对》，该书修撰于北宋年间，托名唐初军事家李靖所作，书中对"八阵图"做了详细的解释，并将之与"井"字联系起来。"井"字由四笔组成，划为西北、北、东北、西、中、东、西南、南、东南等九部分，又分为"正""奇"两组，北（前）、南（后）、西（左）、

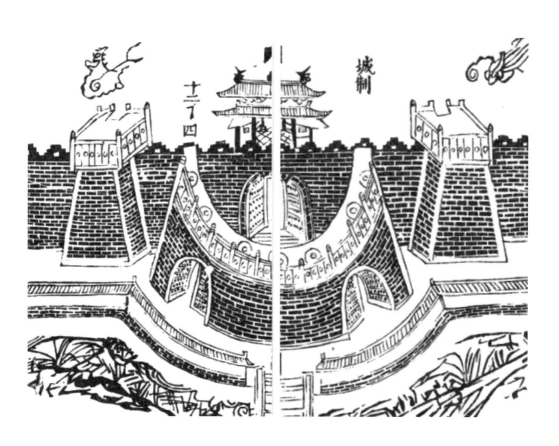

《武经总要》中的宋代城池防御工事

东（右）这四部分可以布阵，视为"正"，至于西北、东北、西南、东南这四个角落则为空置的"间地"，是部队机动的场所，视为"奇"，大将居中指挥周围的部队，按照"四正四奇"的位置变化制敌，"散而为八，复而为一"，即"八阵法"。八阵若加上大将坐镇的中军，又可称为"九军阵"。《续资治通鉴长编》记载宋神宗推崇"八阵法"，认为"黄帝始置八阵法"，在逐鹿之战中击败蚩尤。此外，"诸葛亮造八阵图"，在鱼复（今重庆市奉节县东北）平沙"垒石为八行"，晋代桓温看见后，评价为符合《孙子兵法》中的"常山蛇势"，能够首尾呼应，此阵图即"九军阵法"。事实上，宋神宗对《李卫公问对》深有研究，还把"八阵法"改良为"五军阵"和"四御阵"。"五军阵"是前、中、后、左、右五阵，"四御阵"进一步简化为前、后、左、右四阵。宋徽宗继位后，仍旧沿用宋神宗钦定的阵法，曾于1108年（宋大观二年，辽乾统八年）"诏以'五阵法'颁行诸路"，这在《宋史·兵志》中有记录。现在，童贯在宋辽边境布置的正是由"五阵法"简化而成的"四御阵"。

不过，早在宋神宗主政时期，名臣王安石就批评过"四御阵"，质疑把部队分作四部分是否合理，因为大将居中指挥时仅有少数亲兵在旁，难以有效自卫。

虽然不乏质疑之声，可御制的阵法照旧在军队中使用。手握兵权的童贯随后又对军事部署做了适当的调整，当诸军陆续在前线集结后，由于兵力充足，便让种师道统领中军，这样一来，中军连同原有的四军，统称"五军"。"四御阵"也就变成了"五阵法"。

据《三朝北盟会编》以及折彦质所撰的《种师道行状》等史料记载，种师道在讨论进军方略时突然反对伐辽，说今日之事"譬如盗入邻舍"，现在我辈不但不能救援，反而乘机分其家产，师出无名，可算失策。种师道的弟弟种师中把女真人比喻为盗，认为契丹人反而值得信赖，不宜轻率破坏宋与辽的盟约。另据《中兴姓氏录》记载，种师中亦对北伐有不同意见，曾对童贯发牢骚，"朝廷政事大弊，军律不严"，官军骚扰百姓的行为竟然比方腊军还要严重，在可能会出现内乱的情况下，河东路经略安抚使薛嗣昌之类的

宋刻本《武经七书》中的《唐李问对》

唐太宗李衛公問對卷上

太宗曰高麗數侵新羅朕遣使諭不奉詔將討之如

何靖曰探知蓋蘇文自恃知兵謂中國無能討故違

命臣請師三萬擒之太宗曰兵少地遙以何術臨之

靖曰臣以正兵太宗曰平突厥時用奇兵今言正兵

何也靖曰諸葛亮七擒孟獲無他道也正兵而已矣

太宗曰晉馬隆討涼州亦是依八陳圖作偏箱車地

廣則用鹿角車營路狹則為木屋施於車上且戰且

前信乎正兵古人所重也靖曰臣討突厥西行數千

里若非正兵安能致遠偏箱鹿角兵之大要一則治

人却支持讨伐契丹，并且得到朝廷的起用，难道欲侥幸得胜吗？《三朝北盟会编》称薛嗣昌在任期间获得辽国情报，往往修饰一番再上奏，以迎合皇帝之意。每次回答皇帝的咨询时，"论及北事，辄请兴师"，是一个无事生非的人物。

种氏兄弟反对伐辽的意见不合时宜，因为无助于解决燕云地区的历史遗留问题，故受到漠视。现在，童贯态度强硬地反驳种道，今日之事，"上"（宋徽宗）既然已有成算，不必再费口舌，如今"籍公（种师道）威名"以服众，只要努力为作战出谋划策，即使结果不如人意也不会被朝廷定罪。他还当场出示宋徽宗御笔，表明北伐乃皇上的主意，军中将帅理应义不容辞。

种师道只好服从命令，恳请调遣陕州旧部属到前线。和诜唱起反调，认为不必增派过多的部队，因为"北人箪食壶浆，欲近王师久矣"，言下之意是保证兵不血刃地光复失地。

种师道不相信北人会欢迎宋军，疑虑重重：辽国可能出兵抗拒，到时是否与对方厮杀？童贯立即申明可以直接给辽人看招降文榜，能不打仗就不打仗，军中已传达命令，将士贪功而擅开杀戒，须偿命。

激烈的争吵没有停息。将领杨可世也态度慎重，认为伐辽行动应该"熟计而后行"，否则一旦到了利害攸关之时，假若我辈"仓卒失计"，虽然死不足惜，但恐怕辱及国家。和诜嘲讽杨可世自诩"万众莫敌"，素来"胆气绝人，视堂堂之师，如摧枯拉朽"，不料今日看来，才发现名不副实，只不过是一个懦夫，如今"燕、蓟之民，真若沸羹"，盼望我军前去解救，倘若将士"金鼓一鸣"，当地人必定踊跃来迎。杨可世你欲在军中搞煽动、挑衅，败坏北伐大事吗？杨可世遭到这么严厉的指责，顿时默然不语。

提出不同意见的种师道、种师中、杨可世皆属西军将领，长期在陕西与西夏作战，对河朔地区不熟悉，显得小心谨慎。相反，积极支持经略幽燕的和诜以及没有参加会议的河东路经略安抚使薛嗣昌，均为河北、河东路守臣，河北、河东地区毗邻辽国，长期处于和平状态，这些守臣不容易建立功勋，此时岂肯错失建功立业的好机会。

时任知雄州之职的和诜出面维护童贯的权威，受到重用，成为种师道的副手，以发挥牵制作用。和诜其实也认为宋军伐辽"师出无名"，但宣抚司已进驻雄州，伐辽势在必行，现在暂且按兵不动，观察形势，希望燕、蓟一带军民不战而降。这与宋徽宗的谕降思想如出一辙。北伐军在出征途中张贴榜文未能达到传檄而定的目的，可童贯仍旧不愿放弃，继续派遣壮士越境招谕辽人。同时，他又按照宋徽宗所颁的中策行事，意图促使耶律淳"纳款称藩"，又准备公开谴责耶律淳篡立的行为，以此作为北伐的借口。

赵良嗣奉命以自己的名义给耶律淳写了一封信，信中仍旧把耶律淳当作秦晋国王，批评其所作所为，认为其与天祚帝亲为叔侄，而"义则君臣"，可是天祚帝在白水蒙尘，耶律淳不但不能率兵赴难，反而乘隙篡立，这是逆天所为；当西京危在旦夕之时，耶律淳又不能"遣兵命将，拯人于涂炭"，这些错误的做法必定丧失人心，由于缺乏支持，能否长期掌权值得怀疑，燕、蓟、云朔地区"名为有主，其实无主"。信中还说耶律淳年事已高，又没有儿子，乃用"庶出之侄"来掩人耳目，在内政上"扰攘颠错，以致于此"，并感叹"燕人何辜，坐待残灭"。接着话锋一转，提到大宋皇帝心怀恻隐，不忍置之不理，遂令童贯"领重兵百万，救燕人于水火"，若耶律淳"能开门迎降，归朝纳土"，将"世世不失王爵之封"，而"燕人亦无蹈斧钺之患"，否则宋军将北进，到那时，"国王（耶律淳）势蹙事穷，天厌人离"，虽欲北逃，却不知逃往何处，又不能南归，可谓悔之晚矣！况且，辽国的形势已非常不利，在"五路所管州城"之中，"四京已为草莽"，剩余的燕京"必不能守"，希望耶律淳本着"仁爱"之心，保全"燕蓟一方之命"，假若迟疑不决，恐怕内部生变，劝其"审思而熟计，勿为庸人所误"。

童贯把信交给来降的辽人张宪、赵忠，命二人为使，赴燕劝降。不久，传回两名使者被耶律淳处斩的坏消息。

童贯犹不死心，又令归附将领赵翊（董庞儿）派人潜入辽境，游说易州土豪史成起兵献城，企图打开北上之路，谁知史成不听劝告，竟把说客缚送燕京处死。

事实证明，北辽拒绝投降，宋徽宗制定的上策与中策皆难实行。可是童贯仍不罢休，还想尽最后的努力进行招降。童贯准备让马扩冒险使辽，文武双全的马扩过去出使金国时有良好的表现，赢得了阿骨打、粘罕等女真要人的尊重，这一次由他出面游说耶律淳，或许有成功的希望。

马扩愿意以门宣赞舍人的名义，携带皇帝诏书和宣抚司的谕降书榜出使。临行前，他郑重地向童贯提议，要注意严明军纪以及"勿妄杀降人"，以安燕人之心，因为这些都有助于劝降。他特别声明："愿审量事势，乘机举用，勿以使人为念。"意思是，不要因为有使者滞留在辽国而投鼠忌器，错失打胜仗的机会。他本人愿尽忠报国，"死无所惜"。

五月十八日晚，马扩与随行的十五名士卒越过界河白沟，于次日抵达辽国境内的新城县（今河北省高碑店市），在"契丹汉儿官"的引导下来到驿馆休息。不一会儿，数百名乡亲父老拥挤在驿馆外面，询问："使人（马扩）何处来？"马扩拿出宣抚司的谕降书榜念了起来，既表明身份，又乘势重申宋朝对辽的招抚政策。众人听后皆惊愕，没有任何人出来阻止，可见辽国境内民心思变。一名男子悄悄来到马扩的后面，做了自我介绍，自称名叫"宗吉"，涿州人氏，现在在白沟驻军中当差，很想得到一份敕榜副本，目的是给其他人看看，"他日南师（指宋军）入境，愿先开门以献"。此人全名叫作刘宗吉，在与马扩秘密商谈后，携带两份敕榜副本匆忙走了。

马扩按照刘宗吉事先的吩咐离开新城，转去涿州住宿。当天晚上，刘宗吉果然跟踪而至，在涿州驿馆内向马扩透露了重要的情报，大致意思是，"燕京诸处皆无军马"，兵力空虚，仅"四军大王"（统领"契丹、渤海、奚、汉四军"的萧干，如今被燕人当作军队的中流砥柱）部曲有两百余名骑兵曾历战阵，其余尚有六七百名骑兵，由"富豪儿郎"组成，皆"不识战斗"，不足挂齿。现在，辽军在白沟北岸下寨，结扎草人以虚张声势，"夜饮昼睡，马亦散放"，疏于防范，假若宋军乘夜劫营，辽军一听到杀声，必定溃逃。刘宗吉说自己还欲将情况向"童宣抚"（童贯）反映，以图立功，只是唯恐被宋军当作奸细，希望得到马扩所写的推荐书，以作护身符。

马扩考虑再三，写了一封推荐书，并以童贯所赠的一只新鞋为信物，全都交给刘宗吉。毫无疑问，这样做会有致命的危险，北辽杀死劝降宋人是有先例的，张宪、赵忠就在不久之前被处死。但马扩把国家利益看得比自己的性命还重，他打发刘宗吉离开涿州，期待情报能尽快传回宋军大营。

次日，一位名叫牛稔的汉官从燕京赶来涿州接待宋朝使团，陪伴马扩抵达燕京。接着，四方馆使萧奥与礼部郎中张觉安排马扩一行人入住城内的净垢寺，显示北辽对宋使非常重视。

又过了一天，辽殿前指挥使姚璠、枢密承旨萧夔、都管乙信等人前来"伴食"，并向马扩索取所持书榜，理由是"两府（北、南两府）官欲借看"。马扩推辞道，这是宣抚司命令我交给"九大王"（耶律淳）的，不敢预先拿出来展示。无奈辽官非常固执，非取不可，马扩只得让他们拿走书榜。

到了傍晚，姚璠等人又来相见，言"书榜中语言大段狂悖"，多是指斥本朝，难以商量，故不敢进呈，今请收回。马扩笑着取回书榜，同时反唇相讥，辽朝既没有"度德量力"，也不了解"天时人事"，在这个形势紧迫的时候，还计较这些咬文嚼字的闲事。萧夔立即反问：宋朝号称礼义之国，如今不顾与本朝缔结的盟约，破坏两国之间的和好，率先举兵出征，所谓"兵贵有名"，不知以什么缘由为借口大动干戈？

萧夔的问题问得很尖锐，若"师出无名"，就难以服众。

马扩巧妙地回答：朝廷命将出师属于军事机密，我作为使者不可能全部知晓内情，但稍微了解的事实是，辽国过去连年用兵，从不将实情通报本朝，天祚帝在外颠沛流离，九大王不但不发兵救援，反而篡立于燕京，大宋作为邻国，义同兄弟，现在要问清楚天祚帝的下落。又听说天祚帝已被削降为"湘阴王"，此事非同寻常，大宋兴师问罪，寻找生死未明的辽主，这样做合情合理，怎能说"师出无名"？

马扩从外交官的角度分析问题，看法与武将种师道迥然不同，竟也能自圆其说。

萧夔为北辽辩护："国不可一日无主"，本朝由于天祚帝失道，四处奔窜，导致"宗社颠危"，幸而"臣民拥戴，册立今上（耶律淳）"，以图救危扶倾，此事与宋朝并无关系，何至于兴师问罪？何况，类似情况自古以来就有，比如唐明皇奔蜀时，唐肃宗便即位于灵武，以期待国家中兴，这种做法与本朝拥立新君之事一致。

萧嫣这番话，等于老调重弹，特别是"唐灵武故事"，辽臣李处温此前在拥立耶律淳时也引用过这一典故。萧嫣认为耶律淳登基在历史上是有例可援的，并且完全合情合理。他反过来建议"南朝宜念邻国久和之义"，借兵给我国御敌，"共除大难"，如今竟然乘隙启衅，夺取辽国的百姓、土地，实在是有负众望，非大国之所为。

马扩以牙还牙，逐一驳斥，鉴于辽人念念不忘"唐灵武故事"，他首先指出，当年唐明皇离京入蜀避乱时，负责监国的太子在灵武即位后便册封唐明皇为太上皇，等到平定内乱，再派人护送太上皇回京，甚至亲自迎接，为其牵马，以尽"君臣父子之道"。反观辽国九大王，一开始就没有被天祚帝委以重任，而是擅自篡立，之后又把天祚帝贬削为"湘阴王"，所作所为如何与古人相提并论？况且，辽国欲求救而企图借兵，应当有诚意。春秋时期，申包胥为救楚国而向秦国乞师，在秦庭哭泣了七天七夜。三国时期，孔明为了抵抗占领荆州的曹操而赶赴吴国求援。他们皆尽心竭诚，邻国岂有不响应的道理？相反，辽国拘泥成规，矫情自饰，未尝派一个信使向大宋求助。故此，就算大宋有哀悯之意，也无计可施，如今大军压境，旦夕之间决定祸福存亡，辽国君臣到底何去何从，应该自行裁夺。

从唇枪舌剑的结果来看，无疑是马扩占了上风，不愧为能言善辩的外交人才。辽人理屈词穷。

二十二日，北辽权臣李处温自外地返京，因未见过宋朝书榜，派人到净垢寺向马扩索取。辽人在辩论失败之后，开始认真对待宋朝招降政策，认为有必要重新进行研究。北辽似乎存在妥协的可能。

关键时刻，前线形势突然起了翻天覆地的变化，完全打乱了宋朝与北辽和谈的节奏。原来，宋、辽两军在五月下旬发生了冲突。

原先对北伐心存疑虑的西路军将领杨可世，风闻燕人久欲内附，会欢迎宋军入境，乃率轻骑数千人，于二十二日越过边界，探个究竟，谁知一路上没有辽民以箪食壶浆前来迎接，反而受到当地驻军阻挠，一时颇为被动。

燕京许多人尚未知晓宋、辽前线局势的剧变。北辽君臣原本态度软化，存在妥协的可能，辽殿前指挥使姚璠曾于五月二十三日早上专门来到马扩下榻的净垢寺通报：朝廷商议决定，明天令宣赞（马扩）朝见圣上。他还特别叮嘱马扩在面见耶律淳时，说话要婉转一些，便于相互酬答。

傍晚，辽枢密承旨萧慧等人重来探访时，面目为之一变，竟然一齐发言批评宋朝。原来，他们已知宋、辽两军在此前一天爆发冲突（宋、辽两军在五月二十二日开始打仗，除了《茆斋自叙》有所记载，《三朝北盟会编》收录童贯在宣和五年四月二十二日的《复燕奏》，亦可作为佐证）。他们当面斥责马扩：宋朝徒夸兵多将广，不顾天理，以致人无斗志，而"昨日种师道发杨可世一军，过白沟"，欲来侵犯，本朝稍作迎击，宋军"望尘退走"，如果不是考虑两国历来和好，我军已"直入雄州"。他们纷纷质疑宋朝为何"一面遣使，又一面进兵"，嘲笑宋军不堪一击，颜面扫地，还特别盘问马扩私自约见刘宗吉之事，直言刘宗吉已供认不讳。其中一名盘问者干脆从怀中取出马扩此前交给刘宗吉的信物，愤然作色地进行恐吓。

马扩一时搞不清刘宗吉为何会被辽军查获，也不知道前线的具体战况，但事已至此，只能以毫不畏惧的态度解释道：马某此行，非比寻常，时时小心谨慎，"唯恐为两国生事"，由于负有招纳的使命，刘宗吉既然主动投诚，岂能不接受？接着，他为宋军辩护：本朝大军出征时奉旨"不许杀戮一人"，昨日发生冲突，必定是将士欲在边界"立旗招安"，却被贵朝兵马袭击。马扩将宋军的败仗轻描淡写，一语带过，并发出警告：万一统领军队的宣抚司向朝廷做出申请，正式要求犁庭扫闾，等到西军在边界全部集结完毕，"恐非燕民之福"。

萧慧愕然，道：宋朝派遣宣赞前来，是做"死间"的吗？"死间"一词出自《孙子兵法》，意思是指间谍在敌人之间传播虚假情报，这种做法是要冒生命危险的。据此，萧慧又挑拨说，没料到宋朝视士大夫之命如草芥。

马扩从容回答：马某此行，本来准备以自己的性命换取全燕百姓之命，"悟则同生，不悟则同死"，并没有顾及是否能全身而退。他又指出"兵家用间"是下策，因为水能载舟，亦能覆舟，成功与失败的例子都有，当敌强我弱，或者彼此势均力敌，才适合使用间谍，既然北辽与宋朝强弱悬殊，那么宋朝使用间谍便是多此一举。马扩反问萧慧：贵朝兵力有我朝十分之一，或者百分之一、千分之一吗？倘若不念及两国历来交好，我朝立即分兵数路，一齐杀来，不知贵朝如何防御？当然不会派使者来做"死间"。

此时，辽军仅与杨可世的偏师作战，尚未和种师道的主力交手，对西军真正实力不太清楚，萧巽等人没有继续和马扩辩论，只在临走前说：稍等，析津府（燕京的析津府，相当于宋朝京都的开封府）自有安排。

激烈的争论戛然而止。马扩不惜冒着生命危险多次顶撞辽人，却毫发无损，原因之一是具有正式外交官员的身份，辽人难免投鼠忌器。而此前奉童贯之命赴辽招降的张宪、赵忠，并非正式的外交人员，只是私下活动的说客。

二十四日和二十五日这两天，再无北辽官员前来净垢寺。或许是前线正在交战，无暇顾及宋使团。

马扩在所著《茆斋自叙》中，以当事人的身份对宋辽谈判过程做了详细的记录，这在现存宋辽各种史籍中是独一无二的。然而，书中没有提及见过北辽皇帝耶律淳。南宋封有功所著《封氏编年》却认为马扩在出使时见过耶律淳。如果此事属实，应该发生在二十三日之后。

《封氏编年》记载，双方着重讨论了宋朝是否师出无名，马扩此前与姚璠、萧巽谈过这个问题，所以又将答词重复了一遍。耶律淳将马扩递交的敕书与檄文转付给门下省研究，匆匆结束了这次礼节性见面。萧巽随即带着马扩来到宫中一庭院，焚香朝拜挂在庭中的宋真宗、宋仁宗的画像。接着，北辽译者当众阅读宋真宗、宋仁宗两位皇帝写过的"誓书"，内容皆宣誓绝不违背与辽国的盟约。马扩知道辽人用意，重申宋朝起兵"只为燕王擅行废立"，是基于两国的"兄弟之情"，并非师出无名。大家话不投机，各自散去，马扩自回馆休息。

值得注意的是，耶律淳随后召来李处温商谈宋朝的敕书与檄文。其实，李处温早有降意，他与归附宋朝的赵良嗣是老相识，彼此为莫逆之交，由于对时局不满，曾一起在燕京北极庙"捻香沥酒为誓"，欲弃暗投明。赵良嗣降宋时，李处温也想效仿，但一直未找到机会。金国大举西进，逼走天祚帝，李处温因拥立耶律淳有功而成为北辽宰执，但他仍然心存异志。如今童贯率大军压境，到底是战是和？他不敢建议耶律淳归附宋朝，害怕其他朝臣有不同意见，只说此乃军国大事，应该与朝中诸大臣共议，又说"陛下睿知独断"，臣等不过参议。

散会之后，耶律淳思前想后，既恐天祚帝卷土重来，又畏惧金军，再召李处温面议，说道：女真骑兵占据西京，未闻归国，大宋又重兵压境，与金军形成夹击之势，"朕观人事天时，不敢当宝位"，故欲"称藩南朝"，与卿等同保亲属安全，未知卿等意下如何？言毕，他呜咽流涕，悲不自胜。李处温表面上也陪着流下眼泪，内心却乐观其成，并立即着手准备，认为可先遣使与宋朝联系。

不同的史籍记载有异，但宋人确实认为北辽有归附的可能。《建炎以来系年要录》记载，即将受到宋、金夹攻的耶律淳"大惧"，欲向宋朝称藩。

谁知到了二十六日，在边界活动数天的宋将杨可世，不但未能完成"招降纳叛"的计划，反而在兰沟甸遭到严重挫折，他所率的数千名轻骑被辽军击败，仓促间向白沟方向撤退回宋境。宋、辽两国保持了百余年的和平至此结束。辽国虽然打不过金军，但与宋军作战游刃有余。这样一来，宋朝企图用武力迫使北辽"纳款称藩"的计划，变得更加困难。

由此可知，刘宗吉向马扩提供的情报不太准确，这名在白沟辽军中当差的汉人本来宣称边界附近的辽营寨疏于防备，而燕京诸处皆无兵马，唯萧干辖下两百余名骑兵能打仗，不足为惧。可实际情况并非如此。

杨可世败退的同一天晚上，北辽对身处燕京的马扩下了逐客令，萧奥、张觉二人送来了一批锦绮衣袄，还拿出银、绢等礼物馈赠马扩及其随从，称明天送宣赞回去。马扩知道招降北辽的计划一时难以成功，心有不甘，可无可奈何，只得做好离开的准备。不过，北辽委派秘书郎王介儒、都官员外郎王仲孙等人，随同宋使团南下，仍希望彼此保持联系。

五月二十七日，马扩在王介儒等人的陪伴之下离开燕京，起程南下，当晚宿于涿州。次日早上，他们在路上意外碰到了几名辽骑，皆携带宋军的刀、枪、鞍马。这些军械，无疑是辽兵缴获的战利品。其间，有士卒来来往往，表现出忙碌的样子，显示军事行动仍在进行。

大战似乎迫在眉睫。王介儒乘机借题发挥，对着马扩感慨道：两国久享

宋真宗坐像 ｜ 宋 ｜ 佚名 ｜ 台北故宫博物院藏

宋仁宗坐像 ｜ 宋 ｜ 佚名 ｜ 台北故宫博物院藏

太平，就算是白发苍苍的老人亦不识兵革之祸，如今一旦见到这样的"凶危之事"，怎么不心怀恻怆，宋朝时常认为"燕人思汉"，却没有反过来想想，燕地自从割让契丹以来，至今近两百年，燕人世世代代居此，"岂无君臣父子之情"？

马扩回应道：国家的存亡兴废，大概不是人力造成，而是天意所致，现在女真逼近燕地，燕人"如在鼎镬"，饱受煎熬，大宋皇帝念故疆旧民之苦，不忍坐视，便兴师救援。他又挖苦道：若论父子之情，那么谁是生父呢？只知有养父，而不知有生父，就是不孝。

王介儒顿时语塞，笑而不答。

一行人走着走着，到了新城，距离宋、辽边境的枢纽地点白沟越来越近。王介儒突然通知马扩："四军大王（萧干）"在白沟，勒令要扣留"南使"，不允许返国。

大家唯有停顿下来，于二十八日晚宿于新城外面的驿站。王介儒或许不想出使计划中途有变，善意奉劝马扩改一改较真的脾气，说道：宣赞见到四军大王时，言谈之际恐怕要"更须婉顺"，此行虽然危险，只要"无犯虎狼之怒"，就可以把事情办妥，并保证自身的安全。

马扩我行我素，说：四军大王不能制止女真的侵犯，却准备对付一个手无寸铁的使者，这样做，无助于耀武扬威，若再蛮不讲理，马某就算死，也不敢忘记实施"全燕安危存亡"的大计。

话虽如此，马扩也不敢大意，等王介儒离开后，开始对局势进行分析。他现在知道北辽已有重臣南下至边境一带，判断四军大王要扣留使者是因为昨日宋军受挫，顺势以此示威，遂秘密指派随从打听昨日的战况，究竟是宋军北上还是北辽军队南下。

不久，随从打探到了确切的消息。原来是"燕师（北辽军队）乘隙攻掠"。或许是边界附近发生的小战斗而已。

马扩松了一口气，认为被扣留一日也无大碍。然而，北辽把马扩等人扣留在新城，不许他们靠近白沟，可能是经过深思熟虑而做出的决定。因为白沟一带即将成为杀戮的场所，辽军做好了越境反击的准备。

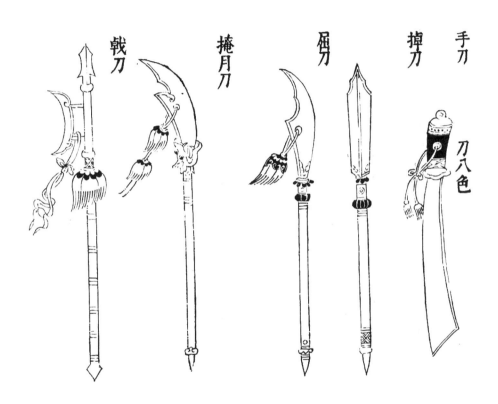

戟刀　掩月刀　屈刀　掉刀　手刀

刀八色

《武经总要》中的刀、枪

当时，宋东路军主将种师道督领大部队进至白沟一带，安营扎寨，与辽军沿着界河对峙，并且从情报得知"河北有警"，预感到可能会打仗。但是，童贯非常担心仗会越打越大，这既会破坏谕降之策，也有可能造成严重伤亡，以致违反宋徽宗的指示，因为宋徽宗特别强调即使未能光复失地，也要"全师而还"。童贯不惜矫枉过正，早就以"奉圣旨"的名义宣布："王者之师，有征无战，吊民伐罪，出于不得已而为"，宋军将士"如敢杀一人一骑"，军法从事。

种师道只能按照与童贯事先的约定对诸将说：燕人乃"吾民"，如果我军有能力接纳，燕人自然会前来归附，现在部队"坚壁为备"，以待辽国内部生变。强调"切不可杀一人"，督促诸将约束士卒，遵照圣旨及宣抚司的指示办事。

杨可世仍旧执行"招降纳叛"之策，吩咐骁将赵明拿着写上谕降文字的黄榜，试图前往招抚辽国境内百姓。这一次，宋军吸取了兰沟甸之役的教训，没有越过界河，也不敢进入辽境，而是在河边的桥头积极宣传宋朝政策，劝说燕人趋福避祸，做出正确选择，并公开竖起招安之旗。

辽军有人讨取黄榜及旗，送给通晓辽、汉文字的耶律大石。

耶律大石是辽太祖八代孙，进士出身，出任过翰林应奉、承旨等文职，才学过人，由于辽人以翰林为"林牙"，故又名"大石林牙"。此人不但有学问，还擅长骑射，可谓文武双全，曾做过地方官，历任泰、祥二州刺史以及辽兴军（今河北省卢龙县）节度使，虽然参与拥立耶律淳登基，可并未获得任何新的官职，政治地位比不上汉人李处温与奚人萧干。尽管如此，由于具有契丹皇族的身份，他在政坛上仍然举足轻重，史称耶律淳将"军旅大事悉委大石"。

如今，耶律大石坐镇边境，负责拦截宋朝的北伐军，并且在数日之前击退了越境的杨可世，正是志得意满的时候。他看见宋朝的谕降黄榜以及招安旗帜后，立即将之撕毁，怒骂道：无须多说，唯有死战而已！

耶律大石指挥部下于二十九日越境进攻，霎时"矢石如雨"，打得宋军猝不及防。

前方宋军受圣旨和宣抚司命令的约束，没有放手反击，只派人骑马回来向种师道请战。种师道知道童贯力倡的"不战而胜"之策已行不通，当即表明：既然兵刃相接，岂能束手待毙！我军应迎战，诸将可乘势立功。如果不打仗，那么坐受朝廷赏赐的是主张"招降纳叛"的和诜，而我辈白白到前线跑了一趟。

杨可世获得种师道的批准，扼守界河，即将和耶律大石展开第二次较量。

与此同时，东路军选锋军将领赵明带领部分士卒赶紧布置，准备抵御。辽军隔河扬旗，指挥骑兵向西运动。杨可世见状，对诸将说，下游必有可以跋涉之处，须分兵据守。危急关头，泾原路将领赵德奉种师道之令来援，杨可世大声呼喊，敦促赵德急赴下游防卫。赵德尚未到达，辽军已迅速渡河，正策马腾跃，向着宋军阵地包抄过来。赵德不想硬拼，忙不迭避开。杨可世遥遥望见，气得大骂，只能离开桥头亲自前往堵截，被辽军左、右翼合围，陷入苦战。留在桥上的赵明势孤力薄，惨遭失败。

界河南岸的宋军且战且退，杨可世的脚为铁蒺藜、利箭所伤，鲜血流满了靴子，仍"怒发裂眦，鞲臂以捍"。他用口衔马的绳控，腾出手来作战，以致牙齿掉了两颗。虽然腹部被流矢射中，杨可世仍杀死数十人，但连续两次被耶律大石击败。

宋军退回营寨，不敢掉以轻心，于当晚擂鼓鸣金，摆出一副反击的样子，以虚张声势。

辽军察觉到情况有异，停止追击，天明后，才发现中了对手的缓兵之计，欲继续进攻，无奈宋军已加强防御。

事后，和诜劝种师道斩杨可世，以维护军纪，因为"宣抚司出旗榜"的本意是不战而屈人之兵，可杨可世此前擅自越境挑衅，导致与辽军爆发严重冲突。他又以春秋时期齐国大将穰苴处斩违纪的君主宠臣庄贾为例，说明惩戒的重要性，"使虏人知朝廷无意用兵"。

种师道认为杨可世曾追随童贯平定方腊，极受器重，拒绝以军法处置。

白沟一带的杀戮暂时停止，宋、辽两军处于休战状态。被扣留在新城的马扩终于接到通知，要接受辽军将领的盘问。意外的是，四军大王萧干并未露面，而是委派耶律大石前来相见。耶律大石不改军人本色，见面就单刀直入："南北通好百年"，宋朝为何毁约举兵侵占我国土地？

类似的问题，其他辽人早已问过，但马扩这一次面对的是锋芒毕露的耶律大石，因而不像以往那样回答。马扩刻意避免提及北辽篡位以及宋朝兴师问罪之类的话，以免激化矛盾，只是巧妙地将责任推给女真，声称本朝兴兵乃女真促成，因为女真屡次遣使渡海而来，要将燕地送还本朝，朝廷每次皆和气谢绝，不敢轻信。最近，女真人又在牒文中透露已占据山后地区，扬言"如南朝不要燕地，则渠国自取之"，有鉴于此，本朝为了避免燕地沦陷于女真，"不得不发兵救燕"。

耶律大石怒形于色，愤愤不平地说："河西家"（西夏）曾屡次上表大辽，欲与大辽夹攻贵朝，大辽每次都把河西家的表章原封不动地转交贵朝，从不肯做见利忘义的事，也没有听信河西家的挑拨离间之言，为何贵朝偏听偏信，"才得女真一言，即便举兵"？

马扩回答：西夏之人虽然多次口出不逊之言，然而数十年间，何曾侵占宋朝寸土？相反，女真所言符合事实。本朝出兵，不但为了救燕，同时也是为了巩固本国边境。

耶律大石一时争辩不过，只得转移话题，气势汹汹地质问马扩既然是使者，为何与刘宗吉之辈结交订约。

马扩早知刘宗吉被辽军查获，胸有成竹地解释道：贵朝诸公已和马某谈论过此事，马某的身份是"招纳使"。言下之意，招抚燕人乃理所当然。

马扩无所畏惧，耶律大石也不想再纠缠。宋辽盟约已被战争破坏，这位北辽大将却不打算再扣留宋使团。临走前，他对马扩说：你们吃过饭就可以返国，但要把我的话传给童贯，"欲和，则仍旧和；不欲和，请出兵见阵"。

马扩如释重负，与王介儒等人重新起程，利用宋、辽两军停战的间隙，一起越过白沟，顺利进入了宋境。

宋、辽边界仍旧处于剑拔弩张的状态。五月三十日，刚刚返国的马扩途经东路军主将种师道所在大营，敏锐地察觉这个营地选址不太妥当。他深知敌将耶律大石非比寻常，切不可大意，便借故离开随行众人，独叩辕门，准备提醒种师道。

东路军左军将领杨惟忠出来迎接，引着马扩入见种师道。两人见面，免不了要谈论出使燕京之事。之后，马扩直言不讳地就军事问题提出建议：凡有战事，军队必居高临下，选择向阳之处，以利于进行攻击，如今"公"（种师道）所在的营地存在隐忧，其东、西、北三面皆逼近树林，恐怕贼人乘风放火，前来偷袭。况且，驻营于此，即使白昼眺望，亦费眼力，难以及时发现敌人，为何不迁移呢？

种师道觉得这个建议很有道理，马上向南移营，另外选择合适的驻营地点。宋、辽两军的距离变得更远，降低了冲突的风险。

马扩告别种师道，与众人一起继续南行。这时，辽使王介儒发现宋军向南迁移，大惑不解。马扩当然不会将实情相告，只道：部队更戍而已，这是常事，不值得大惊小怪。

当晚，众人抵达雄州。马扩安排随从及辽使入住一处驿馆，然后拜见在城中主持大局的童贯，并将出使北辽时的所见所闻一一禀告，在转述刘宗吉的情报时引起了争论。童贯身边的一些幕僚、属官不同意辽国兵力虚弱的说法，甚至为此"顿足抵掌，切齿而怒"。当时种师道、杨可世所部均在白沟失利，当马扩声称燕地兵力空虚时，童贯身边的机宜官王麟大声叫嚷："马某可斩！"可辽军到底来了多少人？反对者又说不出个子丑寅卯。

童贯出面调解，先让诸幕僚以及属官退下，再单独对马扩说，事尚可为，但不要再和那些人争论。童贯意图维护内部团结。

马扩把该说的话都说完了，随即告辞，走出幕府时又被诸幕僚、属官包围、指责。但他仍坚持己见，言"燕人离心，日思南归"，而燕地的精锐部队"不满千骑"等。这些都是出使期间的所见所闻，须如实上报，以免误了军国大事。

不过，就算耶律大石辖下兵马比宋军少，前线将帅也不敢轻敌，毕竟已输了两阵。种师道既然带着东路军往南移营，白沟一带便逐渐恢复了平静。

然而，到了次日，界河上游的范村发生了冲突。原来辽军已经兵分两路，除了耶律大石所部，萧干也统兵参战，针对的目标是驻扎在范村的宋西路军。这位奚人统帅亲自登上范村附近的孤山进行侦察。他坐在胡床之上，身边的随从张开伞盖为他遮阳，他显得从容不迫。之后，他下山督师展开攻击。

西路军前军将领王渊、刘光远、翟进以及降将赵诩迎战，但被奋力向前突进的辽军围困于山下。其中，王渊中枪，几乎坠于马下，一时胜负未决。史载，西路军主帅辛兴宗当时正坐镇范村，"亲出军门，以上将节钺督战"，同时调遣杨可世驰援。辽将萧干久战之后，没有继续纠缠，主动退却。宋军损失不少，岂敢追击。

事实证明，宋军的阵法不太管用。尽管早在宋初，宋太宗就极为重视行军布阵之法，甚至亲自制作阵图，授予大将，可效果并不显著。《宋史·赵延进传》记载，979 年（宋太平兴国四年，辽保宁十一年）的满城之役，前线将领崔翰在战前便预先得到宋太宗所赐阵图，提早把部队"分为八阵"。另一将领赵延进坚决反对这样做，认为"我师星布，其势悬绝"，由于兵力分散，容易被敌人各个攻破，因而主张集中兵力"合而击之"，最后说服崔翰，才击败了辽军。宋太宗的"八阵图"与童贯所布的"四御阵"或"五阵法"不尽相同，但均存在兵力分散的缺点，这类阵法有纸上谈兵的缺陷，在实战中难以有效发挥作用。

尽管马扩根据情报判断北辽兵力空虚，可宋朝东、西两路军打得不太顺利，根本不可能一举收复失地，童贯既然无能为力，便计划改弦更张。显而易见，在宋徽宗所赐的"御笔三策"中，上策已经行不通，因为燕京不可能"传檄而定"，而中策也无济于事，负责招降北辽的马扩无功而返。最后，童贯唯有按照宋徽宗的下策行事，不想再打下去，仅希望能"全师而还"，故命令前线诸将商议撤军问题。

种师道得知辛兴宗所部受挫，对下一步该怎么做，一时犹豫不决，乃按照宣抚司的牒令召来诸将，声称：奉宣抚司之命，与诸公共议，如果可以退师，便即刻行动。

军中一些将领缺乏信心，认为东路军必须得到西路军接应才能继续留在前线，否则就会"兵力不济"，可现在西路军亦受挫，不如回师雄州，再作打算。和诜强烈反对，理由是宋、辽两国本来不准备真正打仗，只是杨可世擅自过界杀伐，才打了起来，现在刚刚与辽军对垒，胜负未分，一旦主动撤返，无异于"自示以弱"。假若辽军乘机追击，会有不测之忧。

受到批评的杨可世同样反对贸然撤退，他提醒种师道：辽军猖獗，若知

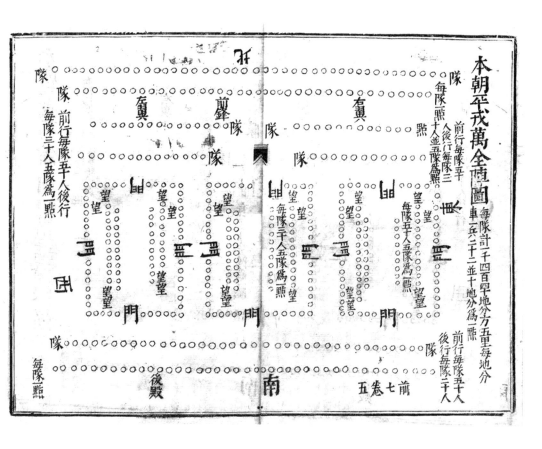

宋太宗御制的《平戎万全阵图》，收录于《武经总要》

我军无功而返，且"气沮疲乏"，必定尾随而进，乘机袭击。

种师道亦对仓促撤退顾虑重重，上报宣抚司，力陈"兵可进不可退"，辽军就在附近虎视眈眈，宋军假若临阵撤退，必定遭到追袭。

可童贯没有改变主意，仍严令部队立即撤回雄州，并派遣参谋刘轮到前线催促。种师道反对无效，只能执行撤退命令，不过，他不敢在白天班师，有意选择六月初三这一天的傍晚开始撤退，先运送辎重，然后在半夜回师，负责殿后的是精锐士卒。

宋军企图在夜色掩护下悄悄离开，但未能如愿以偿。辽军察觉后，立即出动轻骑跟踪，一路追击至古城。途中发生多次鏖战，东路军五军（前军、中军、后军、左军、右军）皆乱，主将种师道差点罹难，所幸他早令随从以巨梃自卫，士卒亦依赖这种兵器，军队没有溃散。

宋军的装备历来以弓弩为主。其中弩的射程远于弓，不足之处是射速较慢，为了打得更快，宋军时常以士卒三人编成一组，分别承担"张弩""进弩"与"发弩"的任务，从而使得射出的弩箭更加快速、密集，这在《武经总要·教弩法》有记载。故此，携带大量弓弩的宋军步兵就具备了抗衡辽军骑兵的能力（辽军骑兵的主要装备是弓矢，射程普遍逊于宋军的弓弩）。不过，辽军还有一种"身披铁甲"的"铁鹞子军"，配备的是短兵器，负责破阵，能够克制宋军的弓弩兵。典型的战例是发生于945年（契丹会同八年，后晋开运二年）的进攻后晋之役（此役收录在《资治通鉴》中，宋元时期的历史学者胡三省专门对"铁鹞子军"作过注释）。值得注意的是，北辽大将萧干当过"铁鹞子军详稳"，如今在追击南撤的宋北伐军时，很有可能出动类似的部队冲锋陷阵。种师道命令手下以巨梃自卫并非偶然，巨梃这种兵器恰恰能够与铁甲骑兵对抗。辽人也懂得这个道理，正如宋臣沈琯在给李纲的书信中提到，契丹人用棍棒之类的兵器打击金军面部，金军披挂的"兜鍪极坚"，但也难免坠于马下。

宋军边打边撤，几经艰辛，才于次日抵达雄州城下，不料吃了闭门羹。

关键时候，童贯却传令禁止东路军入城，或许是由于大批辽兵正汹涌而至，故不敢轻率打开雄州城门，以免出现难以控制的混乱局面。纵观古代战

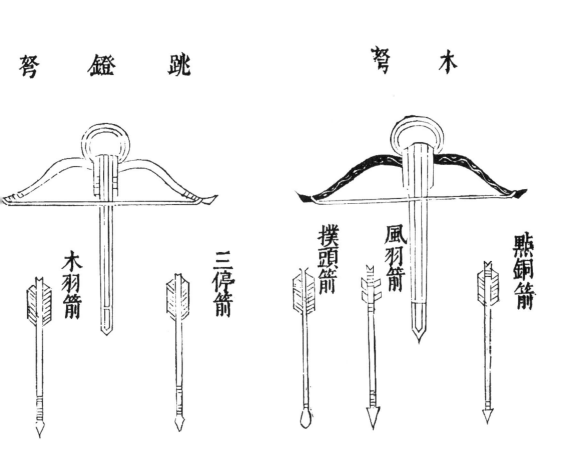

弩鐙跳　　　　　弩木

木羽箭　　　三停箭　　撲頭箭　風羽箭　　點銅箭

《武经总要》中的各种弩

争史，类似情景很多。明初靖难之役，《明太宗实录》记载，明建文元年（1399），南军在真定门外战败，士卒急奔入城时，"军争门塞，不得入"，互相践踏，死者甚众，残存者甚至抽刀斩杀，劈开一条血路，才得以逃入城中，"阖门自守"。此时此刻，追兵若乘机掩杀，后果不堪设想。清太祖努尔哈赤就对这种打法了然于胸，《清太祖武皇帝实录》记载，他在明万历四十六年（1618）颁布的攻战之策中，提到八旗军攻打城邑时，应该"详观其城邑之远近，相距若远，即尽力追袭，近则直抵城门，使其拥塞而掩杀之"。

城外不少宋军呼喊"门不能闭"，可于事无补。杨可世及其女婿马彦传与大将杨惟忠一起，与追兵在城下打成一团。童贯没有坐视不理，派遣辛企宗、辛永宗率领"胜捷兵"赴援。这支预备队是童贯在主持陕西军务时创立，将士皆从各部队中挑选，获选者皆身材魁梧，武艺超群。每一禁军指挥辖下数百人之中，仅有一人或数人入选，总得五千人，如今形势紧迫，正好应急。谁知"胜捷兵"与敌人"才接刃，又败"。

突然刮起了北风，天色昏暗，落下大雨，雨中夹着拳头般大小的冰雹。恶劣的天气从中午一直持续到傍晚，咫尺之遥，难以相视。混乱中，种师道不慎与坐骑失散，只得与监军共乘一马，联袂而奔，颇为狼狈。宋军士气不振，望南而溃。阵亡者散布于雄州以南、莫州之北的塘泊之间，而雄州以西的保州、真定一带亦死者相枕藉，损失惨重。《北征纪实》记录的数据可供参考，"契丹以三千骑挠我军"，"我师败绩，所丧十之一"。也就是说，十万至十五万人的北伐军，损失一万至一万五千人。

北辽获捷并非偶然，因为这个国家曾积极备战。耶律淳即位之初，命令州县招抚逃窜于山谷、沙漠之间的难民，这些难民"人马饥甚"，但具有辅助正规部队的能力。官府好不容易召集了万余户，遂从每户选一人从军，支赡家用钱三十贯，迅速组建了新的武装力量，并获得"瘦军"的绰号。可是"瘦军"纪律欠佳，散处于涿、易两州之间，时常侵扰平民，甚于盗贼，而统兵的军官亦不过问，故战斗力有限。北辽真正倚重的仍然是老部队。《契丹国志》记载，当时由于"汉军多、番军少"，掌握兵权的萧干建议"籍东、西奚二千余人"以及"岭外南、北大王，乙室王，皮室，猛拽刺司"布防。

宋 军 第 一 次 伐 辽

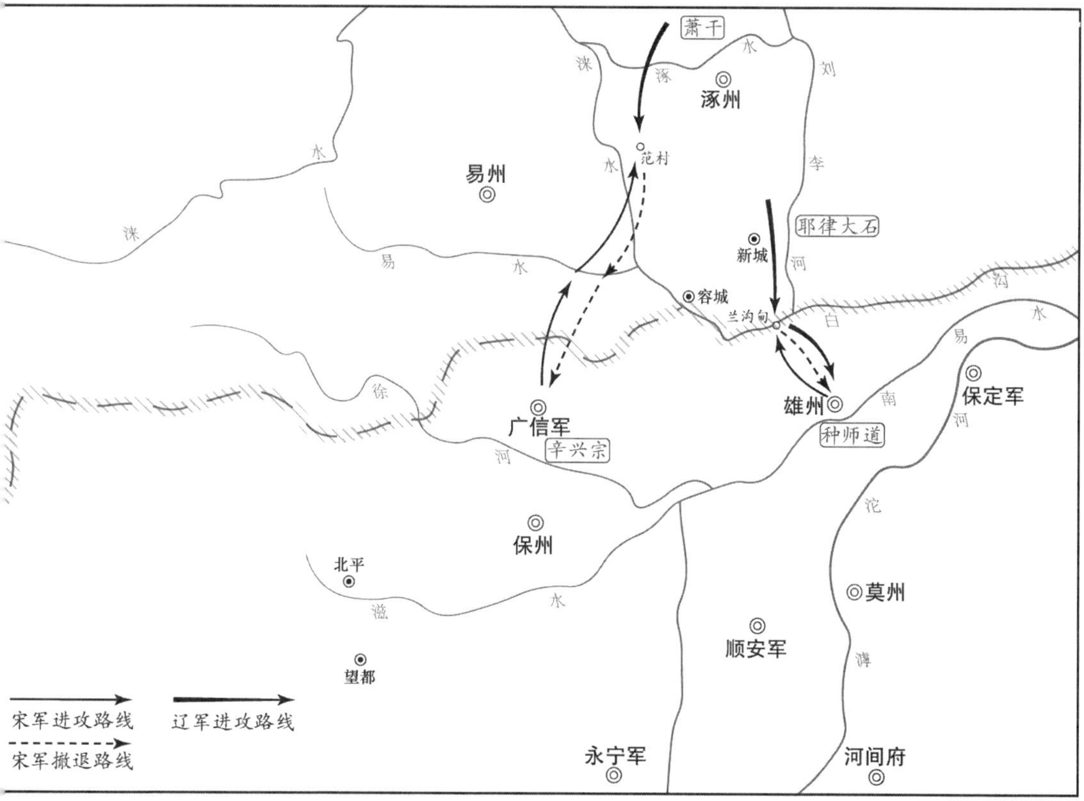

萧干

涿州

刘

易州

范村

李

耶律大石

新城

容城

兰沟甸

白

雄州

保定军

广信军

辛兴宗

种师道

南

保州

北平

莫州

顺安军

望都

永宁军

河间府

宋军进攻路线　　辽军进攻路线

宋军撤退路线

按照辽制，北枢密院乃掌管部族征兵的最高机构，而萧干本为奚人，出仕知北枢密院事之前曾任"奚六部大王"，所以能够征调"东、西奚二千余人"。然而，调遣"南、北大王，乙室王"辖下的契丹部族军则有麻烦，因为许多部族军听从天祚帝的命令，转战于山西以及阴山一带。至于"皮室军司"与"猛拽剌司"，历来隶属"燕山都总管府"，镇守在辽宋边境，是北辽能够指挥的武装力量。特别是"皮室军司"辖下的"皮室军"，乃辽国最精锐的部队，始终没有北调抗击金军，而是在南边监视宋朝，这些精兵良将要和拥立耶律淳登基的"常胜军"一起，制止宋军北伐。

宋北伐军抵达边境，耶律淳专门任命耶律大石为西南路都统，以牛栏监军寨将领萧遏鲁为副手，率领奚、契丹两千名骑兵，屯于涿州新城县进行警戒，监视宋朝雄州等处驻军的动静。

这一系列调兵遣将的军事机密，外人很难知晓。由此可见，在白沟当差的汉人刘宗吉不明就里，于五月十九日向马扩提供了辽营寨疏于防备等情报，的确与事实不符。

可叹的是，宋军部分将帅此前还以为"金鼓一鸣"，便能兵不血刃地收复失地，由此付出了惨重的代价。当杨可世在五月下旬带着先头部队越境，就立即被严阵以待的耶律大石击退。据《三朝北盟会编》所载，北辽此后又增兵三万余人，计划分路攻打白沟、范村等处，部分骑兵伺机深入宋境，竟然一下子打到了雄州。

现在，兵临城下的辽将使人来谒，声称女真背叛本朝，这理应是宋朝所厌恶之事，希望与宋朝联手对付女真，并警告宋人不可贪图"一时之利"而"弃百年之好"，若"结豺狼之邻（指女真）"，会有"他日之祸"。

北辽打了胜仗，但无意扩大事态，撤了回去。雄州附近宋军残余士卒得以乘隙入城暂避，为了以防万一，遂登上城墙协守。辽使王介儒在驿馆内遥遥望见，不知到底发生了什么事。马扩有意掩饰宋军失败的事实，说道：这是刚刚调来的陕西六路兵马。

北伐军既然出师不利，宋人对辽使变得客气起来。刘韐以及贾评、王麟、李子奇、于景、李宗振等幕僚奉宣抚司之令，携带着名贵的金玉茶具前来与王介儒一聚。驿馆顿时车马盈门，热闹非常。他们通知王介儒，宣抚使已禀报朝廷，欲与贵朝重归于好，但朝廷尚未回复。

王介儒求之不得，诉说道：燕人久属大辽管辖，在家乡各安生业，贵朝却出兵侵扰，故燕人皆决一死战，而打仗对辽、宋两国生灵均非好事。

辽国副使王仲孙不忘帮腔，引用了"一马不备二鞍，一女不嫁二夫"的谚语，说道："为人臣者，岂事二主？燕中士大夫，岂不念此？"

马扩知道辽人这些言论全是针对宋朝的招降政策，反驳道：燕人先嫁契丹，如今恐怕会再嫁女真！

这句话让王介儒与王仲孙有点难堪，因为他们皆是燕人，唯有相顾大笑以掩饰五味杂陈之情。

过了两天，童贯亲自在宣抚司接见辽使，客气地将报书交给王介儒等人，然后出动铁骑护送他们返国，时为六月六日。六天之后，宋军奉诏班师，首次北伐至此结束。

宋军首次伐辽，本来志在必得，却出师不利，原因有很多，如事前缺乏充分准备以及前线诸将矛盾重重，未能齐心协力等。但不能不归咎宋徽宗自以为是的"御笔三策"，童贯在前线罔顾事实而刻板执行皇帝旨意，亦铸成大错，造成前线部队进退失据、无所适从。事后，童贯委过于人，拿前线将领开刀，奏劾种师道"天资好杀""以沮圣意"，破坏了宋徽宗意图不战而胜的原定计划，并迁怒于和诜，指责其低估北辽，"觇候不实"，又犯了"不从节制"的过失。高阳关路安抚使侯益此前因上奏"胡中衰乱，君臣篡夺，残暴假息，游魂疆场，正取乱侮亡之时"，如今也被批评犯了探报不实、"妄请兴师"的错误。就这样，种师道被迫致仕，离开了前线，和诜亦被贬为濠州团练副使、筠州安置。侯益被贬知濠州。这次北伐至此黯然结束。

第十三章

夹攻计划

宋朝北伐军在宋宣和四年（1122）六月间铩羽而归，金国在同月初发兵伐辽。阿骨打留下弟弟吴乞买监国，冒着溽暑从上京出发，并下诏书"朕顺天吊伐，已定三京"，但辽主尚未捉获，不能停止用兵。

自从西京在此年四月被金军占据，沙漠以南部族皆降。天祚帝的日子越来越不好过，向北转移到讹莎烈暂避时，幸而得北部谟葛失（毛割石）的救援。谟葛失乃阴山室韦首领，他慷慨地馈赠了马、驼、羊，使天祚帝所部渡过难关。同年五月，耶律马哥收集残兵败将，赶来救驾，与天祚帝在沤里谨会合，被封为知北院枢密使事、兼都统。辽国君臣继续在塞外流荡，躲避追兵。

谟葛失曾派部属前来支援，在洪灰水被金军击败，其子陀古以及部将阿敌音成为俘虏。

除了阴山室韦出兵协助抗金，西夏也介入了金辽战争，这是继宋朝之后又一个有影响的国家参战。

辽国与西夏的关系比较和谐，在天祚帝主政时期，西夏国主接受辽国的册封，经常向辽朝进贡。而当西夏与宋朝发生纷争时，辽国时常偏袒西夏。比如1102年（宋崇宁元年，辽乾统二年）与1103年（宋崇宁二年，辽乾统三年），西夏国主乾顺自认受到宋朝侵犯，连续遣使向辽国求援。1104年（宋崇宁三年，辽乾统四年），宋朝与西夏关系进一步恶化，宋徽宗采纳蔡京之策，下诏鼓励西北边帅招降西夏人，这种行为将与阵前斩首一样可立功受赏。西夏人进入宋境放牧，亦遭杀戮。两国遂在镇戎军（今宁夏回族自治区固原市）、宣威（今青海省西宁市以北）等处交战。天祚帝在辽乾统五年（1105）四月派大臣萧良使宋，声称"大辽以帝妹嫁夏国主"，请宋归还"所侵之地"，次年正月又遣牛温舒使宋，敦促宋朝归还"所侵之地"。宋徽宗不想两线作战，答应归还自崇宁年间以来所占夏地，这使西夏与辽国的关系更加密切。

当追捕天祚帝的金军靠近西夏边境时，西夏国主乾顺决定援助天祚帝，派遣三万名士卒干涉，于六月进至天德军境内，开始试探性攻击。

当时，金军的两百名骑兵在突捻、补撷这两名头目的带领下侦察敌情，冷不防遇到西夏人，几乎全部覆没。阿士罕带着两百名骑兵前往探个究竟，又被西夏伏兵袭击，仅以身免。

时值夏季，雨下了很久，金军诸将有厌战情绪，皆欲休息，唯独娄室不顾恶劣天气，极力主张打仗，说西夏屡破我军，我若不迎战，西夏会误以为我胆怯，"即来攻我"，不如先发制人。他从军中挑选一千名骑兵，与习失、拔离速两将一起出发。斡鲁被娄室的豪言壮语打动，也主动请缨。金军连夜分批行动，在天快亮时翻越了陵野岭，只留下拔离速以两百名士兵据险而守，防止退路被敌截断。之后，娄室盘问捉获的生口，得知西夏军统帅乃是名气不大的李良辅，信心增强，迅速抵达西夏人驻地野谷附近，并登高遥望，发现对方虽然人多势众，可队列不整，正在渡河布阵，便采取应变措施，一边使人通知斡鲁，一边把部属分作两部分，以灵活机动的方式，不断进行骚扰，时进时退，活动范围广达三十里。他转战至宜水一带时，与随后赶到的斡鲁所部会师，齐心合力反击，追至野谷，杀死数千人。西夏部队一片慌乱，渡涧水时不巧山洪暴发，漂溺者不可胜计，在损失惨重的情况下，暂时不敢再介入金辽战争。

而山西金军几经辗转，始终未能完成捉拿天祚帝的任务，由于阿骨打的增援部队一时未能从上京赶来，战局处于僵持状态。

北辽形势微妙，尽管其部队刚刚在六月上旬重创了童贯的北伐军，但宋人的威胁仍然存在。此时传来惊人的消息，天祚帝在塞外夹山以正统皇帝的身份传檄天德军、云内以及朔、武、应、蔚诸州，欲召集诸番五万名精骑，约定在八月杀入燕京，同时遣人返回燕京索取衣裘、茗药等物，顺便观察城中动静。种种迹象意味着北辽可能面临宋朝以及天祚帝所部的夹攻。

心力交瘁的北辽君主耶律淳本卧病在床，闻此消息，担惊受怕，命令南、北面大臣商议对策。李处温、萧干等朝中重臣眼见耶律淳病入膏肓，且无后嗣，建议以天祚帝次子秦王为帝，力图延续北辽国祚。秦王根本不在燕京，而是跟随天祚帝流亡塞外，但北辽君臣无计可施，便像煞有介事地讨论了秦王继位的可能性，并由此产生了"迎秦拒湘"（北辽将天祚帝贬为湘阴王）的说法。他们还召来百官宣布这个计划，要求所有的服从者皆站于东面。

独南面行营都部署耶律宁站到了西面，以示反对，并在回答质问时说道："天祚果能以诸番兵大举夺燕，则是天数未尽"，岂能抗拒？况且，秦王和所谓的"湘阴王"本是父子关系，自古岂有"迎子而拒其父"的离奇做法？若要拒，则两人皆拒！

李处温等人听后，欲以"煽乱军心"为由处死耶律宁，但被耶律淳阻止。这位卧病在床的北辽君主倚枕长叹：耶律宁是忠臣，岂可杀之？天祚帝若果真来，吾唯有一死，有何面目相见？

耶律淳临终之前，秘密授李处温为番汉马步兵都元帅，托付身后之事。然而，此时李处温早已私下里和宋朝互通书信。

此事说来话长。马扩使辽返国后，童贯有意问道："契丹家（北辽）谁为首台（首相）？"马扩如实回答："李处温。"童贯身边的赵良嗣一听，立刻喜形于色，把自己和李处温在辽国的陈年旧事和盘托出，声称两人昔日已结为莫逆之交，曾一起在北极庙中"拈香为盟"，以图共灭契丹，如今彼此分隔两地，但当年"北极庙中之约必不虚设"，并马上奉童贯之命修书一封，派人暗中递给李处温，欲约为内应。

信中提到，契丹已到"运尽天亡"之时，"虽有智者，何以为谋"，五京既亡其四，而"区区弱燕，岂能孤立"，形势非常严峻，"阁下（李处温）与诸庙堂大臣，岂不共知"。为今之计，应该劝诱新君把燕地献于宋朝，方为上策。假如新君执迷不悟，及其"左右用事之人不明祸福"，那么，阁下应该"密结豪杰，拘囚首房"，成功后"壶浆箪食，开门迎降"。

同时，赵良嗣还投书李处温的儿子李奭以及刘范、马柔吉等人，因为这些人也在十年前聚于北极庙，一起发誓要灭亡契丹，故奉劝他们伺机"奉集义士，开门迎降"。

李处温等人收到赵良嗣的书信，只以李奭的名义回信，表示愿意协助宋朝，"欲俟王师逼燕为内应"。

然而，宋军迟迟未能逼近燕京，因为童贯在白沟、雄州等处连败之后，短期内难以再大举北伐。李处温等人只得潜伏在北辽内部伺机而动。

久病的耶律淳卧于城南瑶池殿，奄奄一息。《三朝北盟会编》记载，李处温父子有意让奚、契丹诸贵人离家陪伴，托故归城中私宅，意图乘机搞政变。他们计划先关闭燕京城门，再请求宋军声援。但契丹人异常警觉，这个计划最后无法实施。

《契丹国志》有另外一种说法。耶律淳病危时，萧干与耶律大石矫诏传命"宰相侍疾"，李处温不但不肯来，反而诡称"奉密旨防他变"，暗中聚集两千名武勇军严加防备。

六月二十四日夜，耶律淳病死，但秘不发丧。萧干等人调来三千名辽骑，列阵于毬场，然后召集百官，提议立燕王之妻萧氏为皇太后，权宜处置军国大事，并尊奉遗命，要迎立天祚帝次子秦王为帝。百官皆写名押字，表示同意，无一人敢有异议。萧氏遂即位于耶律淳的灵柩之前，改元"德兴"。

萧氏的兄弟过去曾牵涉耶律章奴之叛而被诛杀，萧后亦因此身陷囹圄，先是被囚禁于上京，后又转囚于中京，直到耶律淳登基时才获得释放。如今萧氏既主朝政，便以萧干拥立有功，封于越王，又指斥李处温不及时称贺，虽免去死罪，但不再倚为心腹。

在新一轮的权力斗争中，李处温落于下风，其弟李处能害怕有池鱼之殃，为了自保而落发为僧，被萧后送至海岛龙云寺了却残生。随后，有人告发李处温父子私通童贯，欲挟持萧后归附宋朝。萧后亲自调查。李处温辩护道，臣父子过去有定策之功，不应"以谗获罪"。萧后反驳，如果你劝燕王（耶律淳）效仿周公而辅佐天祚帝，那么燕王会以"亲贤"之名传于后世，谁知你竟怂恿燕王取代天祚帝，形同"亲王谋反"。她责骂道："误燕王者，皆汝父子！"她还罗列了数十条罪名，予以谴责。

李处温无言以对，被赐死，其子李奭遭到凌迟之刑。抄李处温家时，搜得十万余贯钱以及大批金银珠玉。李处温仅当了数月宰相，就得了不少贿赂。史称他掌权时"北通金国，南结童贯，欲为身谋，反为身害"，最终祸及自身。

流亡于塞外的天祚帝得知耶律淳病死，辛辣地讽刺其篡位行为是"视息偷存，未及百日，一身殄灭，绝嗣覆家，人鬼所雠，取笑天下"，又在诏书中宣布把耶律淳的妻子萧氏"降为庶人"以及"改姓虺氏"，表示要与北辽不共戴天。据说天祚帝曾传檄山西各地，扬言纠集大军入燕，这需要通过金军占领区，谈何容易。

阿骨打这时已踏上亲征的路程，他在六月下旬诏谕上京官民，自称欲由上京路而进，担心新近接受招抚者惊疑不安，影响生业，遂改道而行。同时奉劝投降之后的叛逃者，见到诏书后自首，可"悉免其罪"，假若仍旧拒绝听命，"孥戮无赦"。

行军途中，金军又不断进行招抚。七月初九，上京汉人毛十八率两千余户来降。初十，金将斡答剌招降有功，被授命统领八千户，以忽薛为副手。

值得一提的是，娄室、阇母等将在此前后经略天德、云内、宁边、东胜等处，其官吏皆降，还搜获了阿疏。

阿疏逃往辽国，一直受到天祚帝庇护，阿骨打多次进行外交交涉，要求辽方交人，但均无结果，如今金军如愿以偿，将之生擒。史载，士卒当场质问："尔为谁？"阿疏垂头丧气地回答："我破辽鬼也！"但阿疏没有受到严惩，完颜希尹在七月二十六日将其杖罚之后释放。女真人过去以索取阿疏为借口，目的是与辽国在和谈时讨价还价，现在阿骨打决定不再与辽国和谈，阿疏就失去了利用价值。

经过两个月跋涉，阿骨打于八月初三来到山西鸳鸯泺，与驻扎于此的完颜斜也会师。值得一提的是，这位金国皇帝具有在泥淖作战的经验，据《金史·世宗本纪》援引《太祖实录》的记载，阿骨打年轻时曾参与统一生女真诸部的战事，在征伐占据直屋铠水的敌酋麻产时，由于道路泥淖，"马不能进"，他果断"舍马而步"，带领下属最终生擒麻产。现在，他又要在泥淖环境中打仗，当然希望能重奏凯歌，早日捉获天祚帝。

形势对金国非常有利。辽国内乱持续，敌烈部皮室于七月初反叛，虽被乌古部节度使耶律棠古平定，可人心仍旧不安。

阿骨打根据侦察得来的情报，知道天祚帝流亡于大鱼泺（又叫大渔泺或鱼儿泺，即今内蒙古自治区赤峰市克什克腾旗达里泊。元初张德辉在《岭北纪行》提到这个地方，称其"周广百余里"）一带，竟然不辞劳苦，于同月七日指挥上万名精兵追袭。这是他自护步达冈之战后，又一次亲自出马追击辽帝。

然而，阿骨打已年过半百，不便冲杀在前，因而让蒲家奴、二太子、耶律余睹统兵四千人为先锋，打头阵。

蒲家奴等人马不停蹄，昼夜兼行，许多部属的坐骑疲惫不堪，慢慢落在后面。他们好不容易赶到石辇驿，终于追上天祚帝，但紧跟而至的士卒仅仅千人，兵力严重不足。相反，辽军有两万五千人，占了绝对优势。

天祚帝此前在山西召集群牧兵，以隗古部节度使萧特烈为副统军，现在敢于一战。萧特烈得知金军杀到，对士卒晓以君臣之义，进行战前动员。

金军惯于以少敌众，毫不畏惧地在附近建筑营垒，与辽军对峙。蒲家奴召集诸将商议，耶律余睹态度谨慎，认为"我军未集"，且人马极为疲乏，未可轻率出战。二太子当场反对，说追上辽主而不抓住时机作战，等到太阳下山后，敌人必定逃遁，到那时我军将望尘莫及。

金军冒险于十二日发动进攻，很快与辽军短兵相接，混战成一团，由于兵力过于悬殊，被围困数重。金兵皆拼死而战，但难以突出重围，只有停止进攻，转入防御状态。辽军完全掌握主动，在萧特烈的指挥之下，正欲伺机发起反击。

天祚帝大喜，遥遥望见二太子所部兵少，自以为稳操胜券，带着侍妾、宫女登上高阜观战，暴露了自己的位置。这种得意忘形的做法让辽军将士颇为诧异。

天祚帝又走下平地，就近观看。耶律余睹连忙向诸将示意，指着天祚帝的方向说道：这是辽主专用的麾盖，如果集中力量搏击，可以得志！金军骑兵纷纷向着麾盖所在的位置猛扑过去。天祚帝大惊失色，立即逃离战场。辽军顿时大乱，萧特烈所部随之溃散，都统萧特末及其侄被活捉。

二太子奇迹般化险为夷，但未能捕获天祚帝。稍后，这路偏师与主力会合时，阿骨打判断天祚帝尚未跑远，又命令二太子以千余名骑兵为前锋，而蒲家奴所部为后继，奋力追赶。

十五日，天祚帝逃到欢挞新查剌，得知追兵尾随而来，遂放弃辎重，仓促上路，千方百计地躲藏。

阿骨打正在塞上四处奔波，突然收到这样一个消息："童贯举三路大军屯边。"看来，宋军欲开始经略燕地。意外的是，宋朝没有正式向金国通报出兵日期，反观金军在这段时间展开的行动，事先也没有正式通知宋朝，两国倡言"夹攻辽国"，实际上各行其是。

阿骨打不愿再受蒙蔽，召集群臣商议，认为应该及时派遣使者与宋朝加强沟通，防止宋军夺取燕地之后拒绝向金国交纳岁币。徒姑坦乌歇、高庆裔为此紧急奉命出使。

金人获得的情报比较准确，宋朝君臣的确急于要展开军事行动。北伐军虽然前不久在白沟、雄州等处受挫，但实力犹存。童贯、蔡攸经瓦桥关、莫州回到河间府时，从中山守臣詹度的报告中知道耶律淳已死，同时不少燕人"越境而来"，皆以"契丹无主"为由，表示愿归故土。太宰王黼极力主张再次兴师，宋徽宗便于七月二十六日命令童贯、蔡攸整军备武，准备卷土重来。这时，种师道已被罢官，改以刘延庆为都统制。

刘延庆与种师道一样，出自西北将门世家，早在宋仁宗主政时期，其祖父刘怀忠在与西夏军作战时阵亡，其父刘绍能继续活跃于西北前线，曾在啰川等处破敌。至于刘延庆本人，亦立下显赫战功，在成德军打败西夏人，生擒酋长赏屈，迫降西番部落首领益麻党征，官至保信军节度使、马军副都指挥使，还跟随童贯出征方腊，升迁为河阳三城节度使。可以说，"刘家将"在西军中威名远扬。如今刘延庆于八月初一出任都统制，也算实至名归。值得一提的是，刘延庆的次子刘光世也是西军将领，时任鄜延路兵马钤辖，现在取代辛兴宗出任同州观察使。刘氏父子即将同时参加北伐，正应了那句俗语"上阵父子兵"。

同时，朝廷以何灌为副都统，调遣诸道兵二十万人，预期于九月会师于三关。所谓"三关"，是指瓦桥关（今河北省雄县附近）、益津关（今河北省霸州市附近）、淤口关（今河北省霸州市东信安镇），均是通往燕京的要点。此外，张思政奉命率领广信兵迁移到安肃，遥相呼应。按照新的北伐计划，宋军兵分两路。一路在刘延庆的带领下重新进驻雄州古城，另一路在刘光世、何灌的带领下进驻广信。

这时，塞上连月没有警报，北辽只在新城留驻军队，而主将萧干、耶律大石早已回到燕京，服侍生病的耶律淳。耶律淳死后，他们又忙于策立萧后，

轉光雜色旗

帥

《武经总要》中的宋军"帅"旗

无暇重返前线。

刘延庆觉得有机可乘，先后派遣郑建雄、李绍率部数次渡过白沟附近的界河，进行袭扰，俘掠甚众。而北辽牛栏监军亦伺机反击，率领契丹军以及地方乡社兵丁出没于广信地界，但被刘光世辖下冀景、赵明、任明等将击退。童贯及时调整布置，令华州观察使杨可世守卫安肃军，进一步巩固防线。

北辽境内不断有平民越界来降，在一定程度上反映了人心向背。然而，刘延庆对首次北伐的失利似乎心有余悸，与宣抚司幕府讨论军事大计时主张"持重不可进兵"，意图"使女真军马先入居庸关，收下燕京"，然后再多付岁币，以赎回失地。认为这才是不战而胜的万全之策。

这种要求女真入关助战的行为，历史上不止发生过一次。五百多年后，坐镇山海关的辽东军阀吴三桂，为了讨伐关内的反明义军，不惜大开关门，放清兵入关，导致关外的满洲统治者有机会问鼎中原，使清朝取代明朝，成为中国历史上的大一统王朝之一。满洲人正是女真人的后裔。

随军的马扩认为刘延庆投机取巧的想法不太妥当，上书宣抚司进行反对，主要理由是"若使女真入关后，必轻侮中国"，以致后患无穷。

实际上，大臣宇文虚中在此时也提醒朝廷注意"女真入关"问题，他在《论收燕山利害》的札子里，对收复燕京的利弊之处一一罗列，其中指出，假若宋军未能拿下燕京，而女真入关一举克城，宋朝就会非常被动。因为女真会掠走城内财物，然后交还一座空城。宋人获得的好处寥寥无几，"不惟缮守费力，又恐为夷所轻"。

不过，马扩、宇文虚中等人的言论未能引起主政者的重视。九月初二，朝散郎宋昭上书反对攻辽，声称"灭一弱虏（辽国）而与强虏（金国）为邻，恐非中国之福，徒为女真之利"，况且，北虏虽然是夷狄，但"久渐圣化，粗知礼义"，故百余年来谨守"澶渊之盟"。如今女真"刚狠战斗，茹毛饮血，殆非人类"，倘若与之为邻，"则将何术以御之"，"异日女真决先败盟，为中国患"。

王黼对这些不合时宜的言论非常厌恶，说服徽宗将宋昭除名勒停，贬谪流放到广南。

这个时候，金使徒姑坦乌歇、高庆裔乘船至登州登陆，于九月初三来到了宋朝京城，由赵良嗣接待。乌歇等人发出了这样的疑问："闻知贵朝（宋朝）遣童贯举大兵北伐，为何没有通报本国？"赵良嗣回答："闻贵朝（金朝）取西京"，虽然没有通报本朝，但本朝仍命令童贯兴兵，"以应夹攻之约"，既然彼此都没有通报，所以"不必较"。

金使在崇政殿见过宋徽宗，于十三日到王黼府中议事。《大金国志·太祖武元皇帝》记载，金使当面递交给王黼的"回书"中强调："所有汉地及夹攻，并如昔议。"在土地问题上，金国的立场没有变化，继续承诺将燕京交还宋朝，但涉及夹攻问题，高庆裔意味深长地问了一句："夹攻一段，且莫是候本国兵来否？"这句话是试探宋朝是否希望金国出兵协助经略燕京。

这个问题涉及"女真入关"，王黼没有立即答复。参与会谈的赵良嗣则回应：纵使本朝乘胜拿下燕京，亦会按照承诺将岁币交给金国，故不必计较谁先夺取燕地。这句话让金使放下心来，因为金人本来担忧宋军夺回燕京后不再交纳岁币。

十八日，完成任务的金使正式辞行。宋廷任命赵良嗣充奉使大金国国信使兼送伴，武显大夫、文州团练使马政充同送伴，阁门宣赞舍人马扩充国信副使，将携带宋朝的国书回访金国。

宋朝在国书及附录的事目中，重申将要光复的汉地，是指"五代以后所陷营、平、幽、涿、蓟、檀、顺、蔚、朔、应、云、新、妫、儒、武、寰等州旧汉地汉民"，其中，幽州即现在契丹所称的燕京，至于其余州县，如果被契丹废除以及更正了旧名号，等到将来收复之后，再与金国"划定封疆"。这说明，双方仍未彻底解决疆界问题，未能消除隐忧。

有趣的是，书中这样描述前不久结束的北伐，童贯等人率领重兵在"河北、河东两路屡败契丹，俘馘甚众，军声蚤震，谅已具知"。完全否认了宋军失败的事实，吹嘘打了大胜仗。又把没有收复燕京的责任推给女真人，因为"依元约合夹攻"，可是"未见金国进兵夹攻"，所以宋军即使获捷，也未曾深入敌境。还专门对"夹攻"做了解释，就是宋军自涿、易等处进兵至燕京，金国自古北口等处进兵至燕京。此外，西京管辖之下的汉地，倘若还未被金国占领，等到收复燕京之后，再"彼此夹攻"，以全部占领。正如时人汪藻在《裔夷谋夏录》中所评论的，"朝廷屡以胜契丹欺虏人（女真人）"，但解释不了为何难以制服契丹，反而要倚仗虏人助战，显然存在自相矛盾之处。

宋朝并非无条件允许女真入关助战，其国书附录的事目声明：假若宋军追袭契丹而"乘势尽收燕地"，就不需要金国出兵夹攻。不过，宋徽宗对此缺乏信心。他在崇政殿接见辞别的金使时说道：燕中无主，唯有四军大王萧干"领兵为边患"，同时挟持萧后而猖獗一时，金国岂可容忍这种情况，尽早出兵"擒之为佳"。金使高庆裔答复："回本国当奏。"

综上所述，宋朝要求女真入关之策，先由北伐军主将刘延庆提出，最终获得了宋徽宗的同意。《三朝北盟会编》认为童贯也是决策的参与者，并命令赵良嗣、马扩出使金国，而赵良嗣负责"密请进兵以袭燕山"。当时马政也负责送伴，但后来没有正式出国，只有马扩跟随赵良嗣访金。女真入关到底是福是祸，还须拭目以待。

这段时间里，阿骨打辗转活动于山西附近，在九月四日驻跸草泺，之后相继传来好消息。初九，归化州投降。二十一日，奉圣州投降。他在十月初一亲自来到奉圣州，下诏安抚降人，声称自己"屡敕将臣"，不许侵扰百姓，然而"愚民无知，尚多逃匿山林"，因而宣布"逃散人民，罪无轻重"，全部赦免。如果有人能率众归附，授予世袭官职；若奴婢比主人先降，则释放为良。接着，蔚州又投降，同月初五，耶律余睹遣蔚州降臣翟昭彦、徐兴、田庆前来奉圣州晋见。阿骨打任命翟昭彦、田庆为刺史，徐兴为团练使，并在诏书中声称：尔等既然心悦诚服，宜加抚慰。值得注意的是，诏书里专门提到"燕、蓟一方招之不服"，如今欲率师前往征伐，故先安抚山西诸部。这说明，尽管阿骨打尚未知晓宋朝计划邀请女真入关助战，但已有意不请自来，经略山西是为进军燕京而做准备。

然而，山西还没有平定。十二日，刚刚归附的蔚州将领翟昭彦、田庆杀死知县萧观宁等人，又再叛变。经过招抚，他们于二十一日重新投降，可谓叛背无常。大费周章之后，金国最终控制了蔚州。

蔚州以南就是宋朝的代州。很快，代州边臣把阿骨打驻跸奉圣州的消息奏报朝廷，赵良嗣、马扩等人因此改变了行程。他们原计划陪同金使经山东登州出海至辽东，现在立即掉头，准备走捷径从山西代州出境，去奉圣州和阿骨打会面。

此时，马扩尚不知道朝廷计划向金国借兵，问了一句：今次出使"欲议何事"。

赵良嗣当场出示国书以及副本，还有皇帝的御笔事目，并侃侃而谈：倘若本朝兵马能乘胜进入燕京，就不必请大金人马过关，否则，要请大金人马进驻燕京城北，而本朝兵马进驻燕京城南，依约夹攻辽人。

马扩一听，不禁抵掌惊叫：金人不向本朝通报出师伐辽的日期，已心怀叵测，又恐王师（宋军）定燕之后把守关口，截断其通往河北之路，再也难以得到岁币，为此派乌歇等使者前来，以确保能得到岁币。还有意打探情报，"窥我动作"，所幸尚未知种师道、杨可世等将在白沟受挫，也不知童宣抚"气沮而退"。故此，朝廷主政者应该用不违约之类的语言敷衍金人，同时"催督宣司进兵"，争取时间拿下燕京，"以振中国之威"，这样才可以防止女真人对我国的轻侮，从而杜绝祸患。怎么能够"自示懦弱"，企图依赖金兵夺回燕京，以至允许其入关？如此，则"大事去矣"！日后会导致"窥伺侵凌之患"，会有不测之祸！

赵良嗣愕然，无奈地解释：如今宣抚司刚刚从前线撤退，既然军队打不了胜仗，只能借助金军之力取燕，然后再以金帛赎回燕地，否则如何能收复失地？

马扩立即驳斥：既然如此，为何不明白上奏朝廷？干脆把燕地划给女真，让其夺取。而我朝急修边备，守御白沟旧界，以保故疆。岂可含含糊糊，只顾眼前小利，不管后患无穷？

两人谁也说服不了谁。马扩干脆写信上奏朝廷，强调不可让女真入关，宋朝应该及时进兵，"先取燕京"，则"金人自服，边境可定"，同时毛遂自荐，请求罢免使臣之职，表示愿意率步骑万人平定燕京，以杜绝女真"窥觎之患"。然而，这封信石沉大海，马扩只能跟随使团前行，做好了艰难谈判的准备。

这一年十月，一行人长途跋涉，终于来到边城代州。此地南面是鼎鼎有名的雁门关，也是昔日杨家将抵抗契丹人的阵地，如今形势发生了沧海桑田般的变化，辽国即将灭亡，取而代之的是新兴的金国。

赵良翼、马扩等人离开代州，向北翻越恒山，于二十一日进入了金军控制的应州，完成了礼送金使乌歇、高庆裔的任务。二十二日，马扩在一处傍山而立的营地又一次见到金军名将粘罕，但戎马倥偬的粘罕没有和宋使团详谈，只是大致了解情况，然后决定在次日派人护送赵良嗣、马扩往见阿骨打。

兀室奉粘罕之命率两百名铁骑，带着赵良嗣等人向西而行。途经蔚州时，马扩看见其"县邑悉无人烟，人皆逃避"，在战火的摧残之下，经济活动完全停顿。怪不得阿骨打此前在山西下诏书，要求逃匿山林者重返家园。一行人从蔚州再折向西北，就这样夜以继日地跑了数天，终于到了奉圣州，并在二十五日抵达金军大本营。二十六日，赵良嗣等人把国书以及宋徽宗御笔的事目递交等候多时的阿骨打。

阿骨打没有立即表态。第二天，阿骨打的堂弟蒲家奴、相温、二太子三人出面约宋使到营中一个毡帐会面，双方通过"通译"（翻译官）进行交流。

后来，赵良嗣的《燕云奉使录》与马扩的《茆斋自叙》都从各自的角度记载了这场谈判。

南宋人杨仲良在《皇宋通鉴长编纪事本末》中综合了各种资料，力图还原这一历史事件。

女真人先旧事重提，声称本国去年派曷鲁、大迪乌为使访问宋朝，商议合作之事，为了等待回音而不惜推迟西征日期，可宋朝没有及时遣使回访，此举无异于断绝往来。女真人质问道：我国人马在正月到中京，"贵朝何时出师"？

赵良嗣否认失信，声称宋朝在三月末方知大金人马打到中京，并立即派遣童贯"勒兵相应"，于五月攻契丹，已经履约。

蒲家奴又问：我国取西京，贵朝应当引兵自应、朔诸州前来夹攻，然而我军自去年十一月出师，风餐露宿半年有余，贵朝方于五月驻军雄州坐享其利，彼此相距千余里，难道是这样依约夹攻的吗？他不等对方回应，接着说：方才皇帝有令，暂且不与贵朝计较失信、违约之事，现在欲将新近夺取的西京一路交还贵朝。不过，由于天祚帝尚在，若得不到燕京，恐有后患。皇帝已择日亲征燕京，至于夺取燕京之后是否会交还，则"不可知"。这时，金人风闻宋军即将挺进燕京，所以口出不逊之语，欲分一杯羹。

赵良嗣听后，负气地说：按照两国原先的议约，金国需要割让燕京，假若得不到燕京，"则西京亦不要"。这样说，相当于威胁要中止双方的盟约。

二太子突然插话：燕京到底如何处置，还没有定论。两国以后可以就此问题"临时商量"，互相切磋。但是，如今使人既然声称不要西京，我国亦"不敢强与"。

马扩知道赵良嗣方才失言，立即补救，说：燕京问题系屡次约定之事，不须再做商量，如今贵朝先要交还西京，符合原约之义，"尤见诚意"。

赵良嗣居然说了一句未经认真思考的话：本朝兵马已尽往燕京，岂能掉头前去西京接防？

幸亏旁边的通译一时未能听明白，没有翻译。

马扩连忙更正：若先交还西京，我国的河东兵马即刻可以来换防，其余诸路大军已前往燕京，等待取回燕地。贵朝如约交割郡城，便"太平无事"。

相温不依不饶，意图抓住"不要西京"这句话大做文章。

赵良嗣只得重申：两国通好五六年，贵朝大军尚未到上京时已有约定，如今反复无常，难道不顾信义？况且，我等所奉皇上的御笔文书，是先取燕后取西京，要按次序来。这句话表明取回西京是宋徽宗的意思，应以此为准。

蒲家奴等人在燕京问题上不肯让步，赵良嗣当众回忆起阿骨打在前年说过的话，引以为鉴。

当时，阿骨打握着赵良嗣的手，说："我允许将燕京割交南朝，就算是我军夺取燕京，亦这样做。"言毕，他还指天为誓。

赵良嗣对在座的女真人说：我预料皇帝会守信，岂肯违天？

双方各执一词，第一次谈判未有结果。次日开始第二次谈判。蒲家奴传阿骨打之旨，表示同意把"燕京六州二十四县汉地汉民"交还宋朝，但上述地方的官府财物以及"奚、契丹、渤海、西京、平、滦"等处，并不交还；如果宋朝先夺取燕京，应该借路给金军经平、滦诸州撤还；如果宋朝未能夺取燕京，金军夺取之后，亦如约割交；从此，两国不必再谈论"夹攻"，总之，各打各的仗。其所谓的"燕京六州"，仅指蓟、景、檀、顺、涿、易六州。

赵良嗣不肯接受，说：按照原约，山前、山后十七州应归于我朝。如今贵朝皇帝之旨仅提到燕京六州二十四县，可谓大打折扣，同时，贵朝昨日表示交还西京，今天又为何改变主意？他又申辩：平、滦二州本来属于燕地，而两国先前曾约定以榆关为界，也说明平、滦二州在燕京之内。根据皇上的御笔事目，女真过关进入燕境，是乘胜追袭契丹人之时，但本朝平定燕京之后，金军要借路经过平、滦则说不通。因为本朝得到燕京之后，必须分兵屯守各地，岂敢任由金军人马经过。

蒲家奴、兀室等人勃然大怒，吼道："汝家"（宋朝）未打下燕京，如此抗拒我军，难道不想通和吗？何况，宋军最近被燕人击溃，如果旬日之内不能夺取燕京，岂不是需要仰仗我军出力相助？

赵良嗣态度顿时软化，回答：本国兵马伺机履行夹攻之约，贵朝不如乘燕京尚未被占领之机，早点出兵入关，双方互不妨碍，是最好的了。

蒲家奴在涉及土地的问题上不肯让步，但同意应邀"入关"，认为金军应当行动。这一切表明，女真入关，已是箭在弦上。

第十四章

北伐得失

宋、金两国使者互访之时，宋朝的第二次北伐大张旗鼓地展开。

此时，北辽皇帝耶律淳初逝，国家内外交困、危机四伏，边臣接二连三降宋。毗邻宋境的易州亦人心不稳，知易州高凤与通守王悰讨论局势时认为，刚刚上台的萧后疑心太重，正密谋迁移边境的汉人，并猜测朝廷可能会采用极端手段诛戮汉人。为了自保，他们决定先下手为强，乘萧干、耶律大石返回燕京之机，归附宋朝，引导宋兵"内外相应，尽杀契丹"。

僧人明赞奉王悰之命潜入宋境，于九月十五日来到宣抚司约降，声称北辽汉人朝夕盼望天兵，每日有千百人越境企图弃暗投明，请求北伐军择日出发，收复易州。北伐军主将刘延庆亲自审讯，认为明赞之言可信，便密令其先归。双方约定以里应外合的办法拿下易州，具体的行动时间是在同月二十日。

童贯得报，断定此举可行，于十七日命令刘光世等将率部分人马开路，向易州而进，准备招降纳叛。这一路人马分为三部分，以冀景、赵明、翟进为先锋，刘光世、杨惟中为中部，张思政为殿军。三日后，进至白沟这个旧战场附近，界河对面就是辽境。诸将原以为易州有人愿意做内应，会顺利突入辽境，谁知竟遭到对手顽强阻击。

易州西边新城附近的北辽牛栏军寨，负责拦截从白沟北上的宋人。当时，千余名辽兵发现情况有变，突然从古城杀出。宋军先锋遭到袭击，难以前进，中部、殿军这两部分人马滞留在后，一时驰援不及，陷入被动状态。为了扭转劣势，宋将指挥先头部队转战至古峰台以西，无奈始终未能得胜，打不通前往易州之路。

白沟发生战事的情报很快传到易州，准备做内应的高凤误以为北伐大军即将来到，急忙命令汉人赵秉渊组织部属发起突袭，把城内契丹人全部杀死。高凤欲大开城门投降，岂料迟迟没有宋将前来。他们得知前线辽军在白沟打了胜仗，皆相顾失色，害怕遭到报复。僧人明赞随机应变："事已至此，且闭城门，固守以待王师（宋军）。"高凤等人唯有言听计从，静观其变。

当晚，凯旋的牛栏军寨部队回到易州时，吃了闭门羹，才知守将高凤叛变，又担心宋军卷土重来，遂仓皇北撤，向辽廷求助。

白沟通往易州的道路由此成为坦途。高凤急于通知宋军，便派心腹过境向宣抚司报信，希望北伐军尽快赶到。

二十二日，刘光世奉宣抚司之令，派遣部将冯先庆率五百名精骑连夜赶赴易州，在僧人明赞的迎接之下入城，成功与高凤会合，未经战斗而控制了北辽第一座城。通道既已打开，北伐军稍后将源源北上。

易州西北的涿州处于风声鹤唳的状态。《燕云奉使录》记载，北辽四军大王萧干风闻宋军再度压境，慌忙从燕京南下涿州布防。当时流言四起，纷纷传说"契丹欲再谋杀汉人，恐应南军"，引起城内汉将的忧虑。涿州留守郭药师时任诸卫上将军，是"常胜军"的主要将领之一，他担心萧干会对付自己，与同僚张令徽、刘舜臣、甄五臣、龚诜、赵珏、韩璧等人密谋，一致决定归宋。

鉴于萧干是奚人，郭药师亲自进行游说，以"历数符谶"为由，劝其归汉，因为北辽气数已尽。萧干怒道：我推荐你出任官职，岂可违背朝廷？郭药师一时语塞。但他曾受萧干荐举之恩，亦不敢加害。萧干自忖所领之兵不多，难以抗拒城内汉将，为了避免招灾惹祸，伺机打开城门向北绝尘而去。

郭药师没有追赶，而是急召部属宣布：如今"内盗外寇，天下瓜分"，宋朝天子已"命虎臣，拥重兵，下易州，压吾境"，此刻正是"勇男子取金印大如斗之时"，不可失去获得高官厚禄的良机。众人"万口喧呼，无不响应"。接着，郭药师因禁忠于北辽的涿州刺史萧庆余，与团练使赵鹤寿等将一起，于二十三日率八千名铁骑投降，向宋朝献上一州四县。其降表称：常胜军已在驻地清除敌对势力，"奋臂约一万人，斩首至三千级"。《契丹国志》记载散处于涿、易诸州之间的"瘦军"，"侵掠平民，甚于盗贼"，故"常胜军叛归南朝，首杀涿州'瘦军'家口正罪，以此取悦人心"。

叛变的"常胜军"杀死了很多"瘦军"，北辽的军事实力被严重削弱。

涿州归顺的捷报传回汴京，百官皆诣紫宸殿称贺，朝廷任命郭药师为恩州观察使，依旧知涿州军州事，张令徽为左武大夫、洮州防御使，刘舜臣为武功大夫、秦州防御使，甄五臣为武翼大夫、怀州刺史，赵鹤寿为右武大夫、恒州刺史，龚诜、赵拱、韩璧等为朝散大夫、直秘阁。其余将校各有任命。

北辽萧后闻常胜军降宋，惧怕不已，召来百官商议：金军已入奉圣州，而易、涿两州又降敌，可谓"国步艰难，宗社将倾"，要与众卿家商量，有何良策？金、宋两国，到底哪一个更值得依靠？或许可以从中选择一国，然后奉上降表，称臣纳贡。

陷入绝境的萧后情愿投降，只是不知应该降金还是降宋。

群臣亦意见不一，有的说"金人方强，宜附"，有的说"大宋百年信誓，可依"。萧后认为两种说法皆有道理，干脆同时向两国"奉表称臣"。就这样，永昌宫使萧容、乾文阁待制韩昉奉命使宋，同中书门下平章事张言、尚书都官员外郎张仅奉命使金。

其中，萧容、韩昉于二十七日南下使宋，携带降表以"辽国太后臣妾萧氏"的名义"饮泣陈辞"："欲引干戈自卫，与社稷而偕亡"，无奈念及"生灵重罹涂炭"，不能执迷不悟，因而奉上降表，并对宋徽宗阿谀奉承，称其"必将拯救黎元，混一区宇"，故愿意"归款"（归顺之意）以及称臣。乞降之情，溢于言表。

北辽使者还是慢了一步，因为童贯为了避免延误时机，已于二十六日调动主力北上。刘延庆、刘光世父子与杨可世素来有隙，彼此猜忌，又想互争高下。参谋宇文虚中与监军邓珪为了平息内部的倾轧纷争，传命分营而进。经过三天行军，副都统何灌所率先头部队于二十九日抵达易州。守将高凤、王悰率领军民万人出城迎接，一时锣鼓喧天，香花满道，以慰劳宋军。

十月初一，郭药师率数骑前来易州，与副都统何灌一聚，接着又前往宣抚司所在地雄州，受到童贯的犒劳。至此，涿州八千名"常胜军"与易州五千名义兵，皆隶属北伐军主将刘延庆。

宋军势如破竹，于十月初四攻破牛栏寨，拔掉了涿、易两州之间的障碍。

根据童贯后来向朝廷所上的《复燕奏》，许多地方可谓"传檄而定"，归义、安城、固安、威城、涞水、良乡、武清、安次、清化、潞阴、潞县、三河、析津、宛平、平卢、玉田等县以及景、蓟诸州，同时纳土，宋朝一下子收复了广及数千里的疆域，这是宋廷君臣梦寐以求的局面。史载，燕京逐渐处于四面楚歌的孤立状态，其"所管三十余处，连乡兵五十余万，悉应王师"，北辽的统治逐渐呈现土崩瓦解之势。

尽管尚未拿下燕京，可宋徽宗已视其为囊中之物，预先下令将燕京改名为"燕山府"，此外，涿、易、檀、平、营、顺、蓟、景等八州亦赐新名，仿佛收复河北指日可待。

十月初八，刘延庆与郭药师等将从雄州出发，越过界河，准备大举出击。

直到十月初九，北辽使者萧容、韩昉才到达雄州，与童贯、蔡攸会晤。童贯等人看了萧后的降表，感到非常不满意，因为表中内有玄机，仅提及"纳款称臣"，却拒绝"纳土"。这意味着萧后只是名义上臣服于宋，依旧占据燕京。童贯训斥，除非"纳土"，否则不接受对方臣附。韩昉笑着诡辩"纳款即纳土"，且语带机锋，说北辽有契丹、奚诸族，要想图谋不轨，谈何容易，奉劝宋廷君臣当思两全其美之法，"无贻后日之悔"，宋朝蹂躏"好邻舍"（辽国），不知金国是"恶邻舍"。

童贯将萧容、韩昉扣留在雄州，另外派人带着萧后的降表向朝廷奏报，于十月十三日将表文送到京城。宋徽宗据此认定"伪后"（萧后）纳款预示即将收复燕地，亲临紫宸殿，提前接受百官的祝贺。

宋朝君臣继续向北辽施加军事压力，意图直捣燕京。十月十九日，刘延庆、何灌、郭药师率部经新城，向涿州而进，路过涞水县时，该县县令亲自"负弩前驱，作乐致礼"，可见北伐军收复失地的行为确实得到许多燕人的支持。刘光世、杨可世亦从安肃军越境，经过易州，与刘延庆会师于涿州，距离目的地越来越近。

杨可世负责守涿州。刘延庆认为其兵力不多，专门调遣熙河、环庆诸路的两万兵力扎营左军，并连同中军一起，交付杨惟中指挥，以辅佐杨可世。

之后，刘延庆亲自统领诸道兵以及郭药师的"常胜军"、赵诩所部，继续向前。就连杨可世所部，也没有留在涿州，而是随军北上。《北征纪实》记载，越境的正规军有十五万人，这个数据不包括大量随行夫役，对外号称"五十万"人，鼓鼙之声震天动地，"自古出师之盛，未有甚于此"。

宋军主力仍旧采取皇帝御制的"五阵法"，分作五部分行军。久在辽军服役的郭药师不赞同宋军的阵法，拉着刘延庆的马头劝谏，如今"大军跋队行而不设备"，假若敌人"置伏邀击"，就会处于"首尾不相应"的劣境，难免"望尘决溃"，一败涂地。刘延庆不以为然。

北伐军日行三十里，夜宿时立寨开壕，以防对方偷袭，天亮才重新出发，显得比较谨慎。前面的良乡县已遭受小股辽骑骚扰，刘延庆继续挥师而行，越过良乡直抵卢沟河南岸，在距离燕京二十里之处扎营。一旦渡河，燕京就近在咫尺，只要拿下这座孤城，就可以名垂青史。

北辽四军大王萧干以及耶律大石已经前来，部队不满两万人，隔河排兵布阵，进行拦截。宋军先头部队突破不了辽军防线，后继部队也一时搞不清对方虚实，未敢贸然过河。刘延庆下令五军扎营，开壕挖堑，加强防御，并与前来袭扰的辽军交手。夜幕降临，各自收兵。

次日中午，辽军鼓噪而来，攻击宋军在料石冈的前沿阵地，击鼓三挝，主动离开，极为灵活机动。辽军每日派遣骑兵渡河袭击宋营，"或击其前，或击其后"，意图让宋军"左右受敌"，行动人数从"三五十骑至千百骑"不等，甚至骚扰粮道。从种种事实判断，郭药师确有先见之明，"五阵法"过于分散，存在"首尾不相应"的缺点。使用旧阵法对付老对手，胜算不大。《宋史·郭药师传》记载，刘延庆受挫，"遂闭垒不出"，被迫停止北上。

十月二十三日，萧干在距离宋军十里之外扎营，遥遥监视。宋军难以强行过河之时，宣抚司从雄州发来檄令，催促前线部队择日进军，认为可以"出奇以胜"，何况"我军拟贼倍万"，具有人数上的绝对优势。刘延庆无可奈何，召开军事会议商量入燕之策。

郭药师为了打破僵局，直抒己见，认为四军大王以主力前来抵抗，后方必定兵力空虚，可以避实击虚。他献上一条奇谋妙计，建议宋军选拔轻骑，绕道固安渡过卢沟河，经安次直达燕京。他乐观地估计"汉民知王师至，必为内应，燕城可得"。

刘延庆一听，觉得此计符合宣抚司的"出奇以胜"指示，当即采纳，命令郭药师以一千名"常胜军"为向导，赵鹤寿、高世宣（绰号"高一箭"）、杨可世、杨可弼统兵六千人尾随而行，执行这个秘密任务。

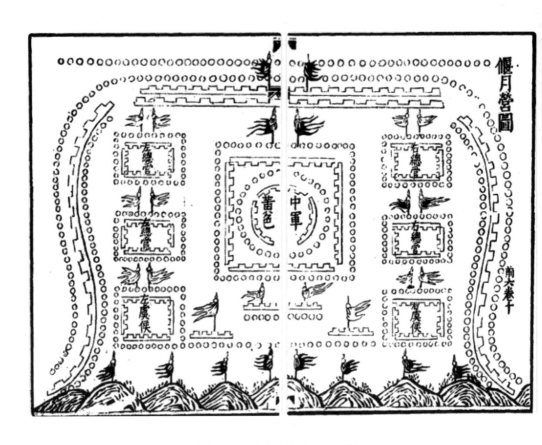

《武经总要》中收录的一种下营图

值得一提的是，郭药师还特别请求"三将军简师为后继"。"三将军"就是刘光世，其部下人多势众，若能及时应援，胜算会更大。刘延庆答应了这个请求。七千名宋军悄悄绕道，向卢沟河下游出发，连夜到达固安，顺利渡过河，神不知鬼不觉地接近燕京，在京城附近的三家店休憩，伺机而动。

《辽史·地理志》记载，燕京"城广三十六里"，在辽国五京之中范围最广阔，城里有皇宫、坊市、廨舍、寺观等建筑，错落有致。此城城墙高三丈，宽约一丈五尺，筑有敌楼、战橹等防御工事。并设置八个城门，东面是安东门、迎春门，西面是显西门、清晋门，南面是开阳门、丹凤门，北门是通天门、拱辰门，显得壁垒分明。

宋军人数不多，要想在短时间内拿下这么大的城市，可说是难上加难。郭药师明白只有智取，不可力敌。他知道城门在天亮时才打开，便抓紧时间行动，派甄五臣带领五十名"常胜军"尝试奇袭。他们混杂在等候入城的郊区百姓中，跟着运草的车辆一齐走向刚刚开启的燕京迎春门，冷不防拿出兵器，以迅雷不及掩耳之势杀死数十名守卫，迅速夺取了城门。

后继部队乘机冲入城内，列阵于悯忠寺，数名裨将奉命把守燕京数个城门。各个城门各有两位军官以及两百名骑兵，严密控制一条条入城通道。直接参与行动的不过区区四千人，由郭药师、杨可世、杨可弼、高世宣等将指挥，而赵鹤寿率余部驻扎城外，遥相呼应。

十月二十四日这一天上午，宋军突击队似乎轻而易举地完成了收复燕京的百年夙愿。

城内外的燕民皆没有反抗，许多人甚至不知道北伐军已经到来。知内情者都说简直如神兵一般从天而降。为此，燕人马贤良充满感慨地献诗一首，以咏其事：

破虏将军晓入燕，满城和气接尧天。

油然戙楗三千里，洗尽腥膻二百年。

杨可世鉴于兵力有限，号召城中汉人登城协守，为了预防奸细里应外合，

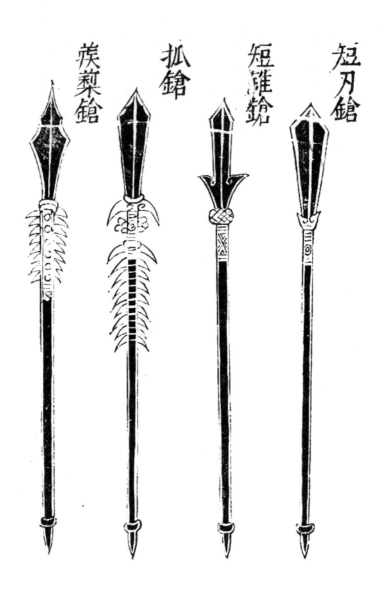

《武经总要》中的宋军近战枪械

他大开杀戒，处死契丹人、奚人，以致"诛戮万计，通衢流血"。萧后在宫中闻变，负隅顽抗，来到皇城东面的宣和门，亲自发矢。郭药师派人劝降。萧后狐疑未决，因为根据情报，皇城外面的巷战打得非常激烈，宋军以及城中汉人内应正在到处剿杀契丹人，同时大肆劫掠财物，她岂能任人鱼肉？

宋军现在如脱缰之马，不受纪律约束。史载，将士自以为大功告成，许多人"饮酒攘夺财物，纷然恣淫"，未尽全力清除残敌。相反，契丹人"皆效死战"，想方设法守御皇城等残存的地盘。

双方僵持不下，只好等待援兵到来。杨可世刚入城时，刻不容缓地向宣抚司告捷，因而宋人相信前来接应的部队正在路上，北伐军主帅刘延庆此前确实答应将派刘光世所部应援。其后，负责警戒的"常胜军"士卒发现城外尘土大起，以为援兵即将到来，遂连忙上报郭药师。宋军诸将皆如释重负。谁知，城外"燕王冢"（耶律淳之墓）之上突然竖起四军大王萧干的旗帜，宋军将士遥遥望见，目瞪口呆。

原来，萧后此前暗中派人到卢沟河前线召萧干等将救驾。北辽军队快马加鞭赶回，自城南一个不为人知的暗门涌入城内，与此同时，皇城诸门开启，铁骑纷纷从里面冲出来，夹攻宋军，在三市等处厮杀。

郭药师带着部下拼命抵挡，混乱中丢失了坐骑，难以摆脱追兵，多亏杨可世及时相助，才幸免于难。宋军撤至双门楼一带，由于地形不利，骑兵被迫全部下马。将士且战且行，一路打到悯忠寺前，杨可世见势不妙，向郭药师建议移师到东门，"以待援兵"。不料，燕京助战的汉人以为杨可世、郭药师等人准备班师，皆表示反对，理由是害怕遭到契丹人的报复。为了挽留宋军，他们采取极端手段，提前弄断了诸门外面的吊桥。

杨可世等人只好继续留在城内。宋军将士一连三昼夜奔波不停，皆人困马乏，饥饿难忍，抵挡不住锐气正盛的辽军，只能放弃马匹登上城头。

城外的宋军见死不救，首领赵鹤寿与郭药师关系不好，互相猜忌。郭药师此前串通杨可世，故意留赵鹤寿在城外，防止赵鹤寿抢功，赵鹤寿怀恨在心，拒绝伸出援手，遁形无踪。至于刘光世所部，亦逾约不至。

城内的辽军穷追不舍，不断发动围攻。为了避免成为瓮中之鳖，郭药师选择突围，冒险缒城而下。但杨可世耻于逃跑，对高世宣说："我出自将门世家，岂能像普通男女一样不敢为国捐躯？"杨可世继续坚守，大声呼叫周围士卒抵抗，身中毒箭亦置之不理。不久，传来了郭药师成功突围的消息，杨可弼不想杨可世枉死，利用休战的间隙劝说道："城外的赵鹤寿既不率部前来接应，都统（刘延庆）也没有派遣援兵，谁是谁非，黑白分明，倘若我辈糊里糊涂地死在这里，百世之后，会成为任人耻笑的罪人。"他称愿与杨可世一起撤退，向朝廷申辩是非，以示光明磊落。杨可世深以为然，他本来与刘延庆、刘光世父子心存芥蒂，现在觉得不能蒙受不白之冤，便与杨可弼缒城而下。城外壕沟填满尸体，他们只好徒步越过。

留在城中的高世宣、王奇、李嶷、石洵美、王端臣等将，悉数阵亡。北辽军队忙于搜捕残兵败卒，没有出城追击，杨可世等人乘机脱身。

短短两天，燕京得而复失，参战的数千名宋军仅少数幸免于难。郭药师、杨可世等人连夜逃至安次县，收拢四百余名溃兵，没有重返卢沟河南岸的大营，也不想与刘延庆、刘光世父子见面，而是径直回了涿州。

刘延庆没有及时向燕京派遣援兵，主要原因是无法摆脱辽军的骚扰。就在二十日这一天，北辽纵兵渡河，直接进犯刘延庆所在的中军，几乎打到刘延庆的帐下。经过激战，宋军虽然击退了来犯之敌，可刘延庆心惊胆战，不敢派兵过河。

由此可见，辽军的应急方案比较成功。萧干临危不惧，兵分两路，除了派遣精干部队回援燕京，还不忘留下人马牵制卢沟河南岸的宋军，不愧为久经沙场的老将。

战后，辽军在燕京缴获五千匹马、四千副甲，硕果累累。打了胜仗的萧干扬扬自得地在二十五日重返卢沟河畔，耀武扬威，将把郭药师、杨可世遗弃的军械、坐骑带出来展览，又将俘虏的主管文字官赵端甫公开示众。萧干扬言已杀死偷袭燕京的诸将，残存的兵马皆已投降，然后出兵渡河挑衅。

宋军大营群情鼎沸，误以为郭药师全军覆没，杨可世也死于非命，其部属降了契丹。刘延庆为了平息谣言，专门派人到涿州索取郭药师的亲笔书信，以安抚军心。

郭药师没有在涿州久驻，于二十七日率部前往宣抚军所在的雄州，难免提及燕京之役的是非曲直。临行前夕，他只命甄五臣、张思政留下防御。宣抚司担忧涿州的安全，又抽调张令徽所部两千名骑兵戍守。

其间，刘延庆灰心丧气，意欲班师，原因是中了北辽的反间计。制定计策的正是四军大王萧干，这位奚人将领辖下兵力仅有数千人，自知难以击退卢沟河南岸的宋军，便打算出奇制胜。他挑选两名被俘的宋兵，蒙了双眼留于帐中，半夜三更时他假装和别人讨论军情，说宋军十万人压境亦不足为惧，因为我军的数量比宋军多三倍有余，故此应分左、右翼出击，"以精兵冲其中"，再"举火为应"，务必全歼来犯之敌，勿纵一人以归。然后，他故意放跑一名宋兵。这名宋兵回去后，果然一五一十将情况汇报，并透露昨日在辽营看见许多军械器具，辽军正"拣人选将"，想乘夜来捣毁我军营寨。此时又传来坏消息，在琉璃河担任护粮任务的王渊及其部属因遭到辽军袭击而被俘，一时颇有风声鹤唳之势。刘延庆既知燕京复失，又担心粮道被对手截断，便沮丧气馁，召集诸将，以"粮饷不继"为由，盘算要撤军，以免日久生变。

部将曲奇反对临阵而退，受到刘延庆的怒斥，被逐离会议现场。其余将领唯唯诺诺，无人敢再反对。《北征纪实》记载，刘延庆于二十八日联系宣抚司，乞请"那回（"挪回"，意思是撤退）军马"。坐镇宣抚司的童贯、蔡攸对卢沟河前线情况不太了解，给了一个含糊其词的回札，要求刘延庆"相度事势"，"若可那回，量可那回"，任由前线将帅酌情处理。

刘延庆得到这个回复，归心似箭。巧合的是，卢沟河畔在二十九日夜间传来警讯，北岸的原野突然烧起熊熊烈火。刘延庆及其两子（刘光国、刘光世）误以为辽军发动进攻，遂以此为借口自焚辎重，带着麾下中军自行离开，由于五军分散布置，仓促间未能及时向其他将领传达班师的命令。五军既然不能按部就班撤退，便陷入混乱，各自溃散，士卒自相践踏，以致"奔堕崖涧者，莫知其数"。途中遗弃的军械亦难以统计，散布在长达百余里的路上。

辽军隔河发现卢沟河南岸火光冲天，不知到底出了什么事，为了以防万一，竟然打算后撤。后来查明情况，即次日凌晨渡河，展开追击。

刘延庆所部一直往南跑，在黎明前夕，路过了进军时所筑的一处旧寨，

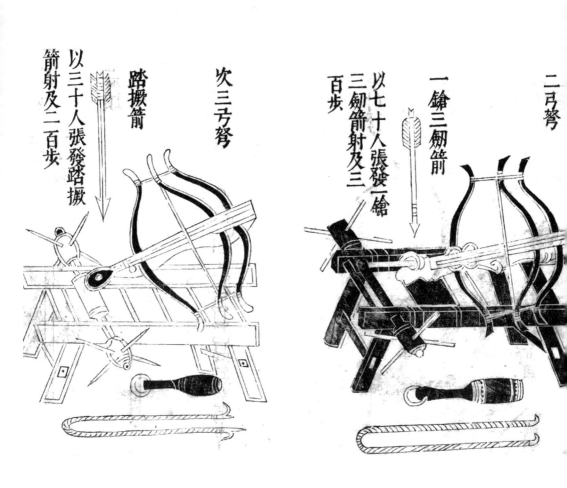

次三弓弩
踏橛箭
以三十人張發踏橛
箭射及二百步

二弓弩
一鎗三剗箭
以七十人張發一鎗
三剗箭射及三
百步

《武经总要》中的大型弩

退入里面歇脚。刘延庆所部准备离开时，北辽骑兵竟然追到，刘延庆所部不得不重新撤入寨内。当时宋军修筑的每一处营寨都有一个共同点，只开一个寨门以供出入。现在寨门被追兵堵塞，又没有其他门备用，将士顿时陷入困境，只得拆毁旧寨的墙垣，墙垣逐渐变矮，直至战马能够跨越而过。刘延庆所部一齐向外拥出，狼狈不堪。由于杂乱无序，刘延庆几乎难以脱身。

尾随的辽军一直南下至白沟河附近，打败了负责断后的"常胜军"将领高望所部。萧干还攻陷清城，杀死守将路宗迪，大获全胜。卢沟河畔的宋军大寨中遗留着不可胜计的金银，而从遂州至良乡途中的各处旧寨，也遗留着一二十万银绢，全部成为北辽的战利品。

宋朝的北伐计划再受重挫，史称"自宋熙丰以来，所畜军实尽失"，自从宋神宗在熙丰年间起用王安石进行变法以来，由于伐辽失败，所储存的军械以及粮草皆尽丧失。过去叱咤风云的西北将门如今有负众望、徒具虚名。

此后，一些由普通士兵晋升的统帅在战争中显露出非凡的才能，逐渐取代边塞将门，成为军队的中流砥柱，代表人物就是千古传颂的岳飞和韩世忠。

岳、韩二人均参加过伐辽之役。其中，岳飞在二十岁的时候，从河南汤阴前往河北真定投军，成为一名"敢战士"。而负责招募"敢战士"的是曾经做过童贯参谋官的刘韐。刘韐在第二次北伐时调往真定府路做安抚使，应该出兵参与郭药师、杨可世的奇袭燕京之役，岳飞也是其中一员。黄元振的《岳武穆公遗事》记载，岳飞后来对身边属官回忆往事，提到年轻时目睹攻打黄龙府的战事，指出尽管其城如山之高，但军队还是破城而入，参战者每人获得"两橐金"作为酬劳，并畅饮作乐加以庆贺。一位属官说："观公之志，直欲恢复燕地，荡其中原而已。"学者邓广铭认为岳飞所述的黄龙府就是燕京，断言郭药师、杨可世缒城逃窜时，岳飞也随同离开。

至于韩世忠，于1105年（宋崇宁四年，辽乾统五年）在陕西延安应募为乡勇，时年十七岁，曾参加出征西夏与平定方腊之役，因功至承节郎，同样随军北伐。《忠武王碑》记载，北伐军溃退时，韩世忠欲见刘延庆，与苏格等五名骑兵抵达滹沱河一带，不巧碰上两千余名辽骑，有的随从大惊失色。但韩世忠临危不惧，命骑兵抢占高冈列阵，告诫左右切勿轻举妄动。这时，不少溃卒从燕京败逃，但皆身负重伤，难以助战。韩世忠随机应变，指挥溃卒退入岸边船只中隐蔽，并约定"虏奔，即鼓噪"，以助声势。之后，韩世忠独自一人跃马阵前驰骋，回旋自如，不断发出挑战。辽军狐疑不决，分为两队，登上邻近一处山坡观望。韩世忠出其不意，突然用兵器刺向两名执旗的辽骑，苏格等五名骑兵跟随在后，一路冲了过去。隐蔽在船中的溃卒如约大声鼓噪，仿佛有很多人在呐喊助威，辽骑误以为伏兵杀到，顿时溃退。然而，一场小小的胜仗难以力挽狂澜。

岳飞与韩世忠，亲身经历过触目惊心的军事灾难，吸收教训，日后挂帅时皆弃用华而不实的"五阵法"。

北伐军惨败而归，从诸路征调的十五万名正规军，除了跟随童贯坐镇雄州的部分人马，其余全部溃散。《北征纪实》记载，残兵败将往往"自结队，各归本路"，朝廷难以阻止。

这一场军事灾难造成了恶劣的影响，使在奉圣州与金人谈判的宋使变得被动。《皇宋通鉴长编纪事本末》记载，金国接待人员得知宋军复燕受挫，在十一月初二的谈判中，态度更傲慢。蒲家奴拿出三封书信，当面与宋使对质。第一封是宋知易州何灌给大金某统领的牒文，宣布宋朝已收复涿、易两州，提醒对方不得入境侵犯。第二封是宋朝灵丘、飞狐两县的牒文，内容是招诱边界一带的"番汉归附"。第三封是北伐军将领赵诩给北辽李姓大臣的招降书信，批评"金国多杀不道"，劝对方"速归毋留"。毫无疑问，金国统治者为了收集这些物证，花了不少心机。当宋使赵良嗣读过这三封书信后，蒲家奴便质问：飞狐、灵丘属于山后之地，对其归属，两国尚未商量，宋国官员却招诱当地人，是何道理？赵良嗣尴尬地解释：何灌不知两国边界划分之事，"妄发文字"而已。蒲家奴又质问：贵国正使（赵良嗣）、副使（马扩）不许我军"借路过关"，而赵诩亦"不许汉人归我"，这些做法居心险恶，是否宋朝事先有所预谋。他又提到宋人的书信中有"御笔招诱诸汉番"这样的文字，暗示宋徽宗牵涉其中，强调金国有权处理占领区的番汉户口，宋朝不能违约干涉。赵良嗣否认宋朝违约，认为"招降番汉"的所为"乃本朝皇帝至仁"的表现，是为了避免百姓无处可归，死于非命。蒲家奴指出：由于

宋军第二次伐辽之战

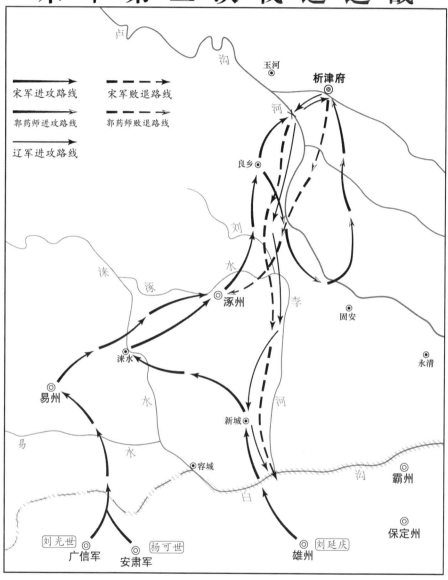

宋军进攻路线　　宋军败退路线
郭药师进攻路线　郭药师败退路线
辽军进攻路线

卢
沟
玉河 ◎
析津府 ◎
河
良乡 ◎
刘
水
涿
涞
涿州 ◎
涞水
李
河
固安 ◎
永清 ◎
易州 ◎
水
新城 ◎
易
水
容城 ◎
沟
霸州 ◎
白
保定州 ◎
刘光世　广信军 ◎　安肃军 ◎　杨可世
雄州 ◎　刘延庆

发生了这些影响两国关系的事，我国皇帝本来想修改国书，但考虑到双方既已定约，就顾全大局，不再修改。不过，他明确要求宋朝必须留下一名使者在金军为质，因为唯恐宋军将来入燕，控制河北与山西之间的枢纽地点居庸关，到那时金军要"借路"班师，自然可由随行宋使出面解释，以防止出现"无人辨明"的困境。最后，蒲家奴当面揶揄赵良嗣：你只知阻我大军过关，却"不知汝国人马又败"。这表明，金国已经获得了宋军伐燕失败的确切情报。赵良嗣对此心中有数，他知道金军入燕作战已成定局，女真人希望宋使随行不能算无理要求。在金国一再坚持之下，马扩主动请缨留下，赵良嗣如期回宋。

这一轮谈判终于结束。宋使告辞之时，看见庭院之下有两名辽人伫立。蒲家奴毫不隐瞒地说：这两人是奉"燕京国妃"（北辽萧后）之命前来请降的，就算我国不许其称藩，他们也愿意乞求守御燕京的官职，以"力拒南朝"，辽人明确对我国说"契丹军虽寡弱"，若抵挡南军绰绰有余。由此可知，北辽主政者为了自保，心甘情愿地投靠金国，甚至挑拨宋、金关系。

金国目前不打算破坏与宋朝的关系，蒲家奴当着赵良嗣的面教训两位辽使，劝其"勿与南朝交战"，以免"戮及齐民"。辽使唯唯诺诺，不敢反驳。

当天晚上，赵良嗣诣阙辞行。次日，他和金国派出的国信使李靖、副使王度剌、计议使撒卢母等人一起返国。马扩依约独自留在金军大营，即将跟随阿骨打入燕。宋金夹攻辽国的战略，继续有条不紊地实施。

值得一提的是，宋朝掌握军权的童贯也力促金国派军入燕。《三朝北盟会编》对此事的来龙去脉记载得颇为详细。童贯率部北伐期间，宋徽宗专门派遣内侍李某微服随行，以便暗中监督。当北伐受挫，"燕京既失，州县复陷，人民奔窜"之时，这位内侍如实上奏，宋徽宗立即以手札责问童贯，声称从今以后"不复信汝"。恐惧不安的童贯尝试亡羊补牢，派出王环从易州飞狐路北上，赶往山西金军大营商谈夹攻之事。王环对阿骨打说：我知道两国使者早已讨论过夹攻辽国的问题，如今童宣抚指挥大军已近燕京，"未敢擅入"，特派我来此请金兵助战，以免失约。金国统帅顺水推舟，决定于十二月初一"大发兵马"，计划在初五通过居庸关，初六兵临燕京城下。

由此可见，金军入燕，是大势所趋。

第十五章　捐燕策略

北辽主政者岂肯任人宰割，在燕京保卫战得胜之后继续组织反攻。四军大王萧干于十一月二十七日向涿州猛扑过来，打下了安次、固安两县，俘虏守将胡德章。

然而，北辽军队好景不长，因为阿骨打决意暂时搁置在塞上追捕天祚帝的计划，转而紧锣密鼓筹备入燕，准备配合宋朝作战。骁将粘罕为此自广州（今辽宁省沈阳市铁西区彰驿站镇）赶到奉圣州，参加一次极其重要的军事会议。会议决定兵分三路：粘罕所部向南暗口（今北京市门头沟区）挺进，而阿骨打、挞懒相继挥师由居庸关、古北口等处入燕。显然，各路金军计划分别从西、北、东三面，对燕京形成合围之势。

金国正式传檄招谕"燕京官民"，扬言"王师所至，降者赦其罪，官皆仍旧"。北辽萧后自知不妙，再遣使请和，仍旧遭到拒绝。北辽被迫调遣"劲兵"守御居庸，以防不测。这样一来，北辽不得不同时应付宋、金两军。

十二月初二，辽、宋两军在南线又打了一仗。当时，四军大王萧干连战皆捷，包围霸州永清县，气势正锐。《宋史·刘延庆传》记载："契丹知中国不能用兵，由是轻宋。"大名鼎鼎的西军也兵败如山倒，理所当然受到北辽将帅蔑视，可这种轻敌情绪往往会成为失败的诱因。

刘延庆的部队虽然崩溃了，但降宋辽将郭药师依然活跃在前线，此人从燕京退回后仍受重用，转迁为安远军承宣使，现在奉命前来解围。他临战之前对诸将说，北辽军所向披靡，轻视宋军，必定抢先发动冲锋。因而命令部属故意手拿"汉旗帜"（宋朝正规军旗帜），以掩饰"常胜军"的本来身份，同时在战阵侧翼布列马黄弩、神臂弓等远射兵器，做好"后发制人"的准备。北辽军遥遥望见对面展示的"汉旗帜"，果然轻蔑地认为是"南朝兵"，毫不犹豫地扑上前去。兵刃相接，北辽军发觉对手竟然是"常胜军"，可惜已经迟了。北辽军退下阵来，依山布阵，以求自保。郭药师及时指挥反击，部属皆张弩，听鼓声而行，大败辽军，史载"斩首几千级"，几乎活捉萧干。北辽军本来人数不多，经此惨败，伤了元气，残部逃回燕京，不敢再出。

与宋朝正规军相比，"常胜军"的军纪更加严明（《宋史·刘延庆传》记载郭药师曾批评刘延庆部行军无纪律），克敌制胜绝非偶然。事后，宋臣吕颐浩在《备御十策》中，对永清之捷给予了很高的评价，视为值得仿效的经典，并乐观地认为如果在将来的战争中以"万人为军，千人操弩"，便可以在三百步的距离内有效挡敌骑冲锋，到那时，人人只需用强弩发射两箭，必定打退来犯之敌。不过，他又指出神臂弓虽然射得远，然而"其艺难精"，军中能熟练操作这种兵器的人比较少，不过三四百人，再加上"临阵对敌，缓急之际，施放不快"，"不若强弩之轻捷"。在武器装备以及训练方面，还有需要改进之处。

"常胜军"打了一场难得的胜仗，郭药师因功升为武泰军节度使。

永清县爆发激战之际，金军各路部队陆续入燕，二太子率兵七千人先行，迪古乃、银术可分路出得胜口、居庸关。其中，居庸关是重点攻击目标。金军以娄室为左翼、婆卢火为右翼，向前疾进，于十二月初二经妫、儒二州，向居庸关疾进。

一路上，阿骨打和随行的马扩讨论局势，言：契丹国土取其十分之九，而剩下燕京这一分土地亦派人马三面逼近包围，令宋朝夺取，奈何宋军打不下。当初听说宋军到达卢沟河且已入燕，我心里亦感到欢喜，宋军若收复故地，与我国分定边界，部队就能够回国，不再打仗，"早见太平"。最近听说都统刘延庆一夜之间败退走了，怎么会打成这个样子？

马扩自称一直留在金军大营，不知前线详情，况且"兵家进退"乃常事，恐怕不能简单断言宋军打了败仗，退一步来说，纵使刘延庆果真败退，宋朝兵多将广，亦另外"有大军在后"，执行前赴后继的任务。

阿骨打又认真地问马扩，刘延庆这样的统帅打了败仗，"汝家有甚赏罚"。宋朝是否能够严格执行军纪，是这位女真领袖关注的问题。马扩当即指出"将折兵死，兵折将死"，此乃宋军的原则。如果刘延庆败退，即使他做的官再大，亦按军法处罚。事实上，刘延庆"不战而溃"，的确受到追责，宋徽宗欲斩刘延庆，以儆效尤。身陷囹圄的刘延庆及时拿出童贯、蔡攸两人所写的札子当作护身符，因为札子上写着"那回"等字，证明从前线撤退的行为已获得童贯等人批准，在程序上是合法的。宋徽宗不想此案牵连更多人，便打消了处斩刘延庆的念头，在十二月十一日把刘延庆贬官"率府率"，安置筠州了事。

没有如约带领援兵赶赴燕京的刘光世也被"降三官"。

阿骨打听了马扩的一番话，表示赞同，认为若军法不行，今后无法指挥部队。阿骨打自豪地说：等过了一两日，到达居庸关时，你看我家将士，谁敢在战斗时逃走？

十二月初三，金军先头部队抵达居庸关。《辽史·天祚帝纪》记载，此时居庸关山上"崖石自崩，戍卒多压死"，守军惶恐不安，"不战而溃"，燕京门户洞开。

十二月初五，金军主力来到，兵不血刃地占领了居庸关，并在次日阅兵。参战各路人马排列整齐，队伍面前摆放夺目的旗帜，威风凛凛。阿骨打与其子宗幹骨仑郎君并肩骑马，向南而站，而粘罕以下诸将皆身披战甲，分为两行，相对侍立在旁，一副令行禁止的模样，以示军纪严明。

阿骨打特意召马扩观看，说道：我已派遣使者和你家大使（赵良嗣）一起南回，现在想必到了汴京。我亦同意把燕京交还赵皇。如今既然决定打仗，你必须与我们一起前去燕京，而城里的"番官人户"，即将归属于我，那些"汉儿人户"，则属于宋朝。我要派人入城招诱契丹人，令其投降，你敢相随前去招降汉人吗？

马扩勇敢地回答：我留在这里，本来就是为了干有利于国家的大事，有何不敢？

阿骨打对此极为满意，准备让马扩与金国使者一起出发。

谁知到了当天晚上，情况发生了变化，萧后已逃之夭夭。她在初五得知居庸关失守，连夜率萧干、耶律大石等将领出城，表面上扬言"迎敌"，其实意图逃跑。临行时，她与北辽国相左企弓等人在燕京城门互相辞别，假惺惺地说："国难至此，我亲率诸军为社稷一战"，若凯旋，则与卿等重聚，否则就以身殉国。她叮嘱左企弓等人在城中要"努力保吾民，毋使滥被杀戮"。言毕，萧后泫然泪下。事实上，萧后一行人马并没有向居庸关方向进军，而是避开金军，转而向松亭关方向一溜烟跑了。

萧后离城未及五十里，金军游骑已在城下出没，迅速将侦察到的情况上报阿骨打。阿骨打在初六晚上突然召来马扩，愤愤不平地说：我亲自押军前来，欲与四军大王萧干好好打一仗，谁料刚刚得到情报，才知萧干已和国妃（萧后）离城往东逃走了。他乐观地预测，到了明天，金军可以长驱直入燕京。言下之意，原定的招降计划没必要实施。

四更时分，阿骨打又一次召见马扩，面带怒色地质问：听说你家兵马（指宋军）前来夺城，如果这是真的，便无话可说！这位女真领袖认为，萧后与萧干弃城而逃要归功金军入关，宋军不应该浑水摸鱼，坐收渔利。其实，郭药师当时屯兵永清县，距离燕京不远，如果迅速北上，亦有机会夺城。

马扩知道郭药师此前曾在永清县击败萧干，至于宋军到底有没有乘机北上，现在还不清楚。他向阿骨打做出解释：贵朝使者已经和本朝赵良嗣一起去了汴京，朝廷以大局大重，必定不允许军队轻举妄动，擅自夺城，万一宋朝将士先入燕京，两国也可以就这个问题进行商量。阿骨打经此劝说，情绪才逐渐恢复平静。

金军先头部队已在初六赶到了燕京。在此前后，北辽统军都监高六向金人送款投诚。城内留守的左企弓、于仲文、曹勇义、刘彦宗等两府汉臣正召集百官讨论抵抗之事时，还未商量妥当，统军副使萧乙信等契丹官已抢先打开城门，放金军入内。

金将娄室首先登城，让被俘虏的辽知宣徽北枢密院事韩秉在城中传令："若即拜降，我不杀一人！"史载，城里的北辽宰相携同"文武百僚、僧道父老"，齐聚丹凤门附近的一个球场里拜跪迎降。

其后，身穿戎服的阿骨打踌躇满志地自南门而入，传令银术可、娄室所部列阵于城上，以防万一。他发现城头上的炮绳、席角都未解开，知守军无抗拒之意，便放心地坐在城中万胜殿上，接见拜跪待罪的辽人，并让翻译人员安抚降人，以示宽宏大度。

宋军没有在燕京附近出现，金军独占了这座城市。

初九，阿骨打命左企弓抚定燕京辖下诸州县，同时诏令西京官吏，声称已平定燕都，"唯萧妃与官属数人遁去"，金兵正在追袭，并提醒当地官僚注意警戒，如果发现影踪，立即捉拿。

就在这一天，金军侦知萧后等人辗转到了古北口，习古乃奉命追击。习古乃赶到古北口时，萧后等人已经离开三日，习古乃空手而还。阿骨打不甘心，又令婆卢火、胡实赉率轻骑追袭，仍不见萧后影踪，只捉获滞后的北辽统军察剌、宣徽查剌及其家族，缴得两个银牌、十一个印。

百忙之中，阿骨打不忘召见马扩，让其回汴京报捷，专门抽调五百名骑兵护送。马扩及随从都被赏赐鞍马一副，并带着金国写给宣抚司的牒文上路。值得一提的是，在涿州附近被萧干生擒的宋将胡德章，也被金人从燕京狱中解救出来，即将跟着马扩回国，这有利于双方维持友好关系。可是，一些金军将领的态度发生了变化，变得更加贪婪，粘罕在马扩临行前突然派乌歇前来打扰，要求马扩向"童太师"（童贯）传话，欲索取十头水牛，理由是两国缔结"海上之盟"有过约定。这当然是粘罕的单方面说辞，宋、金两国不可能缔结涉及水牛的约定。马扩对粘罕毫无根据的要求置之不理，返国后只向宣抚司上报金国牒文，里面写着"请发兵前来交割"七字，言简意赅，说明阿骨打表面上仍摆出一副交还燕京的样子。不过，金国内部不少人不愿将燕京拱手相让，这让燕京的"交割"变得困难重重。

此前，两国进行过多次艰难的谈判，金使李靖等人跟随着赵良嗣已在十一月二十一日到达汴京，并与宰相王黼展开新一轮磋商，但金方只愿交回燕京六州二十四县，拒绝归还平、滦、营等处，谈判依旧没有取得成果。

十二月初三，宋朝以赵良嗣、周仲武为国信使副，伴随李靖等人赴金，于十五日抵达阿骨打的军营。金人已经控制燕京，得寸进尺，更难达成协议。阿骨打的态度逐渐变了，对宋人不再像以往那样友善。他让人传话给赵良嗣，宣称"我闻中国大将，独仗刘延庆"，但刘延庆率"十万众"北伐，却不战而溃，这说明"中国何足道"，自诩"我自入燕"，如今燕京便属于我，中国凭什么拿回这个地方。他暗示金国有可能毁约，不交还燕京。

赵良嗣努力进行交涉，可金人提出要索取燕地租税的新要求。在给宋朝的国书中，金人回顾了双方谈判的历史以及分歧，特别是在夹攻燕京的军事行动中，本来宋朝应该依约"自涿、易二州"等要冲之处出兵，但当金国按计划"自古北口、乌鸦岩"等地进军，经居庸关到达燕京时，发现宋军已被对手打败，"无一人一骑、一鼓一旗、一甲一矢"在目的地。有鉴于此，宋朝要想得到燕京六州二十四县，就要每年向金国缴纳赋税。此国书的相关言论，可谓欲加之罪，何患无辞。阿骨打向燕京进军时，并不希望宋军前来分一杯羹，曾向马扩表示忧虑，现在却换了一种说法，反责怪宋军未能及时赶到燕地，批评其作战不力，以此作为索取更多钱财的理由。

金使李靖等人携带国书，与赵良嗣一起于宋宣和五年（1123）正月初一抵达汴京，继续谈判。宰相王黼在许多朝臣反对的情况下，应允了金人的额外要求，并提出了一个折中方案，计划支付银、绢，以代替缴纳燕地赋税。也就是说，宋朝每年不但要给金人岁币，还要另外多给一笔钱，以满足对方贪得无厌的欲望。

宋徽宗为了顺利取回燕京，不得不摆出慷慨大方的姿态，希望息事宁人。他一边支持王黼的让步政策，一边又令赵良嗣、周仲武、马扩等人再次出使金国。宋朝的国书也对"夹攻燕京"的军事行动做出解释，声称当宋人得知金军"欲入关讨伐"，立即"自涿、易等处分遣军马"，进行夹攻，在战斗中"三面掩杀契丹"，大获全胜，一路追逐，"远过燕京东北"，因而与攻取居庸关的金军互相呼应。北辽国妃与四军大王萧干迫于军事压力逃离燕京，城中"无不顺之人"，这本来是夺城的好机会，但宋军知道金军距离燕京较近，为了顾及道义，没有争先入城，只在离城遥远之处驻扎。这些"坚守信约"进行"夹攻"之事，"皆有迹可考"，"不待理辨"而自明。总之，在夹攻燕京的问题上，双方各执一词，谁也说服不了谁。

两国关系出现波折，金国对宋人严加提防。这时，金军已分遣部分人马押运战利品东归，留守燕京的兵力其实不多。燕京附近的平州尚在辽将张觉控制之下，此外，天祚帝残余势力仍流荡于塞上，存在卷土重来的可能，由于局势不稳，金人不得不提高警惕。当宋使于二十五日抵达燕京，便被金方安排入住城西南一处废弃的寺庙，因而无从窥探城内虚实。

金人兀室、杨朴过来多次讨价还价，认为宋朝计划每年再给金朝增加"十万匹两"，还比不上一个大县的赋税收入，实在太少。他们提议，宋朝除了每年给予五十万岁币，还要再添一百万贯作为代税钱，同时规定新添的代税钱需要折价为绫锦、木绵、香茶、药材、细果等实物交付，条件非常苛刻。

过去，宋朝虽然每年要拿出五十万岁币给辽国，但可以通过"以物换物"的方式在边境设置榷场进行交易，具备生意头脑的宋人常常以一些不急用之物来换取契丹珍贵的东西，故此，"岁相乘除，所失无几"，并没有损失多少经济利益。现在，如果答应金人狮子大开口式的勒索，无疑会付出很大的经济代价。

此外，兀室还提到驻扎涿、易两州的"常胜军"，认为"常胜军"原本隶属契丹燕京所管，应该与那些生活在燕地的降官、降民一样，统统由金国接管。他还敦促宋军尽快退出涿、易两州，因为皇帝（阿骨打）已定好日期准备亲自巡边。这一系列强硬的要求相当于最后通牒，兀室接着下了逐客令，要求赵良嗣等人回国，并且表明金国不会再派使者赴宋，如果宋人不予接受，就意味谈判破裂。

二十八日，赵良嗣等人到阿骨打的行帐进行辞别。阿骨打不厌其烦地把兀室所提的主要条件重复了一遍，清楚表明自己欲在二月初十巡边，要求赵良嗣尽快回国奏报，以便早日做出决定，免得妨碍金国举兵巡边。阿骨打的意思很清楚，如果宋朝拒绝接受金国的要求，巡边的金军就可能和驻扎涿、易两州的宋军发生冲突，将有不测之祸。

赵良嗣知道燕京距离汴京足足有三千里路，他必须赶在二月初十之前把宋廷的决定通知金国，否则会贻误大事。时间紧迫，他匆匆起程。

宋使离开后，降金的辽臣皆言"南朝自来畏怯"，劝谏阿骨打中止与宋朝的谈判，特别是曾任辽相的左企弓，公开向新主子献诗："君王莫听捐燕议，一寸山河一寸金。"金国其实已做好败盟的准备，当赵良嗣等人南渡卢沟河之后，金军当即"断桥梁，焚次舍"，显然是预防宋军乘隙北上。跟随赵良嗣一起回国的马扩据此判断"女真兵少"，不能不注重防御，而阿骨打所谓的"巡边"，只是虚张声势，企图用威迫的手段捞取更多好处。

赵良嗣没有在意马扩的话，而是拼命赶路，于二十九日晚回到了雄州，然后遣人骑快马上京，火速奏报。求和心切的宋徽宗果然不敢怠慢，一一答应了金人的苛刻要求。二月初六，待在雄州等待回复的赵良嗣终于盼来了快马，获得御前金字牌递到的国书以及御笔指示，立刻与周仲武、马扩等人匆匆北上，在二月初九赶到了燕京，比阿骨打规定的最后期限提前了一天，有惊无险地完成了任务。

阿骨打的巡边计划就此取消。兀室、曷鲁两人奉命于十一日与宋使开始会谈，既然宋朝承诺额外增加一百万贯代税钱，金国也表示要让出燕京，这当然不包括平、滦、营诸州。不过，赵良嗣提出要归还西京时，兀室又节外生枝，迟迟没有答复，数日之后方与杨朴一起来到宋使驻地，解释道：当初夺取西京时，围攻了四十日，我国军人死伤无数，可谓来之不易，假若将此地让给河西家（西夏），还可以得到对方奉献的财物，可是皇帝（阿骨打）认为既然赵皇这样大度，愿意给我国"岁添一百万贯"，那么千年万年之后，我国获得的好处将难以计算。因而把西京交还南朝，胜于交给河西家。

然而，女真人只愿意交出空城，明确表示将迁走城里的百姓。

赵良嗣等人不肯，双方又争辩不休，以致惊动了金国高级将领粘罕。值得注意的是，正是粘罕当初坚决要求进军山西，才赢得了开疆扩土的大好局面，他不能反对阿骨打让出西京的决定，但绝不甘心轻易就范，现在介入谈判，便乘机发泄不满。他在说服不了宋使的情况下，笑里藏刀地说：不如暂且搁置西京争论，两国直接出兵厮杀，如果宋军失败，再多送银、绢给大金。如果金军失败，则不要宋朝一两银、一匹绢，不知意下如何？

这简直是赤裸裸的战争威胁，预示宋、金未来可能会兵戎相见。三年之前，粘罕与赵良嗣在关外金国大营会谈时，还专门提到童贯统兵巡视宋辽边境之事，以示重视，现在，他已完全不把这位西军统帅放在眼内。

赵良嗣可不想谈判破裂，连忙调解尴尬的局面，说一些"两家本无相争"，愿意"交好万世"的话。粘罕、兀室等人不便公开违抗阿骨打的和谈之意，也做了让步，表示愿意交还"西京土地并民户"，只是认为金军"夺得西京不易"，特请宋朝另外出资犒赏参战的金军士卒。赵良嗣、马扩等人对此表示理解，彼此的立场逐渐接近一致。

谈判似乎成功在望。阿骨打特别指派军中名将银术可为正使，与副使王度剌一起，准备使宋。为此，金臣高庆裔专门奉阿骨打之命来见宋使，声明银术可是北朝皇帝（阿骨打）最亲任听干的、近上的大臣，权最重，了解军国大事，身兼西路等处都统使，曾击败过西夏军队，立下显赫战功，提醒宋朝要认真接待银术可，此人不同于平常的使者，不能"将就简待，致伤和气，以生嫌隙"，免得影响谈判。

金国竟然派遣军中名将为使，耐人寻味，或许是为伐宋做准备。回顾历史就会发现，银术可是促使女真反辽的重要人物。当年，阿骨打尚未正式决定起兵时，乃派银术可为使赴辽一探究竟。银术可不辱使命，在出使时广泛了解情况，知道辽天祚帝"荒于政，上下解体"，国势已不大如前，因而回来之后向阿骨打详细汇报，明确指出"辽国可伐"。正如《金史》所载："太祖（阿骨打）决意伐辽，盖自银术可等发之。"当金辽战争接近尾声之际，许多好战的金军将帅又对宋朝发生了兴趣，银术可现在以出使的名义远赴宋都汴京，是否负有侦察的任务？史无明载。但可以确定的是，银术可在三年之后随军伐宋时，率先带领部属攻破汴京，登上城池，为灭亡北宋立下汗马功劳。可惜后来发生的这一切，赵良嗣、马扩等宋使不能未卜先知，否则就不会引狼入室了。

二月十七日，宋使向阿骨打辞别，然后和银术可等人一起南下，于三月初到达汴京。金使在崇政殿上见过宋徽宗，又受到隆重接待，参加了在宫廷举行的宴会。其间，银术可不忘询问宋朝欲犒赏西京金军多少钱财。宋徽宗表示愿出二十万。银术可嫌少，但未能榨取更多，因为宋朝主政者对金人的贪婪行为越来越厌恶。

三月初六，宋朝命吏部侍郎卢益以工部尚书之衔，连同赵良嗣、马扩赴金。他们和银术可等金使一起北上，到达涿州时，却未能进入金军控制区域，唯有眼睁睁地看着银术可等人先回燕京。等到宋朝宣抚司送来犒赏金军的"银绢二十万两匹"，宋使才得以继续前行，于十八日抵达燕京。在随后的和谈中，金人百般挑剔，以宋朝国书的字画不够严谨等琐碎理由，逼着宋人更换了几次国书，直到合意为止。可金国还不愿意履行"交割"燕京的手续，以种种借口企图榨取更多东西，并扬言要继续伐辽，欲向宋朝借十万石粮米，搬运至檀州、归化州等处。赵良嗣为了早日收复失地，慷慨地许以二十万之数，约定在四月间"交割"燕京。

当时，金人认为根据"海上之盟"的约定，宋朝应交还从占领区内逃跑的辽人，兀室、杨朴、高庆裔三人在谈判时正式提出这一要求，并点了赵温讯、李处能、王硕儒、韩昉、张轸等辽官的名，尽管这些人已投降了宋朝。赵良嗣稍作让步，要求雄州宣抚司把赵温讯缚送金人，以平息争端。粘罕在四月上旬接收赵温讯之后，立即为其松绑，宣布赦免其罪，好言抚慰，以收买人心。

更离谱的是，金人一再公开向宋朝索取郭药师等降将，理由是"常胜军郭药师等八千余户"，正是辽东人。宋朝宣抚司当然不肯遣返立过战功的"常胜军"将士，因而宣抚司的占检文字李宗振（一说为参谋宇文虚中）提出了一个折中方案，即以燕人交换"常胜军"，允许金国将燕京百姓北迁。这样一来，燕民遗留下的田产，可以用来供养"常胜军"，达到"一举两得"的目的。此建议申奏朝廷之后，又获得金国同意，很快便实行了。当时燕京辖下各州县，凡是拥有一百五十贯以上家业的民户，皆被迁徙，由松亭关北上，总数达到三万余户，导致燕地一片萧条。一些不愿意背井离乡的燕人向粘罕游说，认为燕京本非宋朝疆土，金国既然夺取，岂可随便让出这个富饶的形胜之地。粘罕深以为然，将燕人的言论转述于阿骨打，提出要以涿、易二州为宋、金两国边界，公然反对割让燕京。阿骨打不同意马上和宋朝打仗，说：我与大宋订了"海上之盟"，不可失信。但他还意味深长地加了一句："待我死后，悉由汝辈。"也就是说，阿骨打一日未死，粘罕就不能为所欲为。

阿骨打突然向粘罕提及身后事，绝非偶然，其间他已身染疾病。时常出入金营的马扩敏感地察觉到了这一点。四月十一日，宋使完成任务向阿骨打辞行时，马扩看见高高在上的金国皇帝"形神已病"，这位戎马一生的军事强人也要受到生老病死的困扰，或许是急于回去休养，他才愿意放弃燕京。夏季到来，天气变热，金人不习惯，容易得大病。

阿骨打在离京前夕，仍强打精神，坐在契丹皇帝的纳跋行帐里接见宋使。他面前排列着被俘的辽国旧教坊乐工，正大摆筵席，左企弓等一班北辽降臣按次序上前朝见，捧觞祝寿，竭力营造出一派喜庆气氛，尽管场面有点诡异。

两国谈判妥当，约定在四月十四日"交割"燕京。当宋使在同月十三日返回雄州复命时，坐镇宣抚司的童贯、蔡攸当即下令北上。

这时，前线部队已得到补充，河东、河北、陕西、京畿等处兵马在各路将帅的指挥下，欲收复失地。根据《平燕录》《封氏编年》《入燕录》诸书记载，姚平仲、康随、王环、赵良嗣各领部分士卒先行出发，李嗣本统河东兵五万人为前军，后面是种师中、杨可世所统的陕西诸道兵三十万人。郭药师统"常胜军"亦奉命自新城入固安、安次，进驻博山。童贯、蔡攸"建旌纛，鸣鼓吹笙"，督促宣抚司直属部队上路，马公直率河北、京畿兵负责殿后。宋军分作前、后、左、右诸部，周围环亘二百里，络绎不绝。

李嗣本的前军于四月十七日到达卢沟河时，发觉金军犹驻燕京，便停了下来。赵良嗣、姚平仲、康随匆匆入城问个究竟，不料粘罕反而指责宋军迟到，没有如期前来履行"交割"手续。姚平仲耐着性子进行解释，指出假若宋军提前到来，反而属于"僭越"，并警告粘罕切勿"妄生事端"，以致败盟。此时，种师中所部已跟上来，扎营于料石冈，杨可世甚至做好了打仗准备。他檄令手下"今日我辈，正索一死耳"，勉励士卒要敢于决一死战。军中诸将皆"治鞍发刃"，弯弓待命，且督促李嗣本带前军渡河。

两军虽然形成对峙状态，但留守燕京的女真将领只是诘问前来接收的宋人，而不敢真的挑起冲突。因为金军现在需要应付的事太多，其主力分散燕云地区，后方不稳，时常发生叛乱，例如在黄龙府，当地人安福哥便煽动新附的部民进行抗金，阿骨打的儿子讹里朵（又称宗辅）与将军乌古乃煞费苦心才平定。留在燕京的金军亦处境窘迫，特别是城外诸寨，曾日夜受到燕地乡兵骚扰，不胜其烦，有人归心似箭，竟大骂耶律余睹，说："汝劝我来此，今外寨皆不安，四面皆大兵，居此罗网中，如何归？"

看来，金军内部对去留问题的意见并不一致，尽管粘罕等人恋恋不舍，可急于返乡者也不少。

阿骨打早已让手下分批离开，而他亦带着主力往西行，经居庸关往白水泊避暑，在宋军抵达燕京前一天去到儒州。临走前，拆毁了燕京的城墙、楼橹等要害之处，就连京城附近诸州也难逃一劫。史载，女真"尽括燕山金银钱物，民庶寺院一扫而空"，"辽人旧大臣"以及北辽遗留的"仪仗车马玉帛辎重"，在一部分女真人的押送之下，向松亭关方向而去。最后，留守的

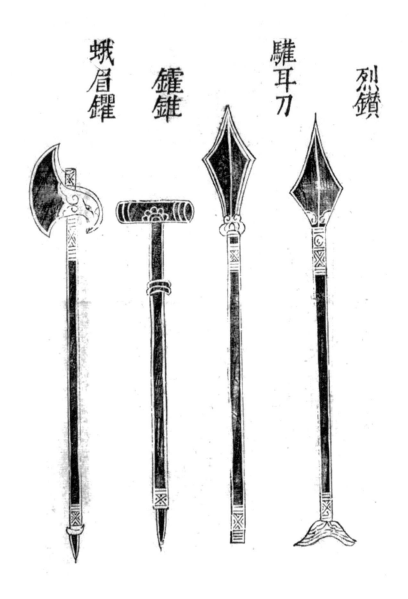

《武经总要》中的宋军近战兵器

290

粘罕命令部众"卷甲移灶，退舍三十里"，也撤离了城池。

金军盘桓燕京接近半年，终于全部离开。宋军伺机而进，李嗣本统率的前军在十七日下午首先入城，不久，另一支部队突然出现在城中，所穿戎衣与宋军有异。李嗣本的部属遥遥望见，以为金人卷土重来，大惊失色，弃营而逃，乱作一团。这支神秘的部队并非金军，而是"常胜军"。原来，郭药师奉宣抚司之命为先锋，带着"常胜军"大模大样入城，想不到竟吓走了友军。郭药师及时了解情况，派人安抚李嗣本所部，平息了这一场虚惊。

稍后，童贯、蔡攸二帅来到，担心金军杀个回马枪，会来"劫寨"。马扩认为不必过虑，担保金人不会再来，因为他与阿骨打打过多次交道，心中有数。但宋、金两军还是发生了摩擦。李嗣本、姚平仲所部入燕时，军中有一名运粮杂役抢夺了金军的牛马，还杀了一个滞后的女真人。两天之后，金国使者撒卢母前来燕京交涉，要求"杀人偿命"以及索赔牛马价钱。马扩等人出面协商，得以妥善解决。

总而言之，宋朝这一次确确实实收复了燕京。那些劫后余生的"残民羸卒"，用手捧着香火迎导宋军入城，且口中念念有词："契丹既灭，大金归国，王师入城，复见天日。"互相庆贺之人，走街串巷，皆大欢喜。

不过，宋朝在付出巨大经济代价的情况下，仅收回燕京以及蓟、景、檀、顺四州，即使再加上主动投降的涿、易两州，也远未能控制全部燕地。尽管如此，宋徽宗接到捷报，自以为做到了太祖、太宗未能做到的事，意气风发地对朝廷内外的文武大臣论功行赏。其中：王黼获御赠玉带，为太傅；童贯进封徐豫国公；蔡攸为少师；赵良嗣加延康殿学士、提举上清宫，官至光禄大夫；马扩转武功大夫、和州防御使。卢益等人也各有升迁。

值得一提的是，郭药师加检校少保、河北燕山府宣抚副使、同知燕山府，在奉诏入朝时，又备受礼遇，获赐甲第、姬妾。这员降将在皇宫后苑延春殿见到宋徽宗，泣于廷下，感叹道："臣在虏，闻赵皇如在天上，不谓今日得望龙颜！"表示愿效死力，在所不辞。宋徽宗一听，啧啧称赞，当即命令郭药师攻打流亡在外的天祚帝，"以绝燕人之望"。不料，郭药师面色大变，申辩道：天祚乃臣之"故主"，陛下若令臣"反故主"，此事难以做到，愿陛下另外委托他人。言毕，涕泣如雨。宋徽宗不但没有责怪郭药师违令，反而欣赏其忠，亲手解下所御珠袍相送，又赐予两个金盆。

郭药师辞别后，大方得体地对手下说"收复失地非吾之功，乃汝辈之力"，并把皇帝赏赐的金盆剪开分赐部属。平心而论，郭药师确实出类拔萃，是军队中唯一能够击败四军大王萧干的人，在战争中的表现远胜刘延庆等西军老将，理应受到重用。不久，他又加检校少傅，成为戍守北部边境的要人。

第十六章

东征西讨

宋朝没有继续攻击流亡塞上的辽国残军，对契丹人穷追猛打的是金国。

萧后一行在辽保大二年（1122）十二月初五撤离燕京之后，有意避开金军，原本向松亭关方向疾驰，中途转向了古北口。到底选择什么地方作为未来的立足之地？这支队伍徘徊不定，内部发生了严重分歧。耶律大石作为契丹宗室，认为应该摒弃前嫌，与天祚帝会师于塞外夹山一带，齐心协力渡过难关。四军大王萧干是奚人，不愿归附天祚帝，意图到奚王府立国，仍旧独树一帜。奚王府是掌握奚兵的机构，其驻地常随季节变化而迁移，大致位置在中京西南路一带。

双方各执己见，互不相让。耶律淳驸马萧勃迭时任都尉，大着胆子插话："今日固然应该归附天祚，然而有何面目相见？"耶律大石一听，大怒，让左右将萧勃迭押出去斩首示众，并传令："军中敢有异议者，斩！"

萧干不愿违心行事，决定自寻前程，于是率领奚军、渤海军，离开了听命耶律大石的契丹部队，往东扬长而去。耶律大石所部拥戴萧后向西而行，一边躲避金军的追击，一边寻觅天祚帝。北辽残部就此分裂。

萧干与萧后分道扬镳，路上没有碰到阻拦的金军，顺利回到奚人的居住地区卢龙岭（今河北省遵化、宽城、青龙一带）。他在奚遥里部（又称越里部）召集当地吏民开会，然后到达迁州（今山海关附近）箭笴山。这里原本是奚堕瑰部的驻地，是一个不错的落脚点。

萧干于辽保大三年（1123）正月初三另立政权，自称奚国"神圣皇帝"，改元"天嗣"（还有"天复""天兴"等说法），设置了奚、汉、渤海三枢密院，把原有的东部奚人节度使与西部奚人节度使改为"二王"，即"东部奚王府"与"西部奚王府"，试图"分司建官"，并"籍渤海、奚、汉丁壮为军"，以便与辽国残余势力分庭抗礼。内乱不停的辽国继续分裂，继渤海国皇帝高永昌以及北辽皇帝耶律淳之后，萧干成了第三个割据一方的土皇帝。

天祚帝得知萧干僭号，命耶律马哥征讨。不过，辽军若从塞外夹山一带前往萧干盘踞的箭笴山，需要穿越金军的占领区，至少长途跋涉两千里，可谓难乎其难，因而这个征讨计划只是纸上谈兵，最终未能落实。

阿骨打对萧干称帝一事比较重视，在辽保大三年（1123）正月十六日的诏令里提醒中京都统斡论"回离保（萧干）聚徒逆命"，应该制定防范措施，"无使滋蔓"。同月十八日，他又企图招抚萧干，遣人传话劝降，说道："汝之先世既然臣服于辽，如今若能臣服于大金，与昔日何异？"又表示知道萧干与耶律余睹过去有积怨，故绝不允许耶律余睹公报私仇。倘若萧干能速降，不但尽免其罪，而且照旧统领"六部族"以及"山前奚众"，还可以将以前没收的财产交还。最后，阿骨打警告萧干，假若尚执迷不悟，金国便"遣兵致讨"。

必须提及的是，萧干曾在九年前投降过女真人，时出河店之战刚刚结束，他统率的铁骊部落无力继续抵抗，只得屈服，不久，他又逃回辽国。阿骨打一直对此难以释怀，后来在与辽国讲和时，除了索要"叛人阿疏"，还提出要归还"降人回离保"，由于辽、金谈判最终破裂，阿骨打未能如愿以偿。

阿骨打软硬兼施，萧干却坚决不肯顺从，双方迟早兵戎相见。

其间，关外的辽国残余势力不断投降，辽兴中府接受金将撒八的招抚，而辽来州节度使田颢、隰州刺史杜师回、迁州刺史高永福、润州刺史张城皆愿意归附金国。虽然兴中府与宜州降而复叛，可很快遭到镇压，不久，在兴中府聚众反抗的契丹人耶律九斤被金兵活捉后自杀。金国顺利统治了山海关一带的许多沿海州县，日渐逼近山海关附近的箭笴山，萧干所部的处境逐渐恶化。

阿骨打注意分化、瓦解各处奚人势力。他以奚路兵官浑黜不能安抚归附的部族，改令挞懒为奚六路军帅，镇压叛逆。挞懒在讨伐劾山速古部奚人时，由于对手据险顽抗，竟然将之屠戮殆尽，在这年五月相继平定速古、啜里、铁尼十三寨。

鉴于萧干始终拒绝俯首称臣，阿骨打命令阇母为南路都统，做战前准备。早在今年年初，他指挥大军入燕时，就曾对随行的马扩夸下海口，欲与四军大王萧干好好打一仗，可惜对方弃城而去，没有如愿以偿。现在，金军终于有出征的机会，却迟迟未能成行，因为萧干的根据地非比寻常。顾祖禹的《读史方舆纪要》记载，箭笴山位于抚宁县东北百里的石门以北，又名茶盆山。此山"峰高万仞，陵峦杳深"，易守难攻。阿骨打见机行事，不打算硬攻，而在诏令中对部下说，回离保（萧干）以乌合之众，据险而守，"其势必将自毙"，金军"毋庸攻讨"，只需监视即可。萧干的部属亦不敢出来骚扰金军地盘，双方暂且相安无事。

与萧干相比，萧后则命运多舛，她一路西行，向天德军方向而去，总算来到天祚帝在夹山的驻跸之地，但没有被接纳，最后于辽保大三年（1123）二月初二遭到诛杀。天祚帝又追究耶律淳生前的责任，宣布将这位死者降为庶人，但他原谅了曾拥戴萧后的北辽残余人马，因为正值用人之际。

耶律大石到底有没有和萧后同时到达夹山？《辽史》《金史》等各种资料记载不一。学者认为，耶律大石进入山西时，没有和萧后同行，而是负责断后，途中他主动打了一仗，乘金军大部队入燕之机，率众发起突袭，一举夺取奉圣州，竟然在劣境中赢得了难得的胜利。

留守山西的金将斡鲁立即调兵遣将迎战，当得知辽军扎营龙门以东二十五里，便派照立、娄室、马和尚等人前去讨伐，举行了一次成功的反击，于四月初九生擒耶律大石，迫降其部属。守御奉圣州的辽将辟里剌见势不妙，弃城而遁。

这时，斡鲁已出任西南路都统，副手是二太子，继续执行讨伐天祚帝的任务，并策划奇袭，目标是白水泺一带，勃剌淑、撒曷懑奉命率兵二百人行动，于四月间生擒了辽权六院司喝离质，但战果有限。之后，四处游荡的天祚帝把辎重留在青冢（昭君墓，今内蒙古自治区呼和浩特市西南），领兵万人转移到了应州（今山西省应县）一带。金人侦察得知，乘虚而入，出动照里、背答、二太子、娄室、银术可等将偷袭，迅速来到阴山、青冢之间，准备出其不意地摧毁天祚帝的后方营地。

二太子、娄室、银术可便率三千人分路搜索，接近青冢时，却发现路泞难行，举步维艰，因为这一带毗邻夹山。

夹山周围存在六十里宽的泥淖之地，早就成了天祚帝的庇护所，正如《三朝北盟会编》所言："独契丹能达，他虏所不能至。"女真人只能望而兴叹，天祚帝放心地率主力离开青冢，以往的经验说明，金军不能随随便便跨越沼泽地。但是，辽人万万没想到金军会找到一个好向导，即在龙门之战中被活捉的耶律大石。

金将二太子在青冢一带的沼泽地步履蹒跚，茫然失措时，想起了这名俘虏，勒令他在前面引导，为了防止走失，还拿出绳子绑在他的身上。就这样，二太子与当海等人押解着这名契丹人，带着部属一路摸索而行。

经验丰富的耶律大石果然具备穿越沼泽地的卓越能力，带着金军在四月十五日悄悄接近了目的地。留守的辽人疏忽大意，不知大难临头。皇室嫔御诸女突然看见金人杀到，无不惊骇欲逃。二太子即刻命令手下骑兵四处捉拿。不久，金军后继部队亦赶到，攻势更加凌厉。《辽史·百官志》记载，辽军游牧时以"毡车为营，硬寨为宫"，金军当场缴获万余辆车，连天祚帝的左右舆帐也成了娄室、银术可的战利品。

辽太叔胡卢瓦妃、国王捏里次妃、辽汉夫人并其子秦王、许王，女骨欲、余里衍、斡里衍、大奥野、次奥野，赵王妃斡里衍，招讨迪六，详稳六斤，节度使孛迭、赤狗儿等一大批皇亲国戚、官僚贵族无处可去，被迫投降。唯有太保特母哥乘隙带着梁王雅里突围而出，而梁宋大长公主亦乘乱逃脱。

青冢的失守，严重削弱了辽国的残余势力。女真人既获捷，遂乘胜进至扫里关，于十九日遣人以书招降天祚帝。二十日，天祚帝回信，表面要求请和，暗中却策划反击。二十三日，当金军押着俘虏以及缴获的辎重东行时，天祚帝自应州金城急赶回来拦截，亲率五千余名士兵进至白水泺，欲决一死战，抢回亲属以及财物，无奈打不过二太子辖下的一千名士兵，又落荒而逃。

金军追兵一度距离天祚帝仅有百步之遥，但还是让这位辽国皇帝逃掉了，只是活捉其子赵王习泥烈以及萧道宁等官吏，并缴得了辽传国之玺。其后，二太子又挥师连追二十里，尽获辽军遗弃的从马。此外，照里、特末、胡巴鲁、背答等金将亦搜获一万四千匹牧马以及八千辆车。

由于在青冢、白水泺取得一系列胜利，越来越多的女真将士相信战争就快结束。斡鲁在上奏时乐观地估计："辽主无归，势必来降。"阿骨打则在诏书中叮嘱前线将士要妥善安抚俘虏，赦免辽赵王习泥烈及诸官吏之罪，特别交代："辽主戚属，勿去其舆帐。"他指示，辽主离开国都，漂泊在外，由于"怀悲负耻"，恐怕会折寿，虽然此乃自作之孽，但其曾身居帝位，落得如此下场，我于心难忍。如果辽主肯接受招降，可以将其宗族交还。阿骨打与天祚帝存在历史积怨，却不想赶尽杀绝。

君臣两人还讨论了宋朝在金辽战争中所起的作用。斡鲁透露已令银术可南下代州，接收宋朝援助的军粮，同时严厉告诫驻守宋境附近的金军，"毋纳宋人"，以免节外生枝。阿骨打则回复，银术可无须再去代州，因为朝廷已派杨朴"征粮于宋"。种种迹象显示，宋朝支援的军粮对金军的行动至关重要。

二太子把辽传国之玺送至阿骨打大营，阿骨打嘉奖"此群臣之功"，满意地把此玺放入怀中，向东恭谢天地，并对参战诸将论功行赏。

屡战屡败的天祚帝害怕对手跟踪追击，派牌印郎君谋卢瓦拿着兔钮金印前来二太子的军营请降。二太子欣然接受，视其金印之文，发现上面刻的是"元帅燕国王之印"，说明天祚帝已自愿削去皇帝之号，甘心成为金国附庸。然而，金国统治者不会允许辽国残余势力割据一方，二太子决定再次致书辽人，谕以"石晋北迁"的历史故事，希望天祚能仿效前人。（五代时期，后晋皇帝石重贵投降契丹，被迁往关外，从此无权无势，却得以苟全性命。）不料天祚帝诈降，派人到金营献印只是缓兵之计，其间他乘隙西逃云内，仍旧与金人为敌。

云内成了辽国的临时行政中心，散处塞上的残兵败将亦陆续前来集合。从青冢突围而出的特母哥带着梁王雅里，走间道至阴山藏匿，听说皇帝在云内，便千辛万苦赶来。当时，雅里的扈从有千余人，多于天祚帝的部属，这让天祚帝感到不安，因为存在宫廷政变和拥立新君的可能。为了以防万一，这位皇帝开始借题发挥，指责特母哥仅仅救出了一个皇子，欲先审讯，然后捏造罪名处死。其间，天祚帝还召来雅里，仗剑诘问："特母哥教汝何为？"雅里如实回答："无他言。"天祚帝找不到什么借口，无奈释放特母哥。

同年五月，西夏国主乾顺遣使请天祚帝入夏暂避。天祚帝不听从臣劝谏，一意西渡黄河投奔西夏。

辽军准备出发之际，内部生变。带头发起叛乱的是萧特烈，这人过去在石辇铎等处打过仗，一向承担保卫天祚帝的责任，如今已升为队帅。现在，他发现队伍里人心惶惶，许多将士不愿意西进，便有意和天祚帝决裂。他暗中对耶律兀直说，"事势如此，亿兆离心"，我辈应该提前制订有利于社稷的计划。大家经过商量，乘夜劫持梁王雅里，与特母哥等人一起，向西北方向奔逃。

天祚帝没有追赶，而是率领忠于自己的人马于九日渡河，进驻辽国金肃军（今内蒙古自治区鄂尔多斯市达拉特旗树林召镇南）地区，并于同年六月册封西夏国主乾顺为皇帝，但他没有急于越境入夏，而是在辽、夏边境一带徘徊观望。

梁王雅里逃到沙岭，被群僚拥立为帝，而萧特烈为枢密使，特母哥为副。雅里性格比较宽宏大量，受到越来越多人的拥戴，乌古部节度使纠哲、迭烈部统军挞不也、都监突里不等人各自率众前来归附。这个新政权改元"神历"，辽朝再次分裂。

与流亡于塞外的契丹人一样，奚人领袖萧干也准备与敌周旋。不过，僻处一隅的奚国政权，日子越来越不好过。箭笴山根据地发生了饥荒，山上的驻军为了觅食，被迫于六月间离开这个易守难攻之处。但萧干不敢骚扰金境，而是南下掠宋，他经卢龙岭偷袭景州（今河北省遵化市），打死了宋守臣刘滋、通判杨伯荣，又在石门镇击败张令徽、刘舜仁等"常胜军"将领，攻陷蓟州，在燕城一带掳掠，锋芒甚锐，甚至有越过黄河进犯汴京之意。当时，河北一些胆怯的官员竟然盘算着弃燕而归。

童贯在汴京传令，为此切责知燕山府王安中、同知詹度与前线大将郭药师。王安中振作起来，督促郭药师带领"常胜军"主力出击，终于大破来犯之敌，燕山路副都总管何灌乘胜收复景州，解了蓟州之围。宋军一路穷追，跨过了卢龙岭，打到了奚人的老巢。史载，萧干所部"伤亡过半，从军之家悉为常胜军所得"，而接受郭药师招降的奚、渤海与汉军，达到了五千余人。

何灌不太信任郭药师，认为这员降将同时统领番汉兵，权力过大，因而向宣抚司建议削其兵权，并以镇守北部边境的折家将为例，认为折氏本是土著，归顺大宋之后，朝廷便另外设置一司专管汉军，必要时才允许折氏所部与汉军同营，一起行动。故此，朝廷现在应该按照旧例，只让郭药师掌管"常胜军"，而不能随便调遣汉军。童贯信任屡打胜仗的郭药师，为了避免前方诸将失和，把何灌从燕地召回，出任管勾步军司的闲职。

不久，萧干又率残部来犯。宋军反击，于八月十五日大战于峰山，生擒阿鲁太师，俘虏数千人。两天之后，再度突入卢龙岭，招抚两万余众，缴得辽太宗耶律德光尊号宝检及契丹涂金印，同时获得大批辎重、器甲、牛马等，达到"不可胜计"的地步。

《辽史·奚回离保传》记载，奚国侵宋失败后，"一军离心"。萧干指挥不当导致部属流离失所，引起公愤，被外甥乙室八斤、家奴白底哥以及耶律奥古哲等人伺机篡杀，其妻阿古闻讯，自刎而死。

成立仅仅数月的奚国就此灭亡，可奚国皇帝的脑袋仍很有价值，白底哥将之献给宋朝边臣。河间府守臣詹度奉为至宝，下令传送至汴京，以向朝廷邀功。萧干作为宋军最危险的敌人，落得被传首示众的下场。

萧干败死前后，金国继续在关外征剿反抗武装。达鲁古部节度使乙列降而复叛，金将马和尚率军讨伐达鲁古并五院司等部落，生擒乙列。由于奚人陆续归附，遂在奚部以及分南路边界设置猛安、谋克等官镇守。

辽国的残余势力散处各地，自顾不暇，处于朝不保夕的状态。在这个历史转折时刻，女真人未能全力讨伐契丹，因为与宋人又发生了新的冲突。原来，宋朝在付出巨大经济代价的情况下，仅收回燕京以及蓟、景、檀、顺四州，即使加上主动投降的涿、易两州，也远未能控制全部燕地，宋廷主政者一直耿耿于怀，伺机收复平、营、滦诸州。金军撤出燕京之后，恰巧发生了平州之乱，使宋、金两国的关系进一步恶化。

平州之乱的关键人物是张觉（《宋史》作"张珏"），此人籍贯平州义丰，乃辽国进士出身，弃文就武，与平州局势持续不稳有关。北辽建立时，原节度使萧谛里全族两百余口被途经此地的乡兵杀死，数十万家资也被劫掠一空，张觉及时出面"招安息乱"，被当时的北辽主政者委任为辽兴军（平州）节度副使，实际掌握平州的军权。

北辽皇帝耶律淳病死的消息传开时，张觉预料契丹人的统治即将结束，便在辖区内尽籍壮丁扩军，得到五万人以及上千匹马，又加紧选将、练兵，并采取聚粮等措施，心怀异志。萧后曾调太子少保时立爱为辽兴军节度使兼汉军都统，时立爱发现张觉图谋不轨，称疾不出。

阿骨打入燕，于金天辅七年（1123）二月招降平州，改其名为"南京"，任命张觉为南京留守。然而，金国将帅不信任张觉，向北辽降官康公弼了解情况，康公弼认为张觉"狂妄寡谋"，虽拥兵数万，但皆是乡民，军中"器甲不备，资粮不给"，不可能有大作为，故建议金人"示之不疑"，再图之未晚。

其后，金军在燕地实施迁徙之策，计划押解燕民由平州出关。为了避免发生意外，粘罕与左企弓商量，要派遣三千名骑兵，先去平州擒拿张觉，以防患未然。康公弼反对贸然出兵，并主动请缨，单骑前往平州打探内情。

张觉知道来者不善，自辩称：辽国土地丧失殆尽，唯独平州尚存，岂敢有非分之想？而部属"未敢解甲"，乃是为了防御北方奚人侵略。康公弼在平州接受了张觉的巨额贿赂，回去报告说平州不足为患，敦促金军取消出征。

阿骨打仍不放心，令刘彦宗、斜钵为使，告诫张觉不要"阴有异图"，以免祸生肘腋。

阿骨打率主力离开燕京，北出居庸关讨伐天祚，关内局势仍旧紧张。金天会二年（1124）五月初，有燕民潜入平州境内，在张觉面前哭诉，指责左企弓等降金之臣"不谋守燕城"，导致当地百姓"迁徙流离，不胜其苦"，劝张觉"尽忠于辽国"，务必让流离在外的百姓"复归乡土"。张觉遂召集文武官员开会讨论。

众人皆说：金军急于离开燕地，是受到契丹人牵制，因为天祚帝"兵势复振"，"出没于松漠之南"，纷纷支持"公（张觉）勤王倡义，奉迎天祚，以图兴复"，而且建议先杀死降臣左企弓等人，再"放燕人归国"。他们认为必要时可以归附宋朝，因为宋人不会迁徙燕人离乡。假如金军前来攻打，那么"内用平州之军，外得大宋之援"，又有何惧？

金国强行迁徙燕民引起了众怒。张觉亦有反意，为了保险起见，又邀请

"足智多谋"的辽翰林学士李石（后改名安弼）来密议，最终结论还是一样。张觉在众意难违的情况下决定造反。

此时，金国在广宁府（今辽宁省锦州市北镇市）设置枢密院，降金宰相左企弓、曹勇义，枢密使虞仲文，参知政事康公弼等人将前往赴任，需要途经平州。阿骨打怀疑张觉有异志，欲派兵护送左企弓等起程，左企弓害怕这样做会促成张觉叛乱，遂婉拒。果然，这一行人马经过平州，便发生了意外。

张觉派张谦率领五百名骑兵召令左企弓等至滦河西岸听候安排，再差遣议事官赵秘校前去，当面数落这些人犯下了不奉迎天祚帝、支持耶律淳僭号、投降金国、搜刮燕地财富以取悦金人、参与胁迫燕人迁徙等罪行，理直气壮地把他们缢杀于栗林之下。

张觉正式与金国决裂的时间是在五月初二，他再度摆出忠于辽国的姿势，沿用"保大"年号，朝夕拜谒天祚帝的画像，事无大小，皆禀告而后行。他还贴榜告谕燕人重操旧业，宣布废止迁徙之策，表示要交还从民间强征的财产。燕地百姓皆大欢喜，纷纷返回故里。

远在汴京的宋徽宗得知，命令坐镇燕山府的王安中、詹度乘机加以抚恤，录用燕地士大夫为官，并免百姓三年田租。

燕地发生剧变之时，阿骨打正在塞上忙于讨伐天祚帝，相继驻跸野狐岭、落黎泺等处，当他得知张觉竖起反帜，遂于二十九日诏谕南京（平州）官民，不肯投降则出兵镇压。

张觉对阿骨打的诏谕置之不理，先下手为强，出兵关外的润州，威胁渤海沿岸的迁、来、润（今辽宁省兴城市西南）、隰（今辽宁省绥中县西北）四州。阇母奉命率两千余名骑兵自锦州前往问罪，于六月初一打了胜仗，一直追逐到榆关。

张觉向关内营州（今河北省昌黎县）方向退却，打算继续抵抗。在此前后，他知道残辽势力不可恃，便计划归宋，已令张兴佑前往燕山府与宋人取得联系，接着又派李石、高党二人游说宋燕山守将王安中，欲以宋朝为靠山。李石等人在王安中面前分析形势，说得头头是道：平州自古以来是形胜之地，范围广及百余里，各路部队的总数超过十万人，而且守将张觉"文武全才"，足以防御金人以及牵制降将郭药师，建议宋朝尽快招纳，否则恐怕张觉会"西迎天祚"，或者与奚人部落同流合污，成为边患。

王安中觉得言之有理，劝朝廷接纳张觉。这时，一些曾在燕地任职的汉人由于反对金国迁徙之策，也力促宋朝接纳张觉。延康殿学士提举太一宫赵敏修（辽国宰相李俨之子李处能，现已越境降宋）就想方设法在朝中游说。宋徽宗历来有意收复平、营、滦渚州，现在觉得不应错失机会，便降诏边臣接纳平州等处归附，张觉遂于六月初五正式归附宋朝。赵良嗣极力反对，认为不可得罪女真，以免他日后悔，可此番言论不合时宜，他被朝廷夺职，受到"削五阶"的处罚。

六月二十一日，燕地烽烟再起，张觉集中兵力欲在营州与追兵一战。意外的是，从关外跟踪而至的阇母在营州东北等处打了一些小仗之后，取消了向平州进攻的计划，主动退师。主要原因是兵少，而且深受雨天困扰。金军临走时，在营州城门上写了几个大字："夏热，且去；秋凉，复来。"金军撤回海壖休整。其间，阇母指派仆㖟、蒙刮二将率领两猛安屯于润州，控制未附州县，切断张觉与关外的联系，为卷土重来做准备。

战争迟迟未能结束，在塞上逗留过久的阿骨打终于熬不住了，决定回家。这时他已病入膏肓，仍不忘进行军事布置，在六月十五日驻跸鸳鸯泺时任命粘罕为都统，蒲家奴、斡鲁为副，驻兵云中以备边，然后踏上归程。途经斡独山驿时，阿骨打召来在后方留守的弟弟吴乞买交代后事：对于攻获的州城以及部落，须采取"绥抚"之策，以免生变。

阿骨打带病而行，经牛山、浑河一路东归，于八月二十八日病逝于堵泺西行宫，享年五十六岁。部属扶柩回上京会宁，于九月初六葬于宫城之西。《金史》评价，阿骨打在征辽时"算无遗策"，最终"底定大业"，而"金有天下百十有九年"，得益于其奠定之基。

阿骨打生前希望捉住天祚帝，始终未能如愿，而灭辽的未竟事业，亦要托付后人完成。按照"兄终弟及"的惯例，吴乞买名正言顺地继承皇位，改元"天会"，史称"金太宗"。

新君登基不久，燕地便爆发战事。秋季已到，南路军帅阇母即时行动，先在新安击破张觉部将王孝古，接着又在楼峰口（今河北省秦皇岛市抚宁区西）较量。金军发觉张觉所部士卒出没于楼峰口山谷间，斜卯阿里、散笃鲁、忽卢补率三猛安上阵，赢得胜利。

十月，阇母打到了抚宁附近，距离平州越来越近。《读史方舆纪要》记载，城西七里之处有山，"双峰耸峙"，形如兔耳，故称"兔耳山"。该山地势险要，登山的路径细微弯曲，上面却平坦宽广，可容纳数万人。绝顶有潭水，时常笼罩云雾，是埋伏的好地方。张觉在此重整旗鼓，大败阇母，然后展开反击。

金军诸将刚受挫折，一时皆不敢迎战。乌延蒲卢浑奉命前去侦察，登山眺望之后，回来时有意欺骗诸将：敌军少，我军发起急攻，可破之，假若回城防守，就不能克敌制胜。诸将遂言听计从，齐心协力作战，果然打退了追兵。

此役，金军出动兵力不详，但《金史·太宗本纪》以及多位参战将领的传记皆承认在兔耳山打了败仗。必须指出的是，阇母是辅助阿骨打起事的旧臣，参加过开国第一仗——宁江州之战，在此后的历次征伐中功勋卓著。《金史》将他与娄室、银术可等名将相提并论，认为他在开国战争中"勤劳南路"，为金国开拓疆土而立下大功，"劳亦至矣"，给予了很高的评价。想不到，这位威风凛凛的将领也有失手的时候，竟然在兔耳山输给了声名不显的张觉。

张觉赢得了一场罕见的胜利，获取了宋宣抚司赏赐的大批银、绢。朝廷又以平州为泰宁军，封张觉为节度使，而张觉部下卫甫、赵仁彦、张钧、张敦固等人各有升迁。

十一月初三，吴乞买命令二太子赶赴前线，欲追究阇母打败仗的责任，要其戴罪立功。此后，二太子亲自督促阇母的部队，从广宁出发，连下濒海诸郡县，一路风驰电掣，向平州杀过去。

金军行动过于迅速，张觉丝毫没有察觉潜在的危险，正专注筹备庆功仪式，因为宋宣抚司派人携带数万银、绢，于二十一日前来犒赏，还送了敕书、诰命。他喜形于色，率领城中官吏出郊外迎接，没料到其行踪完全被金军斥候侦察得知。二太子当令上千名骑兵发起奇袭，猛烈地攻击了平州城东等处。《金史·黄掴敌古本传》记载，金将吾春"攻平州张觉"时，"被围于西山"，之后幸被敌古本救出。金军据说还"获粮五千斛，招降户口甚众"。

措手不及的张觉虽然在城外竭力抵抗，但难以力挽狂澜，最终大败而逃，由于来不及回城，便与其弟带着宋朝的敕书、诰命连夜逃往燕山，被郭药师的"常胜军"收留。张觉化名"赵秀才"。

与此同时，金军分兵攻破营州，大开杀戒。多年以后，宋使许亢忠途经此地，目睹一片荒凉，在《宣和乙巳奉使金国行程录》中写道："是州之民屠戮殆尽，存者贫民十数家。"

张觉的母亲与妻子当时正在营州，成为俘虏。张觉的弟弟逃到燕山之后，得知母亲已落入金人手里，又跑了出来向金军投降，并献出宋徽宗赐给张觉的御笔金花笺手诏。从此，金人掌握了宋朝不守盟约的证据，贻害无穷。

金军正式移牒，向宋朝索要张觉。坐镇燕山的王安中奉朝廷之命予以庇护，下令挑选一个形似张觉的人，再砍下脑袋送过去以图应付过关，谁知被对方识破。金人情报灵通，竟然知道张觉藏身王安中辖下的甲仗库里面，公开威胁道：假若不交出，"则举兵自取之"。

宋徽宗不想与金国兵戎相见，传下密旨，令王安中杀死张觉。张觉临刑时觉得自己被出卖了，愤愤不平，言出不逊。同时，许多归宋辽人亦同情张觉，对宋朝的处理方式极为失望，史载"燕之降将与常胜军上下，皆为之泣"。郭药师不满地对他人说："金人若索我，当奈何？"其部下张令徽恨得咬牙切齿，自此，"常胜军"人心"解体"。

顺便提一下，各种史料对张觉死亡的具体时间记载不一。《宋史·徽宗本纪》记录其死于这年十一月。不过，金军对宋朝送来的首级仍旧疑虑重重，不知是否名副其实。二太子在两年后兵临汴京时，又再提出要索取平州之叛的首谋张觉。宋朝主政者当然无法让张觉死而复生，非常被动。总而言之，金军时常以此为借口，胁迫宋人以谋求其他利益。

随着营州等地的失守，势孤力薄的平州遭到重重围困。邻近的宋军唯恐惹祸而袖手旁观，其间曾收到金将传来檄文，写着："我来讨叛臣，当饷我粮。"宋人自知有把柄在对方手上，只好运来一些粮食。平州守军实际已被宋朝抛弃。

城中人为了自保，捉拿张觉的父亲及其两个儿子，献给兵临城下的金军，三人随即被二太子处死。十一月二十三日，张忠嗣、张敦固等守将表示愿意投降，可是，金军使者入城宣布要收缴守军军械时，引起很多人不满，结果被杀。不肯投降的士卒拥立张敦固为都统，劫府库、掠居民，在城中开始了旷日持久的坚守。女真人昔日兵不血刃夺取燕京，未有机会向燕人展示实力，如今不得不在平州打一场空前的硬仗。

辽国残部欲为平州解围。金人得到情报，天祚帝前不久驻跸过的山西应州，如今集结了万余名辽兵，企图入燕。二太子连忙命令阿鲁补、阿里带两将迎击，斩馘数千而还。

张敦固眼见外援无望，命令八千多人分四队出外突围，却大败而回。二太子再三劝降，并声称不计前嫌。吴乞买在后方得知，亦下诏宣布赦免城中官民之罪，且"官职如旧"。还传令二太子要妥善安抚当地百姓，执行"轻徭赋，劝稼穑"之策，以收买人心。

张敦固仍旧迟迟不降。二太子久攻不下，奉召赴阙。阇母留在前线继续围困守军，看谁能坚持到最后。

第十七章

危机四伏

金国调兵遣将经略燕地之际，也没有忽视对残辽势力的讨伐，由此发生了一系列战事。

金天会元年（1123）十一月间，娄室破朔州西山，生擒辽帅赵公直。勃堇斡鲁别、勃刺速等将，在归化击溃乙室白答所部。为了巩固统治秩序，女真统治者下令把迁、润、来、显四州之民迁徙至沈州。当地百姓不愿背井离乡而上山据寨自保，金太宗吴乞买在金天会二年（1124）三月根据二太子的建议，选良吏进行招抚。闰三月，金将斜野率兵击败活动于建州（今辽宁省朝阳市西南）一带的辽国外戚遥辇昭古牙，获其妻孥、属下以及部落豪族。勃堇浑啜等将攻击奚人七崖，降其部民。

金国要想彻底灭掉辽国，还需要分兵追击天祚帝。为此，不少金军将士一直在塞外奔波，却徒劳无功。其间，风波不断，又发生了耶律大石逃跑事件。

耶律大石被金军俘虏之后，曾引导金军越过沼泽地，为突袭青冢立下首功，因而在金天辅七年（1123）五月受到嘉奖，当时阿骨打还在世，他给前线将领斡鲁的诏书中这样说："林牙大石（耶律大石）虽非降附，其为乡导有功，可明谕之。"金人刘祁在《北使记》中记载，阿骨打颇为欣赏耶律大石，赐之以妻。

阿骨打病死后，耶律大石为琐事与大将粘罕发生冲突。起因是两人在玩"双陆戏"时互不相让，以致"争道相忿"。粘罕一时恼怒，起了杀心，只是没有明确说出来。耶律大石及时察觉，极为不安，返回营帐后立即携带五子连夜逃亡，仓促间连妻子也来不及带走。次日早晨，粘罕依旧等待耶律大石到来，但太阳逐渐升得很高，始终不见耶律大石的踪影，他感到奇怪，使人往召。耶律大石的妻子如实以告，吾夫昨晚因醉酒而违忤大人之意，如今"畏罪而窜"，却坚决不肯透露耶律大石究竟逃往何方。粘罕大怒，下令把这位倔强的女子配给部落里最为下贱之人。可是，她拒绝屈服，甚至开口大骂，被金兵射杀。

耶律大石沿途收拢溃散的辽军，集合了七千人，一路苦苦追寻天祚帝。

天祚帝本来滞留西夏边境一带，犹豫着是否要过境躲避，政治局势却逐渐发生了改变。金国自1122年（宋宣和四年，辽保大二年，金天辅六年）击退西夏援辽部队之后，加紧对西夏国主乾顺进行招抚。当时，镇驻阴山的二太子奉诏派遣使者携书与西夏议和，表示金国不会拒绝西夏入贡，同时声明假若辽主向西逃入其境，夏人应该主动擒拿，再送金国处理。经过沟通，彼此关系得到了很大的改善。

天祚帝不一定了解金与西夏的议和详情，但他保持警惕，徘徊塞上，迟迟没有进入夏境。

辽保大三年（1123）九月，耶律大石终于找到天祚帝驻跸的处所。天祚帝旧事重提，当面责问过去拥立耶律淳之事。耶律大石从容解释：陛下以全国之势，不能拒敌而"弃国远遁"，致使"黎民涂炭"，造成了耶律淳另起炉灶的后果。即使拥立十个耶律淳，亦"皆太祖子孙"，岂不胜于向他人（金人）乞命。天祚帝没有再争辩，宣布赦免耶律淳之罪，并赐予酒食，以示宽大。

军队声势复振，天祚帝君臣取消了逃往西夏的计划，于十月间东渡黄河，驻跸突吕不部。

与此同时，自树一帜的雅里继续活动于塞外沙岭一带，自从与父亲天祚帝决裂之后，他便积极维持统治秩序，还杀死了心怀异志的西北路招讨使萧纠里及其子麻涅，改而命令遥设为招讨使。但遥设其后与诸番作战时数次失败，遭到杖罚，并被罢免。雅里颇想有一番作为，可惜同样耽于打猎。一次，他跑到查剌山，一天之内竟射死四十只黄羊与二十一只狼，因奔波劳碌而致疾，在辽保大三年（1123）十月间死亡，年仅三十岁。

雅里死后，耶律兀直推荐耶律术烈继承大位，理由是此人"才德兼备"，且是辽兴宗之孙，具有皇室血统。众人皆认可。耶律术烈上台后，仍以萧特烈为枢密使，但未及三旬，二人俱为乱兵所害。之后，特母哥降金，这个割据政权从此灭亡。

天祚帝重新在内部确立了独一无二的至尊地位，可军事形势仍不容乐观，他在辽保大四年（1124）正月来到都统耶律马哥的营地时，金军来袭，耶律马哥被活捉。

辽代壁画《赴宴图》

天祚帝被迫北逃，受到阴山鞑靼（又称室韦，后来成为蒙古诸部之一）酋长谟葛失的接应，获赠一批马、驼、羊，解了燃眉之急。然而，其侍从仍旧乏粮，不得不用衣服与草原牧民换羊以应急。

谟葛失忠心耿耿，率手下保卫天祚帝至乌古敌烈部，被封为神于越王。这反映契丹统治者在塞外游牧诸部中仍具有一定的影响力。

辽国势力毕竟如江河日下，难免在外交上遭受重大挫折。金天会二年（1124）正月，西夏正式向金国称藩，作为交换，坐镇西北的粘罕奉命割让一部分土地给西夏，具体范围包括下寨以北，阴山以南，乙室耶刮部吐禄泺之西，全部属于辽国旧疆。同年三月，西夏国主乾顺遣使向金国上誓表，宣布自今以后，臣事金人，指责天祚帝为"契丹昏主"，如果此人逃入夏境，当即捉拿。同时承诺愿意派人协助金军进行追捕，如果金国向西夏征兵，亦马上响应。金太宗吴乞买令王阿海、杨天吉前往西夏，赐乾顺以诏书，两国就这样建立宗藩关系。

此时，能让天祚帝感到欣慰的是宋、金关系由于领土争端而持续恶化。说来话长，金国自从割让燕京之后，曾在金天辅七年（1123）五月间许诺要归还山西朔、武、蔚三州与宋，但未即刻交出。过了两个月，宋朝发生人事变动，童贯致仕，改由另一宦官谭稹到前方主持大局，出任河北、河东、燕山府路宣抚使。在此前后，阿骨打因病而亡，粘罕离开前线返回后方治丧，山西朔州节度使韩正、应州节度使苏京、蔚州土豪陈翊等人乘机叛金，暗中与宋朝互通款曲，受到谭稹的接纳。

同年十一月，刚刚上台的吴乞买仅宣布割让武、朔二州与宋，而没有提及蔚州，并未满足宋朝收回山后九州的要求，使双方关系受损。事实上，阿骨打还在世时，粘罕等高级将领不愿履行"海上之盟"而向宋朝割让土地。到了吴乞买登基之初，国内就此问题的议论又甚嚣尘上。其中，担任西南、西北两路都统的粘罕与二太子在金天会二年(1124)正月二十五日一起请求"勿割山西郡县与宋"。吴乞买当即反对，认为这样做违反先帝之命，应该迅速把土地交还宋朝。粘罕固执己见，上奏指责宋朝"招纳叛亡"，违反誓约，况且如今"西鄙未宁"，天祚帝负隅顽抗，若割让山西诸郡，则前线金军失

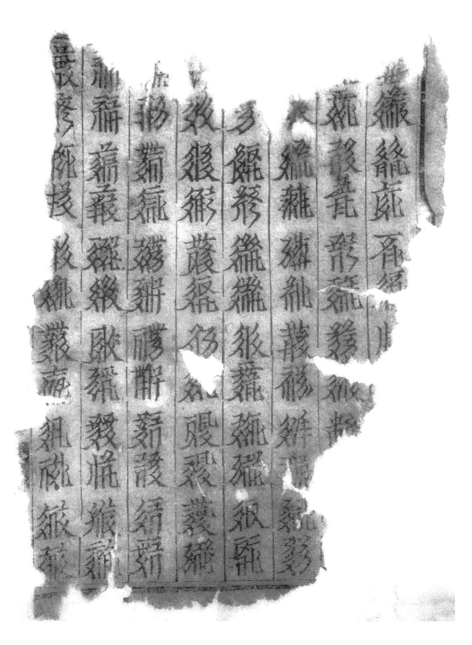

西夏《三才杂字》残页中的西夏文字

去屯驻之地，难以在塞上持久作战。吴乞买最终改变了主意，于闰三月底下令不许割让山西诸郡予宋。这位新皇帝长期坐镇后方，非常倚重前方大将，他不可能事事乾纲独断，所以非常尊重诸将的意见。他曾在即位第一年十月，把一百道"空名宣头"（空白委任状）赐给粘罕，许其"便宜从事"，有权任用地方官员。次年上半年，经略平州的二太子也获得五十道"空名宣头"以及十个银牌，平州方面的官员甚至接到这样的诏令，"小大之事，必关白（禀告之意）军帅，无得专达朝廷"。类似的措施意味着朝廷已把相当大的人事权交给粘罕和二太子，以示信任。

山西诸郡的问题尚未解决，宋、金两国又起了新的争端。围困平州的金军需要依赖宋朝提供粮食，可当金使于宋宣和六年（1124）三月来燕山宣抚司索取二十万斛粮粟时，遭到拒绝。谭稹认为：二十万斛粮，岂易筹办？何况宣抚司未尝有片纸只字许粮之文，不可能无缘无故地交付。金军使者解释道：南使赵直阁（赵良嗣）在去年四月间曾承诺。谭稹摆出新官不理旧事的姿态，驳斥说：赵良嗣空口无凭而许下的诺言，不足为信。金使遂败兴而归。

被金军围困的平州城同样缺粮，由于食物消耗殆尽，城里人饥肠辘辘，危在旦夕。残军苦苦支撑至次年五月下旬，最终被攻克，张敦固战死，仅有数千名州民溃围而走。

平州一役持续的时间长达半年，才告结束。《北征纪实》记载，金军先后纠众十万人参战，这样规模宏大的军事较量，自入燕以来绝无仅有。这一次，女真人没有再撤回关外，而是打算长期留驻燕地。吴乞买于十月间命有司运送五万石米前往广宁，分给平州、润州的戍卒，以便固守。

就这样，金国彻底破坏了宋朝收复平、营、滦诸州的战略计划。燕地风波未息，两国继续在山西展开一系列较量。

在女真人的挑拨之下，西夏出兵至朔州等地骚扰。这时，谭稹已将归附的朔、应、蔚三州改为朔宁军，指派河东将领李嗣本以兵戍守，组织抵御。同年八月，跃跃欲试的金军终于介入战事，迅速攻克蔚州，打死陈翊，驱逐了应州守将苏京，随即又拿下飞狐、灵丘两县，以示拒绝割让山后地区。接着，粘罕等将发牒文谴责宋朝"招纳叛人张觉"，擅自拘留、收容燕地"户口、职官"，又不肯交付所许二十万斛粮，以此显示师出有名。金国兵分两路，分别从东边平、营诸州以及西边的蔚州等地，对宋朝形成了钳形攻击的态势。

然而，宋朝没有做好与金国开战的准备。身在汴京的宋徽宗为了缓和紧张的局势，责怪谭稹处事不当，贬为顺昌军节度副使，同时起用童贯领枢密院事，兼河北、燕山府路宣抚使，希望能够平息这一场危机。

形势发展至此，宋朝实际已成为金国的主要战略对手。谁知天祚帝突然策划一个攻击计划，受到女真人的极大关注。《茆斋自叙》记载，这位在塞上颠沛流离的君主认为劲敌粘罕已离开前线返回关外，"山后虚空"，应该乘机直捣云中府，发动袭击，希望能够扭转战局。

这时，辽军既收容了耶律大石所部，又得到阴山鞑靼谟葛失所部将士的支持，因而实力大增。天祚帝自谓"天助我也"，图谋进行战略反击，欲一举"收复燕、云"。

不过，耶律大石不同意贸然行动，他简明扼要地回顾了抗金战史，指出：当初金人攻陷长春、辽阳两路，车驾（天祚帝）没有转移至广平甸（今内蒙古自治区通辽市奈曼旗的白音套海）这个传统的冬季"捺钵"之地，而是退到中京。当上京失守，则以燕山为都。既而中京又陷，就退往云中。最后连云中也保不住，不得不奔往夹山。言下之意是，辽军使用逐城争夺的战法打不过对手，最终落得"举国汉地今为金人所有"的下场。应该以史为鉴，吸取教训。他接着劝谏，如今"国势微弱至此"，主动求战显然并非善策，应当"养兵待时而动"，切不可轻举妄动。

耶律大石作为久经沙场的老将，不会无的放矢。其实，契丹军队源于游牧族群，最适合的就是在广平甸、夹山这类附近有泥淖的地方作战，如果舍己之长，硬要与金军在汉地进行逐城争夺，后果堪忧。过去，辽军实力全盛时尚且打了败仗，如今更不能随便冒险。

耶律大石苦口婆心的劝谏，遭到了天祚帝的否决。蔡攸在《北征纪实》中透露，宋朝君臣策划诱降天祚帝。他们认为天祚帝过惯了奢侈的生活，且羡慕宋朝繁华，如今失势过着苦日子，应有归附宋朝之意。为此，朝廷秘密派遣一位番僧，带着宋徽宗的御笔绢书，潜出塞外成功联系上了天祚帝，彼此往来甚密。宋朝为了达到招降目的，开出了优厚的条件，具体是：宋徽宗以皇兄之礼接待天祚帝，天祚帝的地位在宋燕、越二王之上，且承诺"巩第千间"，赠予"女乐三百人"，等等。天祚帝大喜，于是约定日期，准备归宋。也就是说，这位末代皇帝以"收复燕云"为借口，真实的意图是投奔宋朝，重新过上声色犬马的好日子。

耶律大石猜不透天祚帝的想法，知道彼此心存芥蒂，惴惴不安，为了保命而决定自立为王，果断于辽保大四年（1124）七月率所部往西而去，临行时处死了不同心的萧乙薛、坡里括。

天祚帝没有派人追赶耶律大石，而是按计划在同年冬季离开了夹山这个庇护所，计划率部前往中原。他万万想不到，金国君臣对他的动向了如指掌。

宋朝此前派番僧联系天祚帝时，要经过金军控制的云中，走漏了风声，被当地驻军侦知内情。金人假装不知，目的是希望天祚帝早日离开庇护地以自投罗网，这样就能避免在夹山的泥淖之地作战。天祚帝一直畏惧能征善战的粘罕，粘罕干脆留在关外，迟迟不返回山西。前线金军暂时停止攻击塞外的辽军，改由希尹指挥，耐心等待鱼儿上钩。

这一年七月，天祚帝动身了。各种史籍对其兵力有不同的记载，《北征纪实》认为有"契丹、鞑靼众五万人骑"，《茆斋自叙》则认为有"鞑靼众三万余骑"。踌躇满志的天祚帝率领着这些部队，下渔阳岭，连取天德军、东胜（今内蒙古自治区呼和浩特市托克托县一带）、宁边（一说内蒙古自治区呼和浩特市清水河西南窑沟乡下城湾古城遗址，一说内蒙古自治区鄂尔多斯市准格尔旗东南黄河西岸）、云内等州，一路而进，"如履无人之境"。

天祚帝一行人马刚过云中，就发现后路已被金将希尹所部截断。当时驻扎蔚州、应州、奉圣州、云中府等地的金军也出动了，先以汉人乡兵为前驱吸引辽军注意，接着，埋伏在山谷间的千余名女真骑兵突然出现在鞑靼部队的后面，发起突袭。

此时，天祚帝得到情报，称粘罕突然从关外返回云中，正率兵赶来，他再无心作战，中止了南下武州（今山西省神池县附近）的计划，慌忙往后撤，部属沿途纷纷溃散。

辽代壁画《契丹乐工》

残军逃至"奄遏下水"（今内蒙古自治区乌兰察布市凉城县岱海）暂避，企图凭借附近一带的沼泽地抵抗，无奈兵败如山倒，无力回天。尽管如此，天祚帝由于熟悉沼泽地的环境，幸运地逃过了金军的追捕。

金国对辽军的动向非常关注，吴乞买于十月二十五日接到西南、西北两路权都统斡鲁的报告，辽军详稳挞不野前来归附，供称辽国已分裂，耶律大石自称为王，设置南北官属，拥有"战马万匹"，而"辽主从者不过四千户，有步骑万余"，正欲向天德军方向而进，现在驻扎于余睹谷。吴乞买立即下诏："追袭辽主"是必须斟酌之事，与讨伐耶律大石相比，更加急切。

天祚帝向后方奔逃，或许能经渔阳岭等地重新退回夹山，但在金军的围追堵截之下，无法顺利撤回，处于进退失据的窘态。

为了拉拢塞外部落以壮声势，天祚帝从随行的突吕不部族之中挑选女子为妻，令其头目讹哥为本部节度使。十一月，辽军出现内乱，部分随从谋反，但被北护卫太保术者、舍利详稳牙不里击败。十二月，天祚帝宣布设置两个总管府，希望凝聚人心。

次年正月初九，传来了好消息。曾隶属辽国的山金司（又名山阴司）的党项"小胡房"（又有"小斛禄""小葫芦""小勃律"等称号）主动派人邀请天祚帝到驻地避难，可谓雪中送炭。小胡房所部位于天德军与云内州之间，天祚帝遂于十六日向西北方向而行，越过了一片沙漠，忽然发现追兵从后赶上，仓促之间，他来不及上马，只得徒步而跑，极为狼狈，就连近侍递过来的珠帽也顾不上戴。天祚帝最终改乘张仁贵的坐骑脱身，险象环生，但总算到达了天德军附近。

金军尚未知道天祚帝欲逃往何方，银术可抢先一步带领兵马截断了天德军与夹山之间的通道，以防辽人逃回庇护所。

天祚帝艰难地向山金司方向而行。十七日，下起了雪，在缺乏御寒器具的情况下，北护卫太保术者献上珍贵的貂皮帽，让天祚帝渡过难关。术者对天祚帝忠贞不贰，在缺粮时，献上枣等食物，途中休息时，又跪坐于地，让皇帝倚靠在自己的身上假寐。随从总是想方设法服侍天祚帝，而他们则食不果腹，常常咀嚼冰雪以充饥。

路过天德军的当天晚上，这些落魄的流亡者伪装成部队的侦骑，欲寄宿于民居。不料，百姓识破了天祚帝的身份，诚惶诚恐地面向着皇帝的坐骑叩头，跪于地上大声恸哭，冒险将这些人收留了数日。天祚帝深感其忠，无以为报，破格授之节度使。

经过一番颠簸，终于到了目的地，惊魂未定的天祚帝封授小胡房为西南面招讨使，总知军事。同时，小胡房的儿子以及部属，亦依次晋爵。过去小胡房多次与金军发生冲突，有胜有负，现在由于收容天祚帝而引火烧身，受到金军更加猛烈的进攻，被亲自督战的粘罕杀死，其驻地亦遭到毁灭性打击，部属无遗。

金军搜获了不少契丹侍从，可天祚帝又一次逃得无影无踪。金军加紧搜索，派出大量士卒四处巡逻。特别是朔、武两州的边境，在长达三百里的范围内，平均每三十里分布着一百名骑兵，防止天祚帝越境入宋。

粘罕专门派遣使者提醒童贯，两国所订的"海上之盟"规定有二：一是"不得存天祚"；二是"彼此得即杀之"，还指责宋朝违约，招抚天祚来降，然后藏匿。童贯否认。粘罕不依不饶，再次遣使质问，硬要宋朝交人。童贯迫于无奈，令诸将在边境巡查，还交代凡是遇见行踪有异之人，一律不问缘由即刻处死，把首级转交给金使。

东躲西藏的天祚帝确实来到毗邻宋境的武州一带，并尝试联系童贯。按照童贯后来在《贺耶律氏灭亡表》中的说法，辽人曾经移交牒文表示归附。不过，童贯不敢得罪女真人，拒绝接纳。河东都统李嗣本所部先后在边境打死不少劫掠的辽军，其中斩获"小番杂类"共四千八百五十一级，内有首领秘王浑庞、提点刘忠廉等二十三名，皆是小胡房辖下将官，以"杰黠剽悍"著称。收留了刘庆等十四名"旧酋帐前腹心"，以招降纳叛，并夺取"鞍马器械牛羊等无数"，还"焚荡巢穴积聚粮草净尽"。

跟随天祚帝的僧人观察形势，意味深长地说了一番谏言，大意是宋朝弱，必不敢收留皇上，当女真人索取时，宋人就会把皇上交出来，与其一再受辱，不如直接归附女真，"亦不失为王"。天祚帝经过考虑，放弃了潜入宋境的想法。

天祚帝的从骑尚有千余人，可屡战屡败，毫无斗志。他们为了摆脱金将娄室所率的五百名骑兵，于二月十九日连夜往北走，途中有斥候报告追兵越来越近。天祚帝大惊，为了迅速逃跑，遗弃了许多珍宝货物以减轻负担，其中一尊用精金铸成的佛像，长达一丈六尺，直接扔在地上。

几天之后，他们辗转来到应州新城以东六十里的余睹谷，发现追兵已经围上来了。原来，天下着微雪，辽人的车马在地上皆留下蹄、辙之印，故对手有迹可循。

娄室、习室、宗幹等金将一路经朔州阿敦山寻找过来，发现天祚帝所部不断有人掉队，仅剩数十骑，便自恃稳操胜券，委派海里、术得等前去劝降，可对方没有答复。忽然，辽军之中有一人企图冒险突围，他骑上骏马，用手牵着两匹从马，望北而奔，但很快被金军骑兵堵住去路，因而被迫下马，喃喃自语地说：“我天祚也！”金军士卒不管三七二十一，拿出绳子就绑，这人环顾左右，大声呵斥：“尔敢缚天子耶？”

娄室确认这人是天祚帝，下马拜跪，彬彬有礼地自称“奴婢”，并抚慰道，出动介胄之士冒犯“皇帝天威”，乃是举止不端，“死有余罪”。接着下令进酒，递给成为瓮中之鳖的天祚帝压惊。

至于天祚帝兵败被俘的具体日期，童贯的《贺耶律氏灭亡表》认为是二十一日，《金史·太宗本纪》记载为二十二日。时人在《茆斋自叙》《松漠纪闻》《北征纪实》诸书中对这一重要的历史事件亦有比较详细的叙述，虽然内容不尽相同，可基本的事实还是清楚的。不过，《亡辽录》认为天祚帝在山金司被小胡房出卖，从而成为粘罕俘虏，则不可靠。因为《贺耶律氏灭亡表》指出，小胡房辖下许多将官跟随天祚帝从山金司一路跑到宋朝边境，足以证明小胡房之忠。更重要的是，《金史》记录金军俘虏天祚帝的地点是余睹谷，而不是山金司。

远在关外的吴乞买得到捷报，于四月初一诏令前线将士把天祚帝送过来。但迟至八月初四，这位落难君主才在斡鲁的押解下来到京师，三天后入见吴乞买，被降封为海滨王。金国发兵将其护送至长白山以东，筑城以居，永远囚禁。

此前，金国在其他地方捷报频传。金天会二年（1124）七月，蒲家奴奉

围 堵 天 祚

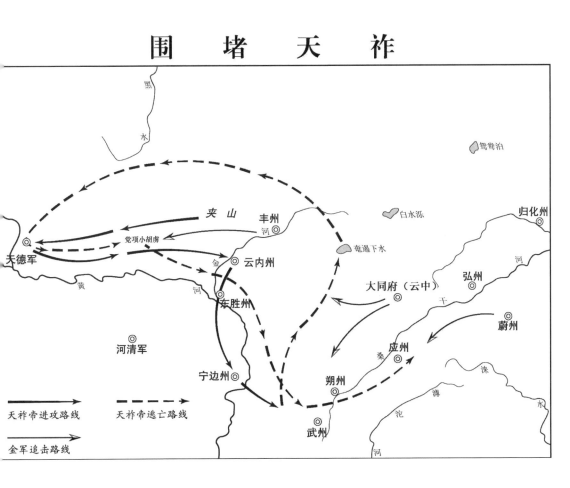

黑水

鸳鸯泊

白水泺

夹 山　丰州

党项小胡房

奄遏下水

天德军

云内州

金

大同府（云中）

归化州

弘州

河

干

蔚州

黄

河

东胜州

河清军

桑

应州

朔州

宁边州

海

滹

沱

武州

河

滦水

天祚帝进攻路线　天祚帝逃亡路线

金军追击路线

命讨平乌虎部以及诸营的叛变。八月，六部都统挞懒再次袭击辽国外戚遥辇昭古牙，捕杀其队将遏燥鲁、白撒葛，招抚千余民户，接着进占骆驼山，迫降金源县以及遥辇二部，攻入兴中府，相继控制二十个山寨、五百八十个村堡。其后，昭古牙又被金将阿忽击败，势穷力蹙而降。至此，兴中、建州皆被金军平定。十一月，阇母所部攻下宣州（今辽宁省义县）、拔叉牙山，杀辽节度使韩庆民，获粮五千石。尽管契丹人的抵抗仍未彻底平息，可辽朝各个"捺钵"之地以及五京等政治中枢全部丢失，连天祚帝也沦为臣虏，辽国实际上已经灭亡了。

女真人前后打了十一年的仗，经历无数大大小小的战斗，时常以少胜多，创造奇迹，在兵力过万的情况下从未失败过，故有"女真满万不可敌"之誉。不过，战争并未随着辽亡而结束，女真将士要想继续保住荣誉，必须经历新的生死考验。

尾声

万里征程

天祚帝被俘，但契丹人的抗争没有停止。耶律大石于辽保大四年（1124）七月间离开夹山时，辖下仅有铁骑两百人，为了扩充势力，便策划到西北边疆谋求发展。北行三日，渡过黑水，他自立为王，见到了白达达部（源于突厥沙陀部）详稳床古儿，接受了对方奉献的四百匹马、二十匹驼和一些羊。《辽史·天祚皇帝本纪》记载，他再向西行，"至可敦城"，驻于原唐朝北庭都护府（今新疆维吾尔自治区西北部额敏河流域一带）境内。

对于这一段史料，梁园东、余大钧等学者提出了疑问，认为耶律大石此时仍逗留漠北，尚未远至西域。金末元初长春真人丘处机在《长春真人西游记》中自称路过土拉河西岸一带的支流时，看见"有故城基址若新"，而"街衢巷陌"仍可辨认，类似中州，一些遗弃于土地中的古瓦上还有契丹文字，所以判断该城为辽人所建，因为辽亡时，不肯投降金国的契丹兵马西行至此，建起了城邑。综上所述，辽军确实曾在漠北筑城驻扎。至于耶律大石所处的"可敦城"，有学者认为其实是镇州，这是辽国在1004年（宋景德元年，契丹统和二十二年）在土拉河以西设置的。同时，《辽史》中的"北庭"，实为北匈奴单于故址（今蒙古国鄂尔浑河流域），而所谓"都护府"，乃衍文而已。

当时，耶律大石宣布召集臣服于辽国的诸部族酋长以及各州、军的官员前来开会。史载，应召的有"威武、崇德、会蕃、新、大林、紫河、驼等七州，及大黄室韦、敌剌、王纪剌、茶赤剌、也喜、鼻古德、尼剌、达剌乖、达密里、密儿纪、合主、乌古里、阻卜、普速完、唐古、忽母思、奚的、糺而毕十八部王众"。

据研究，上述诸部、各州分布的范围非常广，散处现在的内蒙古东北以及燕山以南的部分地区，没有阿尔泰山以西的突厥部落参与，这进一步证实耶律大石逗留在漠北地区。

值得一提的是，有些部落首领不远万里赶来参加集会，显示辽国在塞外仍有很大的号召力。过去天祚帝没有妥善利用，实属失算。现在，耶律大石亡羊补牢，对这些人晓以大义，"我祖宗艰难创业，历世九主，历年二百"，不料原本臣属辽国的金朝逼人太甚，"残我黎庶，屠翦我州邑"，致使天祚皇帝"蒙尘于外"，为此他日夜痛心疾首，如今慷慨仗义，欲借西方诸番之力，而"翦我仇敌，复我疆宇"。耶律大石呼吁，若有人对国家遭遇感到悲痛，对社稷安危感到忧虑，思考着要拯救君父以及解民倒悬，应该挺身而出，齐心协力，共济时艰。

诸部落首领以及各州州官听从耶律大石号令，出人出力，很快编成一支拥有万余名精兵的部队，装备了相应军械，设置了必要的指挥机构，期望早日驱逐仇敌，恢复旧疆。

金太宗在金天会二年（1124）十月得知，耶律大石所部有"战马万匹"，实力不可小觑。次年，都统完颜希尹获得情报，称西夏人暗中与耶律大石勾结，准备乘金军俘虏辽主班师之机共同出兵，"取山西诸部"。吴乞买诏令前线将士严加防范。

耶律大石没有急于反攻，专注招揽同情者。光阴飞逝，天祚帝在1128年（南宋建炎二年，金天会六年）死于囚禁地。恢复故土的希望越来越渺茫，可塞外的辽国遗民仍未放弃努力。

次年，金泰州路（今吉林省洮儿河上游一带）都统婆卢火上奏，称耶律大石继续扩军，又得到泰州路北部部落两个营的支持，恐怕贻祸将来。也就是说，耶律大石向东发展，跨越绵绵不绝的塞外草原，离女真人崛起的"白山黑水"越来越近，对金都上京形成潜在的威胁。吴乞买不想为了两个营而大动干戈，仅下令部队加强侦察。直到第二年，金国才决定动手，耶律余睹、石家奴、拔离速等将奉命"追讨大石"。

耶律大石不想和来犯金兵硬拼，也没有像天祚帝生前那样躲进夹山，在泥淖的庇护下苟安于一时，而是向西域方向撤退。塞外茫茫，一望无际，天似穹庐，笼罩四野。金军兵力不足，仿佛大海捞针，向草原游牧诸部征兵助战，却无人响应。金将石家奴孤军挺进至兀纳水（今蒙古国土拉河），始终搜索不到对手的影踪，遂班师。

耶律余睹在距离上京三千里之遥的合董城屯田，发现耶律大石所部出动数十名游骑，在军前出入，似乎在打探情报。耶律余睹遣使上前搭话，对方警惕性很高，随即退走。

事实上，耶律大石决定转移，"深入沙子"，再作打算。所谓"沙子"，即大沙漠。《契丹国志》特别对其地理环境有所阐述，那是"不毛之地"，四处皆"平沙广漠"，风起扬尘时，天地模糊一片，人不能分辨四周颜色。有时，风吹沙移，顷刻之间，平地突然隆起高达数丈的斜坡。由于没有泉水，许多人会渴死。耶律大石冒险进入沙漠，走了三日三夜，才能越过这个惊心动魄的地方。

金军不敢穷追。耶律余睹向元帅府报称，传闻耶律大石在"和州"，恐其与西夏会合而图谋不轨，应当遣使要求西夏交出此人。西夏这样答复：我国与"和州"并不接壤，"不知大石所往"。

这里所说的"和州"，其实是西域回鹘的都城西州（今新疆维吾尔自治区吐鲁番市附近）。因为耶律大石准备经略西域。这时，他除了得到白达达、大黄室韦等部的支持，又再争取到乃蛮部的协助，势力达到阿尔泰山和杭爱山一带。必须提及的是，辽国有数十万匹御马，放牧于碛外，女真人由于路途遥远，未能夺取，现在皆为耶律大石所得，可谓兵强马壮。

远征军出发的时间是金天会八年（1130）二月下旬，耶律大石事先写信给西州的回鹘王毕勒哥，声明"今我将西至大食"，要向贵国借道，恳请对方切勿多疑。毕勒哥岂敢怠慢，组织欢迎，将风尘仆仆的耶律大石迎至府邸，大宴三日。远征军临走之前，他又献上六百匹马、一百匹骆驼和三千只羊，同时信誓旦旦，表示愿意交出子孙为质，世世代代甘为附庸，并礼送耶律大石出境。

但是，远征军在可失哈儿以东与当地土著作战，失败退回西州，竟遭到袭击。回鹘人见耶律大石西征失利，趁火打劫，掳掠了一部分西征军将士，包括撒八、迪里、突迭来等人，并于金天会九年（1131）九月向金国献俘。

金国统治者对残辽势力仍存戒心，得知耶律大石西征，便以耶律余睹为元帅，石家奴为副，乘虚而入，打击支持耶律大石的漠北诸部，然后撤还。此后，再也没有主动发起攻势。

经受挫折的耶律大石没有气馁，率残部从西州进至叶尼塞河上游，再转移至额敏河流域，驻于叶密立城休整。此前，他已经正式登基，年号"延庆"，这个新政权史称"西辽"。一切措施皆有利于提高内部的向心力，越来越多

《古代北方诸国人物图》中的回鹘人

的突厥部落前来投靠，部队恢复了元气，逐渐增至四万帐。

西域东黑韩王朝八剌撒浑城主政者屡被外敌侵扰，遣使向耶律大石求援。大石率领远征军挺进至伊犁河流域，占据八剌撒浑城，封其主政者为"亦里克·突厥"，然后，将这个地方改称"虎思斡耳朵"，又将西辽年号改为"康国元年"，时为1134年（宋绍兴四年，金天会十二年）。《长春真人西游记》总结道，"自金师破辽"，耶律大石率众向西北移徙，历时"十余年"，千辛万苦，才找到了这个稳固的立足点作为根据地。从此，新政权不断扩张，相继招抚以及征服了康里、可失哈儿、忽炭、西州回鹘，一直打到了河中地区。

值得一提的是金皇统元年（1141）八月发生的寻思干（撒尔马罕）之战。《辽史》记载，"西域诸举兵十万"，号称"忽儿珊"，前来与西辽军交战。"忽儿珊"又叫"呼罗珊"，原本泛指阿母河流域以南等处，西域人为了方便，以地名作为部队称号。

交战双方相距二里许，耶律大石谕告部属，敌人"虽多却无谋"，受到攻击"则首尾不救"，因而"我师必胜"。他派遣六院司大王萧斡里剌、招讨副使耶律松山等将率兵两千五百人攻其右，枢密副使萧剌阿不、招讨使耶律术薛等将率兵两千五百人攻其左，自己亲率主力攻其中。三路部队一齐前进，打得忽儿珊大败，"僵尸数十里"。回回国王（花剌子模国王）被迫来降。至此，耶律大石经过多年努力，在西域建立了一个新的帝国。

耶律大石在寻思干大战之前，曾积极策划回师东征，具体时间是宋绍兴四年（1134）三月。当时，他在虎思斡耳朵举行誓师大会，以青牛、白马祭天，当众慷慨陈词：我大辽自太祖、太宗起，历经艰难，而成帝业，其后嗣君（天祚帝）"耽乐无厌，不恤国政"，以致"盗贼蜂起，天下土崩"，朕率领尔等不远万里来到朔漠，期待完成光复大业，以使国家中兴。故此，西域并非朕与尔等的"世居之地"。

六院司大王萧斡里剌奉命为兵马都元帅，副手是敌剌部前同知枢密院事萧查剌阿不。此外，茶赤剌部秃鲁耶律燕山为都部署，护卫耶律铁哥为都监，准备率七万名骑兵出发，与金国决一死战。耶律大石负责留守后方，他送别部队时，叮嘱萧斡里剌要"信赏必罚，与士卒同甘苦"，途中须"择善水草以立营"，打仗时"量敌而进"，以免"自取祸败"。

东征军踏上征途，然而山长水远，困难重重，其间派遣偏师控制可失哈儿（今新疆维吾尔自治区喀什市）、忽炭（今新疆维吾尔自治区和田市）等处，可到达中土遥遥无期，"行万余里无所得"，而且碰上难以克服的自然灾害，"牛马多死"，被迫"勒兵而还"。耶律大石叹息道："皇天弗顺，数也。"雄心勃勃的东征计划只好暂且搁置。

史载，耶律大石在位二十年，于1143年（宋绍兴十三年，金皇统三年）辞世，享年五十七岁。继位者安于现状，光复故国的事业半途而废，西辽从此和中原天各一方。

耶律大石去世前两年，宋、金达成和议，结束了十七年的战争。辽国刚刚灭亡，金国便把宋朝当作新的攻击目标，两国长期积累的种种矛盾难以一一化解，二太子、粘罕等将极力怂恿吴乞买动武，这样做不但不必割让云中等处，反而有机会扩张疆域以及夺取更多人口、财富。金天会二年（1124）年底，女真统治者终于以宋朝"败盟"等借口，举兵讨伐。

北宋历代君臣殚精竭虑，始终未能彻底收复燕云失地，也没有完全控制燕山山脉以及云中一带的诸处关口，故此，金军主力随时可以从关外经榆关等地长驱直入，驰骋于一马平川的中原腹地。

暮气沉沉的宋军难以抵抗新兴的金国，屡战屡败。童贯、王黼、蔡京、蔡攸等辅臣在朝中受到抨击而遭贬，相继死于非命。赵良嗣成为世人眼中的奸佞，犯下"败契丹百年之好"的错误，导致"金寇侵凌，祸及中国"的严重后果，被朝廷处以极刑。马扩也受到政敌诬蔑，被指责勾结金人，一度身陷图圄。后来，他乘金军南下四处杀戮时脱身，联系真定府附近的两河义兵，从此活跃于抗金前线。

宋金战争爆发两年后，如狼似虎的金军夺取汴京，俘虏了退位的宋徽宗以及新君宋钦宗。这一切，金太祖阿骨打生前似乎有所预料，他曾对不想割让燕京的粘罕说："待我死后，悉由尔辈。"

宋钦宗九弟康王赵构在南方成立南宋朝，继续抵抗。南宋忠义志士纷纷挺身而出，岳飞、韩世忠正是其中佼佼者。矢志"直捣黄龙"的岳飞，指挥

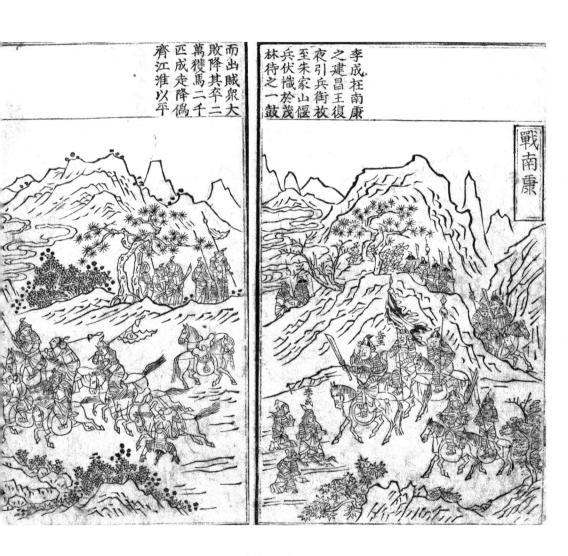

而出賊眾大
敗降其卒二
萬獲馬二千
匹成定降偽
齊江淮以平

李成在南康
之建昌王復
夜引兵銜枚
至朱家山偃
兵伏幟於茂
林待之一鼓

戰南康

明代演义小说《精忠录》中的岳家军

骁勇善战的岳家军，多次挫败金军南犯的图谋，为中兴大业鞠躬尽瘁。

南宋军与金军断断续续打了十几年。1141年（宋绍兴十一年，金皇统元年），赵构决意妥协，宰相秦桧以"莫须有"罪名枉杀主战派大将岳飞。南宋与金国达成和议，得以偏安一隅。从东面的淮河中流，到西面大散关，成为宋、金两国的新国界。南宋还割让唐、邓二州以及商、秦诸州辖区之半，向金称臣，岁贡银二十五万两、绢二十五万匹，以屈辱的方式苟存。但是，双方关系仍不稳定，时和时战，又打了上百年的仗，直至蒙古人强势崛起。

蒙古与契丹同属游牧族群，但比契丹更加强大。一代天骄成吉思汗在13世纪初统率蒙古草原的游牧诸部四处出击，频繁对外扩张。经过几代人的努力，在欧亚地区控制了空前辽阔的疆域，消灭了一个又一个国家。其中，西辽亡于1218年（宋嘉定十一年，金兴定二年），金亡于1234年（宋端平元年，金天兴三年），南宋亡于1279年（宋祥兴二年，元至元十六年）。在杀伐声里，新的大一统王朝又建立起来了。不过，渔猎部落与游牧部落的斗争没有结束，三百多年之后，新的较量又在关外开始，自命女真后裔的清太祖努尔哈赤崛起于"白山黑水"地区，要和成吉思汗的后裔展开新的较量，欲再次创造"女真满万不可敌"的神话。

正所谓：江山代有才人出，各领风骚数百年！

声明与致谢

在漫长的中国古代历史中，找不到两场完全相同的战争。故此，历史研究者在著书立说时，应该把每一场战争的细节写出来，以免雷同。就金辽战争而言，在现存文献资料的基础上，能够做到这一点，根本不需要虚构多余的故事情节，也不需要采取抒情的手段过分渲染，把历史普及书变成小说。

因此，本书以"言必有据"为原则，力图把真正的历史描述出来，主要参考了《辽史》《金史》《宋史》，再辅以《三朝北盟会编》《建炎以来系年要录》《契丹国志》《大金国志》以及多种私家稗记。

本书在写作过程中得到诸多同人鼎力相助，特别是武宁先生专门绘制了十幅军事形势图，在此表示衷心的感谢。